シリーズ〈本の文化史〉4

出版と流通

横田冬彦▼編

平凡社

シリーズ〈本の文化史〉4

出版と流通◉目次

カバー図版　本文当該頁参照。
右下「本屋」（和歌山県立図書館蔵『天保年代物売集』より）
の写真は和歌山県立博物館提供。

総論　出版と流通

横田冬彦

一　近世書物文化の裾野

江戸時代にはどのくらいの書物が著され、また本として出版され、それらはどのくらい普及・流通し、また今日まで伝存しているのであろうか。

『国書総目録』から「日本古典籍総合目録データベース」へ

戦前一九三九年、岩波書店は、「国初から江戸時代末までの間に日本人が著わした典籍類」について、それらを網羅的に収集して解題を施す『国書解題』編纂の企画を立て、そのため、全国に残されている「典籍類」の大規模な調査をおこない、約一〇〇万枚の調査カードを作成したが、第一巻刊行直前に戦争で中断した。カードは疎開して被災を免れたため、戦後、あらためて企画を立て直し、さらに七〇万枚のカードを追加。四百数十の図書館・大学・個人文庫などからの、これら一七〇万枚のカードを基にして、さらに「同一書と認められるものは、一括して一項目」とし、「約五十万」（実際には四十数万であった）項目に手作業で整理し、一九六三年から七二年にかけて『国書総目録』全八巻（以下『国書』という）として刊行した。

この事業は国文学研究資料館に引き継がれ、一九九〇年にはさらに八三機関、九万点余の追加データについて、同じ形式で『古典籍総合目録』全三巻が出された。その後、この『古典籍総合目録』も含め、『国書』以後に収集された約二九万件を含む約五四万件については、一点ごとの書誌が電子データ化され、あわせて「日本古典籍総合目録データベース」（以下、DBという）として公開されている。その結果、二〇一五年現在ではデータ総数（A）は二〇〇万件以上となり、これを整理した著作項目数（B）は約四七万件、その著者数（C）は約七万人になっている。

著述（創造）行為と出版という営為

これらの数値にはなおいくつか留保せねばならない問題が指摘されており、そのことは江戸時代の書物出版・流通の性格を考えることになるので、三点ほど記しておきたい。

第一に、どんな書物がどのくらい著され、出版されたかを示すと考えられる、（B）著作項目数四七万件という数値である。それは「同一書」を一括することで得られたものであるが、ここに難しい問題がある。

たとえば、『徒然草』の項目には、『国書』では写本が八〇点・版本二三七点が記され、その後のDB追加書誌データでは写本一〇三点・刊本四八八点、すべてあわせて九〇八点が伝来していることになる（両者の重複の可能性があるものは数点、一％以下と思われる）。これまでの『徒然草』研究によれば兼好の著作年代は鎌倉末期の一三三一年頃とされるが、『国書』では成立年不詳となる。自筆本はなく、中世の写本は正徹本・常縁本など一〇点ほどで（つまり全体の一％余）、最初の出版は慶長一八年（一六一三）で以後若干の古活字本があり、元和・寛永頃からは整版本が相次ぎ、幕末まで四〇以上の年次で出版されたことがわかる。一般的に同一の版本でもほとんどの場合増刷年次は異なるとされ、出版としては同じ時のモノはないと言われる（中野 二〇一五）。『国書』は、このような写本・版本、重版・増刷をすべて同一項目にまとめることによって、日本人の著作を〈著述＝創造という営為〉において確かめようとしているのであって、〈出版という営為〉において捉えようとしているわけではないのである。ただ、『鉄槌』『徒然草諸抄大成』など本文の行間・割注・首書などに注釈や解説を施した注釈書は、注釈部分を注釈者の著作物とみて、別項目を立てている（DBでは注釈書は七三項目がある）。ちなみに漢籍の場合、原著者は外国人なので、そのままや返り点を付した程度の和刻本は国書とはみなさないが、日本人が注釈を付したものは、著作物として採録している。

また、『国書』が凡例で特に例示している「一括」の特殊例がある。大名や幕府役職の一覧である

『武鑑』のように、年次更新をしていく必要のある書物では、改易や役職交替などの変更箇所の部分を削って埋木して逐次変更していくのであるが、全体が変わるわけではないので、『国書』はこうした「逐次刊行物」は一項目に一括している。

このように『国書』の項目の立て方は〈著述行為〉をとらえるという点で一貫しているのであるが、江戸期を通じて、いつ頃、どのような書物が出版されたかという〈出版という営為〉を分析するには、重版などの年次データ、年次更新の改訂状況などについて、『国書』の整理した情報は非常に不完全・不十分で使いにくいものとなる。

本書第9章　松田泰代「近世出版文化の統計学的研究」

松田は、そうした不十分性の問題を解きほぐし、安易なデータ処理を戒める。私なりに読みとれば、①伝存しているのは氷山の一角で、分野ごとでも残される条件や状況はさまざまであるから（たとえば草双紙などと「物の本」とは、残そうという意識が異なる）、残されたもので全体を合理的に推し量ることはできない。②漢籍・仏典などの和刻本は（外国人の著作として）除外されているが、これらは、和本（和装本）出版全体のなかで一定の構成的比重を占め、無視できない。③「庶民史料」が基本的に除外されている。④出版という点からは「年次」データの定義が曖昧すぎて混乱を招く。⑤DBはともかく、『国書』段階の一七〇万枚のカードの個別資料データはまだ電子化されておらず、今のところ集計・検証ができない。というところであろうか。

それらのことを理解した上でなお、これだけの量をもつデータから何をくみとることができるのか。松田は出版の分類復元を通じて、また橋口侯之介は出版の年次変遷の復元によって（二〇〇七）、何とか（B）のデータの有効な利用を模索しつつあるというのが現状である。

著作者の裾野——版本と写本

第二に、「古典籍」という定義である。たとえば『徒然草』のような中世の作品は写本でしか伝わらず、版本の刊行は近世になってからであるから、中世の日本人の著作を採録するのに写本まで広げたのは当然であるが、近世においては、「古文書」に属するような事件の記録や覚書などのさまざまな写本（手書き本）を収載することになり、『国書』では「巻冊をなす」かどうか（凡例）という外見的定義にならざるをえなかった。

たとえば、本シリーズ1第3章で取り上げられた、武蔵国三保谷宿の庄屋田中畊太夫祥山が編纂した地域史『河嶋堤桜記』は、国会図書館の写本から『国書』に収録されている。本シリーズ1第6章で取り上げた『河内屋可正旧記』は元禄期の大坂周辺在郷町の豪農が書いた全一〇巻の大部な家訓書・農書であるが、たまたま活字化されていたので収載されている。同じく大坂周辺の日下村庄屋森長右衛門の「日記」も、京都大学所蔵資料の目録から収録されている。

われわれは「古典籍」というとき、『徒然草』のような著名な作家・思想家の作品を思い浮かべる。しかし『国書』の「写本」には、このように出版には至らなかった著作が多数収載されているのである。『国書』の『著者別索引』に続いて刊行された『国書人名辞典』は、約三万人の経歴や著作一覧を記載する。『著者別索引』を承けた現在の（C）著者数はほぼ七万人に達しているから、その差は田中祥山や森長右衛門ら伝記のよく知られない著者たちであり、（C）は、結果として、江戸時代出版文化の著作者たちの裾野を捉えることになったのである。

読者の裾野――所在と伝来

第三に、（A）は、二〇〇万件をこえる「古典籍」の伝存を示しているが、「編纂の辞」によれば、「所在」を網羅するという点こそ、『国書』編纂の「基本的意図」である。

収載の各項目には、それぞれ、よみ、巻冊、分類、著編者、成立年代等について記したが、編集の基本的意図はあくまで全国図書館文庫の総合目録の作製にあるので、その所在については特に考慮を払った。すなわち、研究者が自分の研究に必要な書物を探索する時、その所在を知るのに多大の労力を費すことに思いを致し、写本、版本の所在は、煩をいとわず逐一これを掲げることに努めた。

すべての「所在」を捉えるということは、何が出版されたかという点だけでなく、どれだけ流通し普及したかという点も加えた数値だということになる。

現在も目録数は追加され、増加しつつある。その背景には、『国書』段階では「厖大な数に上るのみならず、未整理のものが多い」として除外された「庶民史料」のなかにも蔵書資料は多く、自治体史編纂などにともなってそれらの存在が次第に明らかにされ、また各地の図書館などでそうした地域資料の目録化が順次進められてきていることがある。江戸時代の版本を数多く実見してきた中野三敏は、（B）の著作数五〇万件について、その三倍はあるだろうと推定している（二〇一五）。私もまた、今後これら「庶民史料」の蔵書が加わっていけば、（A）の総数はかなりの数になると思う。

ただ、これまで「所在」は資料を探す便宜としてのみ考えられており、書誌データの「所蔵者」欄に図書館など所蔵機関名や若干の文庫名は記されても、それ以上の情報は記されていない。たとえば鹿児島や青森の図書館にあっても、それは江戸時代に全国的に流通したことを示すものでは全くない。もちろん、古書市場から購入されたものであったり、もともとコレクション資料であったりすれば、それ以上の情報にあまり意味はないが、大名家の蔵書などはその文庫名で知られることもあり、名古屋の貸本屋大野屋惣八の「大惣本」なども文庫名で知られる。これから増えるとみられる「庶民史料」では、どこの、どのような家が持っていたのか（たとえば、本書第3章であつかわれる、奈良の陰陽師吉川家の蔵書）といった「伝来」データがわかるものが多いであろう。これからでも十分に間に合う。所在情報に伝来情報をあわせて記載してほしい。これまでほとんど顧みられていないが、伝来データは流通と普及の実態を語りうるのである。

近年、出版文化史研究は大きく変わろうとしている。作者の側からだけでなく、読者の側から見ようとするとき、あるいは著作・出版の裾野だけでなく、流通・普及の裾野という点から見るとき、どんな家の所蔵だったのかという伝来情報が、江戸時代出版文化の広さと深さをはかる新しい研究分野を切り開くと思われるのである。

日本近世の文化構造

この所在二〇〇万件以上という数値は、たんに多いという以上に、どのような意味を持つのであろうか。文化八年（一八一一）、国後島を測量中に捕らえられたロシア士官ゴロヴニンが著した『日本幽囚記』（岩波文庫）のなかに、次のような記述がある（傍線引用者）。

全体として一国民を他国民と比較すれば、日本人は世界でも非常に教育の進んだ国民である。日本には読み書きできない人間や、祖国の法律を知らない人間は一人もいない。日本の法律はめったに変わらないが、その要点は大きな板に書いて、町々村々の広場や人目に立つ場所に掲示される。［中略］なるほどロシアでは科学や芸術はこれ以上進んでいる。星を空から手づかみにしてくるほどの人物もいるが、日本にはそんな人はいない、といえばそれまでだが、ロシアにはそうした天文学者一人について、三つの数も読みこなせない人間が千人もいるのだ。ヨーロッパ各国には偉大な数学者・天文学者・化学者・医学者などがいるが、日本はむろんそうした学者は持ってはいない。［中略］しかし、これらの学者は国民を作るものではない。だから国民全体をとるならば、日本人はヨーロッパの下層階級より物事に関してすぐれた理解を持っているのである。

ここでは、ロシアと日本の文化構造の違いが「偉大な学者」と「国民」の関係として比較されている。「読み書きできない人間は一人もいない」というのは誇張としても、日本における文化的中間層の分厚さ・裾野の広がりが、同時代人の証言として指摘されている。やや極端にいえば、これまでの高校日本史教科書の文化史は「偉大な学者」や作家、芸術家の名前と作品名の羅列であり、その社会の裾野としての「国民」との関係、その社会の文化的な構造というものについて十分に説明していないのではないか。二〇〇万件以上の書物の広がり、七万人の著者の存在は、そのような社会と文化の全体構造を考えさせてくれるのではないだろうか。

二　三都と地方城下町の本屋――営業と統制

「出版と流通」というテーマについては、すでに膨大な個別研究の蓄積がある。本書には、先に述べた第9章のほかに、営業と統制、出版・流通の諸主体、近代への移行という、おおよそ三つに分けて、八本の論考をおさめた。

出版・流通の第一の担い手は本屋である。最初に三都と地方城下町の本屋・本屋仲間を、その営業と幕府による出版統制という点から取り上げる。

第1章　藤實久美子「三都の本屋仲間」

中世には禅宗寺院などでの経典の出版という形で行われていた出版事業が、商業的な営業として最初に成立したのが京都である。出版統制は、この京都において、徳川家や諸大名家に関わる軍書出版の許可制として一七世紀前半に始まった。他方、一七世紀後半には、重版・類版などを相互規制して営業権を安定させるために、本屋仲間が自主的に組織されはじめる。享保七年（一七二二）令は軍書に限らず全分野での新説・異説の出版を禁止し、好色本を禁止するなど、それまでの出版統制令の総括的なものとなるが、同時に日常的にはその統制を「仲間吟味」にゆだねることによって、本屋（書物問屋）仲間を統制の下部機構として組み込むことになった。

さらに寛政二年（一七九〇）には江戸で地本（じほん）問屋仲間が作られ、草双紙などの統制がいっそう強化された。しかし、天保一二年（一八四一）の株仲間解散令によって本屋（書物問屋）仲間も解散したので、「仲間吟味」ではなく、幕府の直接統制に移行し、書物の種類によって、昌平坂学問所＝林家をはじめ天文方・医学館、および絵草紙類は町方の掛名主が「吟味」検閲することになった。

また、藤實は三都の違いを問題にし、京・大坂では、絵草紙屋や小売商・貸本屋のほか、板木師・板摺人・表紙屋などの下職人らが本屋仲間の下部に組み込まれているのに対し、江戸では、書物問屋仲間とは別に暦問屋・地本問屋・貸本屋仲間や板木屋仲間がそれぞれに公認されたことを指摘している。このような違いの原因の解明は今後の課題であるとされているが、膨大な武家人口を抱える百万都市江戸の需要の大きさがあるのであろう。

第2章　須山高明「地方城下町の本屋」

地方出版について、従来は、書物の奥付の版元記事を集めることによって出版点数の増加や出版書肆の登場を明らかにする研究が基本であったが、これでは近世中期をさかのぼることはできない。須山は和歌山を素材に、まず、儒医石橋生庵の日記『家乗』から和歌山の本屋一二軒を抽出。京都・大坂・名古屋などから本を移入して小売・貸本をおこなうことで、一七世紀の地方城下町でも中央の書物が流通していたことを示す。また、寛文一〇年（一六七〇）に、浄福寺僧恵空が京都書肆から『実語教諺解』などを出版していることから、まだ和歌山では出版がなしえなかった段階とする。

和歌山で本格的に出版が始まるのは、一八世紀後半、天明・寛政年間で、綛田（かせだ）屋・帯屋などが登場し、次第に定着していくことを、伝存出版物の奥付と刊行数から跡づけるとともに、そうした本屋が同時に貸本業も行っていたことをそこに捺された貸本印から示す。一九世紀前半では、そうした書商が『紀伊国名所図会』の官許をはじめ、藩校学習館・医学館などの御用書商となり、さらに、藩校の督学川合梅所の妻の日記『小梅日記』から、書物仲間の寄合「頼母子（たのもし）会」や、藩校の書籍や文具の出張販売・貸借・精算などをおこなう「学校当番」が存在していたことなど、藩政ともかかわる姿を明らかにした。

統制の問題

両者を通じて注意したいことの一つは、本屋を出版だけで捉えてはいけないということであろう。須山は、小売や貸本業などを兼業する城下町本屋を「書商」として捉えたが、藤實は、京・大坂では、それらは一定程度分化しつつも本屋仲間の下部組織に組み込まれ、江戸では別の仲間組織が作られたことを指摘していた。それは、営業の発展のなかで、小売・貸本業などが出版業から分化していく各段階を示すものであろうか。

もう一つは、写本と版本の統制についてである。藤實は版本だけでなく、写本や古本も統制されたとして、「出版統制令」ではなく「書籍取締令」として総合的に捉えることを提起する。法令の文面とは別に、「所在」を基本としたDBからはどのようなことがわかるであろうか。

大坂の陣を題材にした軍書・実録物は、徳川家や家康について記すことを禁じた統制令に抵触する。家康存命中に刊行され、家康公認であったとされる（中村 一九八二）『大坂物語』は一〇二点の版本（写本は一〇点）が残るが、『大坂記』『大坂軍記』『摂戦実録』『難波戦記（軍記）』『慶元戦記』『厭蝕太平楽記』『慶長中外伝』『真田三代実記』『難波冬夏軍記』『扶桑太平録』『浪速秘事記』『本朝盛衰記』などを表題とする四五〇点余のほぼすべてが写本である。

島原の乱についても同様の問題がある。『島原記』には七二点の版本がある（写本六点）のに対して、『天草軍記（大全）』『天草軍談』『天草征伐記』『天草騒動記』『寛永南島変』『切支丹天草軍記』『金花傾嵐抄』『島原天草日記』『島原天草一揆発立記』『島原実録』『西戎征伐記』『耶蘇征伐記』『耶蘇天誅記』など二〇八点は、すべて写本である。

また、慶安事件を扱った『慶安記』『慶安太平記』『慶安見聞記』『慶安賊説弁』『油井根元記』『寸虫大望記』『望遠雑録』『東夷退治録』『鼠猫軍記』など二二五点は、すべてが写本である。

その他にも多くの事例を検討することができるが、ここから、版本＝出版規制はかなり厳しく実施されていたことと、それにかわる写本の一定度の流通という対比を読みとることは可能だろうか。もちろん「禁書」とされた写本の作成や流通が合法的とまでは言えないにしても、コーニッキーが言うように、それらが写本で村落農民の蔵書として数多く伝存していること、「大惣本」など貸本屋での貸本とされていることもまた事実である（二〇〇三）。写本流通の問題は、本屋仲間というよりは、貸本屋・小売などの統制や仲間組織の問題につながるであろう。

三　出版・流通の諸主体——本所・教団・結社

出版・流通の担い手は、このような本屋・本屋仲間に限らない。次に、その多様な担い手の実態を、暦占書、仏教書、国学書の分野について具体的にみていく。

第3章　梅田千尋「暦占書の出版と流通」

ここであつかう「暦占」とは、十干十二支・陰陽五行で時間・空間を印づけ、吉凶情報を合わせて理解する一連の知識体系のことである。近世では、中世宮廷陰陽道の暦注知識や中世後期民間宗教者の間に伝えられたものが核となり、『簠簋内伝』や『大雑書』などの書物の形で広く流布していくが、一七世紀末頃から、筮竹を使わないより実践的な馬場信武『聚類参考梅花心易掌中指南』や、明清の易学を導入した新井白蛾『易学小筌』などが、『大雑書』や陰陽師を「迷信」と批判しつつ現れ、陰陽道を起源とする暦占知識は相対化され、多様な展開を遂げていく。

一方、陰陽師を支配する本所である公家の土御門家は、修験者・山伏など売卜者の統制に乗り出すとともに、さまざまな暦占知の統合をめざし、寛政一二年（一八〇〇）、寛政改暦に際して家塾斉政館を開き、家学の立て直しをはかった。そして、明清の易占書を校定した和刻本を刊行し、風水なども導入したが、学館の出版で最も広まったのは、中国書とともに日本の陰陽道をも継承して、庶民を対象に簡明に記述した『陰陽方位便覧』であった。配下の陰陽師の蔵書分析も行った梅田は、学館刊行書の影響は限定的で、彼らは書物選択に一定の自立性も持ち、「組織的帰属と知識の源泉とは必ずしも一致しなかった」とする。

近年、〈周縁的身分論〉として、その身分支配や組織・経営・権利関係などから分析されてきた陰陽師集団であるが、彼らのあつかう〈知〉の多様化と統合、その限界という視点から迫った力作である。

第4章　万波寿子「仏書・経典の出版と教団」

中世までは師弟相承で秘伝を授けるという僧侶の養成方式をとっていたが、本末制によって組織化された仏教教団となった各宗派は、檀林・学林などを設け、統一された教学のもとに僧侶養成を行うようになった（本シリーズ1第6章も参照）。

さらに、僧侶の説教のための勧化本や信徒らの求めに応じたさまざまな通俗仏書が流布するなかで、異端を排除し、教学を本山のもとに統一するために、本山による御聖教や祖師伝の御蔵版（直接出版）を行う。たとえば西本願寺の御蔵版『真宗法要』は大本で六帙三一冊という大部なものであったが、数百帙＝数百〜数千部の増刷刊行もあったとされる。またそれは、たんに象徴的な権威であるにとどまらず、天保年間には『教行信証』が中本・薄紙の二冊本で小型化して出されたように、実際に使われることを想定したものもあった。

また、仏光寺派・高田派なども異本の上人伝の刊行によって自派の存在意義を示し、経師屋がその装丁技術を使って、折本装丁の『浄土三部経』を刊行したように、多様な出版主体が並存した。

なお、万波は、これまで日本で作られた本（写本や版本を含む）のうち、「点数・部数ともに最も多いのが仏書である」とする。第9章での松田の（B）著作点数の分類復元によれば、仏書比率一五・六％は文学書に及ばないが、それは仏典の和刻本などが除外されているからではないかという。そのとおりであろう。

第5章　吉田麻子「平田国学と書物・出版」

吉田は、平田篤胤を「狂信的な国粋主義者」あるいは「民俗学の嚆矢」とするようなイメージは、その思想内容を近代合理主義を基準として断罪・位置づける評価であるとし、「具体的な書物の成立・出版過程や、本の伝播の仕方をきちんと追ってい」くことで「当時の人々がどんなふうに篤胤の思想と接していったのか」、思想の社会的存在や機能を具体的に明らかにすることができると提言する。

そして、篤胤の思想が気吹舎（いぶきのや）という結社の書物という形で存在したことに注目し、それが、弟子や門人たちとの語り、情報交換や関心の共有のなかで生まれたこと、弟子たちによって清書・校正・改訂作業が行われ、職人たちを抱えて自家出版として制作されたこと、その売り弘め・普及も門人や支援者によって担われ、豪農層だけでなく商人・町人・神職・武士など諸階層にわたる四〇〇〇人という平田門人の「これからの自分の人生や国家のあり方を自分の頭で考え」たいという自主的な「勉強会」のテキストとして運用されたことなどが明らかにされる。

そうしたなかで『毎朝神拝詞記』などは総数一万部以上を刊行し、出版禁止となった『大扶桑国考』も自家出版としてある程度温存しえたことも述べる。思想史をテキストの内容からではなく、まずもって書物というモノを通して歴史的に位置づけ、それをふまえて思想分析に入る。書物史が思想史に対してなしうる方法的提言である（なお、本シリーズ5『書籍の思想史』（近刊）も参照されたい）。

さまざまな出版・流通の主体

これらを通じて見ておきたいことの一つは、民衆レベルでの〈書物知〉への欲求の質と広がりである。「仏書が僧侶のためだけでなく、庶民も手にするものになった」ことは、たとえば中世後期に「御文（おふみ）」が村共同体や講などに宛てて出され、そこで信仰が共有されたのとは段階を異にする。一人一人が自分のテキストをもつ気吹舎の「勉強会」も同様であろう。庄屋クラスの蔵書に『大雑書』などの書物が存在し、暦占についての「より正しい学知」の説明が求められるようになったことも同じ意味をもつであろう。

二つめは、そうした庶民レベルの読書の広がりは商業出版の進展を促すが、〈知〉の多様化・大衆化に対応しようとする本所・教団・学派・結社などが新たな出版の主体となり、独自の流通を担うようになったことである。その仕組みのなかで、僧侶・陰陽師ら専門職業人や地域指導層が再生産されるようになった。そうした主体には、俳諧・狂歌などのサークルも想起されてよい（本シリーズ1第2章ほか）。それらは、気吹舎で篤胤の禁書が自家出版されたように、幕府や権力の統制に対抗する側面をもつとともに、自らが新たな権威となり、異端や派閥を知的＝思想的に統合・組織する機能ももつ。本屋と国家統制という対抗関係だけでなく、このような多様な主体が重層的・複合的に介在するようになったことを確認しておきたい。

三つめは、幕末から明治にかけて、出版・流通の近代化の具体相を探る。

四　幕末から明治へ——領土・国民教育・学知

第6章　杉本史子「地図・絵図の出版と政治文化の変容」

第1章を承けて、天保の株仲間解散令によって書物仲間が解散し、地図についても、幕府の直接検閲が始まる。世界図などは翻訳を担当する蕃書調所（のち開成所）によるが、日本図については、せいぜい経緯度表示のあるもの、格別精密に描かれているものを「正式なもの」とする程度であった。

杉本は、従来地図史・科学史としてはあまり重視されていなかった、文久元年（一八六一）の伊能忠敬日本図の官板化問題が決定的な転換をなしたという。蒸気船をはじめ大型船のための海図が諸外国からも求められるようになっていた開成所は、伊能図の官板化にあたって、国土の所属、領土・領海・国境の描かれ方が問題であることに気づき、伊能図に描かれていない北蝦夷地（樺太）四六度以北、国後・択捉以東の千島列島、小笠原諸島（無人島）、竹島などをどうするか、日中両属である琉球はどう描くか、海岸線だけでなく内陸部の地名表記をどうするか、などが幕府内部で検討された。結局、伊能図が測量していない海岸線についても外国の地図によって記し、域内はすべて日本地名で満たすこととなる。また、この官板化とあわせて、民間のさまざまな日本図についても、上記の項目の再検閲が行われることになったのである。

慶応三年(一八六七)のパリ万博で幕府は、計測された経緯度を持ち、地球的世界のなかで日本の領土を視覚的に表現する『官板実測日本地図』のほか、首都である『江戸図』や一種の歴史地図帳である『沿革図説』などを持参、「幕府を支える歴史と空間」を示すことになった。

杉本は、地図の出版は、前近代の国際関係がもっていた両属とか無主地といった曖昧な存在の余地をなくし、近代国民国家の国際関係・外交問題という政治性をもつことになったことを示したのである。

第7章 稲岡勝「明治初期の学校と教科書出版」

まず、明治初期の回想録などから、教師・教科書の不足に悩む小学校の実情を示し、学校での一斉教授には教科書が不可欠であり、各府県の翻刻希望数を合計すると三一一万冊という、巨大な市場が出現したことを示す。明治一一年(一八七八)の木戸麟『修身説約』は、文部省の検閲を経て、金港堂が書体や挿絵などを工夫しつつ開版。「読例」「問答方」などのいわゆる指導書もあわせて出版し、教科書出版はドル箱になった。『小学修身書』も一四版を重ね数百万部売れたという。

そして、明治一九年に教科書政策が国家統制・統一化へと進み、検定教科書制度ができると、豊富な資本をもつ大手出版社による教科書出版と売捌所・取次所になる本屋、図書大売捌所と地域を受け持つ図書取次所といったヒエラルヒー的な販売網や「分版」方式が編成されていく。稲岡は、出版業の「離陸」を促したものは教科書出版であり、それは近代国家の国民教育の装置として機能するとともに、出版業の階層的な再編をもたらしたという。

第8章 浅岡邦雄「近代の貸本屋」

近世の貸本屋については、長友千代治の詳細な研究があるが(一九八二)、本章ではその近代への移行が述べられる。近世の貸本屋は、従来の稗史小説や実録物・軍記物に明治の戯作などを加え、営業形態としては得意先回りを中心として、明治に入っても盛んであったが、明治一〇年代後半になると衰退していく。かわって、西欧の翻訳書や学術書などの高度な内容の新刊書物を備え、新聞・雑誌の縦覧所などを設けるとともに、貸本目録を備え、注文に応じて配達する方式の「新式貸本屋」が進出してくる。土佐から上京した植木枝盛(えもり)がこうした貸本屋や新聞縦覧所、図書館を利用して欧米の翻訳書や『明六雑誌』等を読みあさっていたように、東京へ上京してきた向学心に燃える、当時数万といわれる学生層、つまり近代国家の新しい担い手たちを主たる対象としていた。

他方、地方にあっては、栃木県烏山の越雲商店の盛衰をたどるとともに、その明治三〇年代の「貸本人名帳」によって、円朝などの講談速記本(剣豪物・怪談物・仇討ち物・騒動物など)や探偵実話物などが多く読まれていたこと、東京についても、『東京朝日新聞』明治四〇年の「貸本屋の昨今」記事から、各区ごとの住民構成に応じた貸本嗜好の地域性が示される。

江戸の貸本屋から明治の「新式貸本屋」へ、一方で西欧の〈近代的学知〉を受容して使いこなす新しい知識人読者層を培養しつつ、他方で（これは私の推定であるが）大正期の広汎な〈大衆読者〉を準備していたのが「新式貸本屋」であった。

出版・流通における近世と近代

最後にこうした近代をも見据えてみると、一つは、近世の出版・流通が、稲岡のいう近代への「離陸」を準備したことにあらためて気がつく。たとえば、国民教育のための数百万部になりうる教科書市場の存在もそうであろう。また、地方城下町などでも出版をなしうる本屋が存在し、さらに宿場などの町場に至るまで貸本屋や古本屋が生まれていたことが、教科書取次所・売捌所として編制され、教科書の全国販売網を可能にしたことは、鈴木俊幸の膨大な調査にも明確に示されている。

二つめは、近代の検閲や教科書の国定化、あるいは日本地図の官板化などに見られる近代国家の重さに比べた時の、近世の「統制」というものの曖昧さについてである。確かにキリシタン文献の統制は厳しいが、それは、それに替わる「正学」を強制するようなものではなく、政治と文化を直結する科挙制度もなかった。中野三敏は、「出版統制令」などから出版・言論の「弾圧強化」を実態以上にとらえることに注意を促し、むしろ版権の安定化など一八世紀における出版文化の「百花斉放的」隆盛に注目する（一九九九）。前述した写本流通の問題、社会の中にさまざまなレベルでの出版主体が多彩に存在すること。むしろそのような「統制」の曖昧さこそが「百花斉放」を産み、〈西欧的学知〉

でさえも速やかに受容していく素地を培養していたのではないだろうか。

参考文献

井上泰至『江戸の発禁本——欲望と抑圧の近世史』、角川選書、二〇一三年
菊池庸介『近世実録の研究——成長と展開』、汲古書院、二〇〇八年
熊田淳美『三大編纂物 群書類従・古事類苑・国書総目録 の出版文化史』、勉誠出版、二〇〇九年
コーニッキー、ピーター「寛政十年の近江国犬上郡東沼波村農民所蔵の書物に関する報告書『書物書留』——翻刻と解説」『書物文化史』四号、二〇〇三年
ゴロヴニン『日本幽囚記』、井上満訳、岩波文庫、一九六〇年
今田洋三『江戸の禁書』、吉川弘文館、一九八一年/二〇〇七年
鈴木俊幸『本屋名寄 〜明治二〇年』(『近世日本における書籍・摺物の流通と享受についての研究』科学研究費研究助成報告書、一九九九年)
長友千代治『近世貸本屋の研究』、東京堂出版、一九八二年
中野三敏『十八世紀の江戸文学——雅と俗の成熟』、岩波書店、一九九九年
中野三敏『江戸の板本——書誌学談義』、岩波現代文庫、二〇一五年
中村幸彦「大坂物語諸本の変異」『中村幸彦著述集』第五巻、中央公論社、一九八二年
橋口侯之介『続 和本入門——江戸の本屋と本づくり』、平凡社、二〇〇七年
横田冬彦「『徒然草』は江戸文学か?——書物史における読者の立場」『歴史評論』六〇五号、二〇〇〇年

1　三都の本屋仲間

藤實久美子

一七世紀初頭、徳川幕府による泰平の世の到来は、書籍文化に発展をもたらすことになった。本稿では、社会の要請を取り込みながら、書籍文化を発展させた、三都（京都・大坂・江戸）の本屋仲間について、地域性、階層性という視点を入れて述べる。

書籍文化の展開と本屋の動向を考えるときに、触（法令）の分析は避けられない。研究史を振り返ると、三都の地域性が看過されているとの批判があり（山本秀樹 二〇〇三、二〇〇八、二〇一〇）、享保の「出版取締令」の三都間でのタイムラグも指摘されている（伊藤 二〇〇〇）。そこで本稿では、触研究の成果を確認し、のち本論に入る。この作業によって、法令名「出版取締令」への疑義、享保令の位置づけ、寛政令再考のヒントが見出されよう。

触は、発給主体が領主であるものを本旨とする（藤井 二〇一三）。将軍発給の触は、江戸城内の御用部屋で作成された記録「仰出之留」(国立公文書館内閣文庫蔵)に収録される。この史料によれば、触の交付対象・適応範囲は、A全国触、B領知高一万石以上(大名)、C万石以下、D老中支配の諸役人、E若年寄支配の諸役人、F個人(大名・旗本)に分かれる(藤井 一九七六)。

町触(まちぶれ)については、元禄期に編纂された『京都御役所向大概覚書(きょうとおやくしょむきたいがいおぼえがき)』、触を受け取った町の記録(『京都町触集成』、『正宝事録』など)から、つぎの諸点が明らかにされている。

寛文八年(一六六八)の京都町奉行所の設置時に示された書札は、①京都支配の基本となる触、②当面の問題を扱う触、の二種類に分かれる。①の表題は「京都町中可令触知条々」、②の表題は「覚」または「口触」である。その後、③町代(ちょうだい)(上京・下京の組町を統括する)が作成主体となる町代触が、元禄期以降に成立する。③の表題は「覚」「口上」である。また一七世紀後半以降、幕府は、地域の実情に合致した触を求められ、そこに④願触(下からの願い出によって発令される触)が出てくる(朝尾 一九八五、二〇〇四)。④の発給主体は、⑤町奉行、⑥月番町与力または町奉行所、⑦町、に分かれる(野高 二〇〇七)。本屋仲間成立後は、⑧適用対象を仲間に限定する触、⑨作成主体を仲間行司とする「通達」(『大坂本屋仲間記録』第一〇巻)がある。また、触を受け取った者たちの対応から の分析が要請されている(吉田 二〇一二)。

一口に触といっても、決定過程、作成主体、交付対象、適応範囲、受け取った者たちの対応は、多様であったことが確認できたことと思う。

一　泰平の世の到来と本屋の登場

東照大権現一代記の発禁――京都

一七世紀初頭、社会は安定し、新たな秩序が形成される兆(きざ)しがみられるなか、書籍の作成・販売を専業とする本屋が、京都に現れた(藤實 二〇一四)。書籍文化に対する、徳川幕府による介入の嚆矢(こうし)は、寛永二一年(一六四四)二月八日、同年二月二二日に出された、一連の京都町触である(横田 二〇〇五、『京都町触集成』別巻二)。

〔史料1〕

覚

一、東照大権現様御一代之儀注書物板木仕候由、御代之儀存候者上方には有間敷候、其上偽多可有候間、於令開板者町代所に封を付預り置可申候、板木下書も同前にあつかり置申候、只今板木仕候所ハ下京之由申候間、承届、重而可申遣候、無油断せんさくいたし、板木・下書共に預り置可申候、以上

寛永廿壱年二月八日　　〔京都所司代板倉〕周防〔重宗〕

〔史料2〕

覚

一、先日申遣候東照大権現記之作者三州太平村山本紹立と申者書置、元和三年ニ相果候、其後山田道悦と申者書次候而近日板におこし候由ニ候、東照記書ものは京都柳馬場に罷在久安と申筆耕之由ニ候、相尋はんき幷下書共ニ請取、封を付預り置可申候、

一、右之板木出来候而物本やに於在之者致穿鑿、不残預り置可申候、以上

寛永廿一年申二月廿二日　　周防

内容は、徳川家康の一代記（『東照宮大権現記』）の作成者探索と、絶版・売買禁止である。二月八日、継続的な調査が、京都所司代より町代に命じられた。探索の成果であろう。二週間後、作成の経緯が判明した。その経緯とは、元和三年（一六一七）に没した山本紹立（三河国額田郡大平村、現在の愛知県岡崎市居住）の遺書を、山田道悦（一五九一―一六七二）が書き継ぎ、京都・柳馬場に居住する久安が板下（印刷用の下書き）を書き、道悦が板木（整板印刷に用いる板）を彫刻したものであった。この事情を踏まえて、下書き・板木を見つけた場合は、封印して、役所に届け出よ。本屋で板木（板本の誤りか）を所持している者からは没収して提出せよ。

史料1・史料2は、②当面の問題を扱う町触であり、徳川家康に関する偽書を、京都所司代は流通の段階でも監視するとの方針をたて、その実行に町代の働きを期待している。

和製軍書の出版許可制──京都・江戸

明暦三年(一六五七)、京都所司代・牧野佐渡守親成は、つぎの触を京都の町中に出した。

〔史料3〕

条々

一、和本之軍書之類、若板行仕事有之者、出所以下書付、奉行所へ差上可受下知事

一、飛神・魔法・奇異・妖怪等之邪説、新儀之秘法、門徒に仕、山伏・行人等に不限、仏・神に事を寄、人民を妖惑するの類、又ハ諸宗共に法難に可成申分、与力・同心仕候族、代々御制禁候条、新儀之沙汰にあらさる段、可存弁其旨事

一、礫打あひ幷家の上、家の内へ礫打候事、縦子共下々の所行たりといふとも、町の年寄・親々・主々より可申付之、其事かろしといへとも、災難となるに及てハ、其おもき子細重々在之故、令触知事

右之条々、違犯之族於在之者可為曲事者也

明暦三年酉二月廿九日

佐渡御在判

下京町中

(『日本をみつけた。「江戸時代の文華」』展図録)

第一条が軍書の刊行に関係する。日本を舞台にした軍書を新たに刊行するときは、幕府の役所へ事前に届け出て、役所からの許可を得よ、というものである。

この時期、京都所司代が軍書刊行を許可制とした背後には、悪意の標的となった武家の苦慮があろう。山田道悦（前出）に限らず、浪人身分の軍談家は巷に多く、怪しげな軍書を作成して、刊行した（井上泰至 二〇一三）。怪しげな軍書は風評被害を生む。武家は風評の拡散を恐れて金を支払うに違いないとの目論見である。寛文三年（一六六三）、萩藩主毛利家は、自家に関する出版物『関西記』を作成した京都の業者に、ゆすり・たかりの被害を受けた。流布させたくなかったら、板木を潰すための費用を出せ。また板本を買い上げてくれとの要求である（布引 一九九三）。

武家の苦慮の第二の理由は、現用文書としての軍書という点にあろう。先祖の武功の証明は、子への家の継承につながる。幕府や大名家は系図・軍記研究、歴史書編纂につねに熱心であった（藤實 二〇〇六）。武家はときには軍書出版に資金を提供している（山本洋 二〇〇五）。

第三の理由は、当該期の軍書が「敗者の記録」であり、政道の理想や道徳を論じながら、支配層である幕府や藩を批判した点にある（笹川 二〇〇〇）。泰平の世の到来は、一足飛びに教訓・学問・娯楽等と軍書を結び付けなかった（長谷川泰志 二〇〇九）。

京都とほぼ同じ内容の触は、江戸でも寛文一三年（一六七三）五月に出された。江戸町触の内容上の違いは、無届けで出版したことが露見した場合は、板木屋中、町中から探し出し、罰するようにと、命じている点である。

つまり、これらの町触は、関係者の処罰を第一の目的に置いていない。許可制は無届けを「認識ある過失」と見做(みな)すもので、結果、「認識ある過失」を未然に防ぐことで、幕府・武家の危惧は除かれたと考えたい。無届けの者の処罰は、幕府の統制に一貫した方針であった。

軍書許可制の効果と本屋の自負

和製軍書の出版許可制は、一定の効果をあげたという。その事情を考える。

出版事業には先行投資が必要である。売価は、この先行投資額と最初の商品（初版）の部数が決定してのちに決まる。利益は初版を売り捌(さば)ける商品量に左右される。江戸時代の出版物の利益率は低い（橋口 二〇〇七）。専業の本屋は、一度の投資で幾度も利益を見込める商品、つまり財産となる商品、当然、絶版処分にならない商品を、慎重に選択する。また当時、本屋間では、他商品との等量交換（本替）が通例おこなわれた。その場合も、信用できる相手と恒常的に取引をおこない、かつ等量交換を有利に進めるためには、怪しげな商品を忌避したであろう。

一七世紀初頭の本屋は、資力にあふれ、営利を目的としない識者であった（長谷川強 一九八九）。元来、本屋という呼称は、「物之本屋」、物事のためし、前例・手本となる書物（宗教書や学問書や教養書など）を商う者という意味から出ている。娯楽的な浄瑠璃本や芝居番付などを商う絵草紙屋や地本問屋を本屋よりも下に見る。この意識は当時の出版界を覆っていた（中野 一九九五、佐藤悟 一九九八）。

図1　『遊楽図屛風』部分（徳川美術館蔵）、本を娯しむ人々

　しかしながら、一七世紀中期以降、書籍文化の伸長によって、自負を秘めた本屋も専業化し、営利によって生活を立てるようになる。となれば本屋は、処罰を恐れて自主規制を強め、徳川の治世に言及した軍書を著作者の名を隠して刊行したり（谷脇 一九九九）、著作者の存命中を避けて死後に刊行したりした（笹川 一九九九）。

　繰り返せば、利益を生み出さねばならない専業の本屋は、政権や法令と親和性を保つ必要があった。つまり、個性や独創性の尊重、抵抗・批判精神の発見という視角のみからでは、書籍文化を育（はぐく）んだものを描くことはできない（諏訪 二〇〇四）。とくに、本屋仲間を扱う場合、資産（動産）となる板権（出版する権利）の問題をぬきに本質を読み解くことはできない。

諸人迷惑の禁止の触

　天和二年（一六八二）五月、八ヶ条の触が出された。ときの将軍は、五代徳川綱吉である。この触は、幕府の重要法令五枚札（冒頭の条目から親子兄弟札、駄賃札、キリシタン札、火付札などと称される）の一つに数えられる、毒薬札である。

毒薬札は、①毒薬・贋薬売買禁止、②贋金銀売買禁止、③寛永新銭の両替比率規定、④新銭無断鋳造の禁止、⑤「新作の慥〔たしか〕ならざる書物、商売すべからざる事」、⑥買い占め・独占販売・価格つり上げの申し合わせ禁止、⑦職人の賃金つり上げ申し合わせ禁止、⑧徒党制裁の禁止、によって構成される。

この触は、全国触（種類はA）であったとされる（今田 一九八一）。しかし、丹波国ではキリシタン札のみ掲示するように命じている（『京都御役所向大概覚書』）。全国触説には留保が望まれる。時を経て六代将軍徳川家宣への代替わり・改元があった正徳元年（一七一一）五月、幕府は高札と高札場の再整備を命じる。このときの京都・大坂への指示書に条文⑤はない（山本秀樹 二〇〇八）。これまで全国触とされてきた条文⑤は地域性の問題から検討を続けてゆく必要がある。

二 出版界の伸長と秩序化――元禄から享保

元禄一一年の願触――上方本屋の海賊版対策

延宝二年（一六七四）または万治二年（一六五九）以前に、京都の本屋仲間は、板権を相互に保護することを、自覚的に意識するようになっていた（佐藤貴裕 一九九五）。経営上、板権の侵害とそれへの対処は、深刻な問題であり、本屋は自衛力を養うために、私的な仲間をすでに組織していたのである。なお、私的な仲間を「内分仲間」、公認された仲間を「表分仲間」と呼ぶ（藤田彰典 一九八七）。

内分仲間には限界があった。そのため、元禄一一年（一六九八）、大坂の本屋は、大坂町奉行に訴え出ている。同年八月、大坂の本屋二四名に対して、大坂町奉行の判決が下された。審議の結果、和泉屋喜左衛門・小島勘右衛門・天王寺屋源右衛門は、重板（そのまま複製して出版すること）の罪に問われ、板木と売れ残りの商品（一五部）を没収された。右三名が作成した書籍の元板は、池田屋三郎右衛門版『弁弁惑指南』（著者は曹洞宗の禅僧・独庵玄光）であった。池田屋の元板の権利が認められたわけである。

訴訟裁判の過程で、吟味方与力を通じて、本屋たちは大坂町奉行に、「何卒(なにとぞ)於御当地重板・類板御停止被仰付候様ニ願上」げている。海賊版禁止を願い出たのである。要請は吸い上げられ、江戸に聞き合わせられたうえで、同年一一月に大坂町奉行より、原告の本屋二四名と被告三名に対して、重板・類板（要点・重要な箇所を抜粋して出版すること）の禁止が伝えられた。これを受けて、同月、本屋二四名は仲間申し合わせ四ヶ条を定めた（朝尾 二〇〇四、『大坂本屋仲間記録』第八巻）。

同年一二月、京都町奉行より洛中洛外の本屋・板彫（板木屋）に対して触が出された（山本秀樹 二〇〇八）。この触では、重板・類板は、元板を所持する者にとっての迷惑であり、道理に背く行為である。今後は、元板を所持する者と重板・類板を計画する者は相談し、合意を得るように。また流言・作り話の類の出版を禁じる。仮に出版するときは、町奉行所に事前に報告し、指図に従うように、としている（『京都町触集成』第一巻）。

さて、元禄一一年の争論の当事者は、すべて大坂の本屋であった（井上隆明 一九八一）。このうち池田屋は、森田屋庄太郎と、西鶴作品を独占的に出版した。このころ読者・商品化を前提とした、西鶴の執筆活動は始まる。これは出版界の成長を示す（市古 二〇〇一）。

以上、上方の出版界の成長は、本屋の企画力による売れ行き好調な作品と、その海賊版を生み出した。そのため、元禄一一年、板権を持つ本屋は町奉行の後ろ盾を願い、それを得た。以降、早期に出版した者は、類似の書籍の出版を制限する力を発揮した（市古 一九九八）。

これは江戸の出版界も無関係ではなかったであろう。なぜならば、江戸の市場は上方の本屋にとって魅力的であり、元禄期、江戸には上方本店からの出店がひしめいていたからである（今田 一九七七、藤實 二〇〇三）。京都・大坂で形成されつつあった出版界の秩序は、多くの上方本屋の江戸出店を通じて江戸の出版界に影響を与えたと推察できる。

享保の「書籍統制令」――江戸町触

八代将軍徳川吉宗は、書籍のもつメディアの力を深く理解した為政者の一人であった（藤實 二〇〇六）。つぎに引用する「書籍統制令」の作成には、側用人、町奉行（江戸）、町年寄・書物問屋が関わり、調整に一年を要した。享保七年（一七二二）一一月一日、町奉行が作成した「書籍統制令」の案文は、側用人・有馬氏倫（うじのり）より吉宗の手に渡り、修正が施され、文章は確定したという（『享保撰要類集』）。

享保七年一一月、江戸で町触が出され、この法令は、幕末まで三都の出版界において基本法としてあり続ける。同令は出版界の秩序化という局面においてきわめて重要な意味を持つ。以下、引用する。

〔史料4〕

一①、自今新板書物之儀、儒書仏書神書医書歌書都[すべ]て書物類其筋一通之事ハ格別、猥[みだりなる]成儀異説等を取交へ作出候儀、堅可為無用事、

一②、只今迄有来候板行物之内、好色本之類ハ風俗之為にもよろしからさる儀候間、段々相改絶板可仕候事、

一③、人々家筋先祖之事なとを、彼是[かれこれ]相違之儀とも新作之書物ニ書顕[かきあらわし]、世上致流布候儀有之候、右之段自今御停止ニ候、若右之類有之、其子孫ゟ訴出候におゐてハ、急度御吟味可有之筈候事、

一④、何御書物ニよらす此以後新板之物、作者并板元之実名、奥書ニ為致可申候事、

一⑤、権現様之御儀ハ勿論、惣て御当家之御事板行・書本、自今無用可仕候、無拠[よんどころなき]子細も有之は、奉行所江訴出指図受可申候事、

右⑥之趣ヲ以、自今新作之書物出候共、遂吟味、可致商売候、若右定ニ背候者有之ハ、奉行所江可訴出候、経数年相知候共、其板元・問屋共ニ急度可申付候、仲間致吟味、違犯無之様ニ可相心得候、

（『御触書寛保集成』）

史料4の内容は、以下のとおりである。

①今後、書物（儒学書・仏教書・神道書・医学書・和歌書の類）に新説・異説を掲載して出版することを禁じる。

②これまでに出版されてきた草紙類のうち、遊里風俗や恋愛物などの好色本は、風俗上問題であるので、今後段階を追って絶版とする。

③人々の家筋・先祖に関する真偽不明の事柄を、新しい作品として作り、世間に流布させることを禁じる。もしも関係者より訴え出られた場合は厳しく審議する。

④新しく出版する書籍には作者・板元の実名を奥書に明記する。

⑤徳川家康のことはもちろん、徳川将軍家に関する書物は、板本・写本ともに売買を厳禁とする。事情があって作成・頒布するときは奉行所の判断を仰ぐようにせよ。

⑥①〜⑤の検閲に違反する者があれば奉行所に訴え出よ。違反が数年を経て露見したときは、板元を厳しく処罰する。書物問屋仲間での審議は厳密に行い、違反者がないように心がけよ。

享保「書籍取締令」の要点

第一は、内容にかかわる点で、徳川将軍家に関する書物の売買を、原則として禁じる。草紙類のうち遊里風俗や恋愛物など性を扱うものはタブーとする。諸人の家の名誉を傷つけるなど、人々の迷惑になる偽書や新説の書物の売買を禁じる。

なお、「書物」と「草紙類」について、再び説明しておく。「書物」とは宗教書や学問書や教養書など、世の中に役立つものをいう。物の本屋、略して本屋の主力商品である。一方、草紙類は、娯楽的な浄瑠璃本や芝居番付や絵入り本などをいう。絵草紙屋（京都・大坂）や地本問屋（江戸）が作成して売り出す商品である。「書物」よりも「草紙類」の方が格下である。「書物」と「草紙類」を総称して、本稿では書籍と呼ぶ。

続けて第二は、統制令の適用範囲についてである。出版物ばかりでなく、写本を含んでいる。小規模に限定された複製行為であっても、書籍の複製が社会に影響を与えた。写本も重要なメディアの一つであった（今田 一九九七、福田 二〇〇五）。社会の実情に即して、幕府は統制に臨んだわけである。社会の実情を知るデータとして、表4「町版・私家版・写本の割合」を後に掲げる（五七頁）。

なお、「出版取締令」と呼ばれることが多い本法令であるが、右に記した対象範囲に基づけば、「書籍取締令」（もしくは「書物取締令」）と呼ぶべきであろう。そのため、本稿では「書籍取締令」と表記する。

第三は、取締りの体制に関することで、仲間、とくに代表者である行事たち（京都・大坂では「行司」とも表記）に、権限が与えられたことである。

第四は、出版物の末尾にある奥付に、作者・板元の実名を明記させ、作品を作成した者、商品化にあたった者に責任を負わせるように命じたことである。無記名、ペンネームの使用は統制をすり抜ける手段の一つとなっていたからである。実名を記させれば、居住する土地の町名主に身元を保証させ、連帯責任をとらせることもできる。衆人環視体制は、江戸幕府による統制の特徴の一つとしてあげてよいであろう。

さて、享保の「書籍取締令」は全国触（種類はA）とされてきた（今田 一九八一）。だが、これについて疑問が呈せられている（山本秀樹 二〇〇三ほか）。ちなみに本法令は「仰出之留」（前出）には未収録である。だが、大目付より交代寄合に出された触書の留帳である『享保通鑑』（日本史料選書）には収録される。享保七年令の適応範囲、交付対象の特定にはいたっていない。

享保の令の関連法令

享保七年一一月六日、「書籍統制令」は、町奉行所の内寄合の席で、町年寄・奈良屋に渡された。翌七日、江戸では、加えて、既刊の書物で、没後数十年から数百年経った作者の名を奥書に載せ、成立年代と刊行時期が大きな隔たりがあるものについて、外題名（作品名）を控えておくようにと命じる触が出されている。対象は町中である。これを、便宜上、「第二の触」と呼んでおく。「第二の触」は、町年寄・喜多村より町中に回された。一〇日、これに対して町中連判した請状が、喜多村に提出された（「享保撰要類集」、国立国会図書館所蔵）。

大坂で享保の「書籍取締令」が出されたのは、享保八年三月二四日である。末尾には「右之通、従江戸被仰下候間、三郷町中可相触知者也」、署名「飛驒」とあり、大坂東町奉行・鈴木飛驒守利雄である（「大阪書籍商旧記類纂」上、大阪府立中之島図書館所蔵）。享保の「書籍取締令」は、江戸の命を受けて、大坂町奉行より町触として出されたのである。なぜこの時期に江戸から指示があったのか。現段階では判然としない。

翌日、「第二の触」も出される。ただし、つぎの一条が冒頭に加えてあった。

〔史料5〕

覚

一、銘々召仕之手代・小者ニ至迄、其主人不存古本・新本共ニ、内証ニ而売買被致候者在之候而、銘々難儀、又者奉公人之為ニ茂宜からず、自今以後、左様之義急度［きっと］被致間敷候、押而売買被致候義相知れ候ハヽ、白銀弐枚為出可申候、其上品ニ寄、仲間売買致間敷候事

（「大阪書籍商旧記類纂」上）

史料5には、古本・新刊書ともに内証（隠し）売買を禁じる。内証商売が露見した場合には、白銀二枚の罰金が科せられる。悪質な犯罪であると判断されたときは、仲間商売から外されると記されている。内容は、本屋・草紙屋の主人、手代・小者（軽い使用人）に重点を置くものである。だが惣年寄より「第二の触」を受けたのは、本屋・草紙屋および町中年寄である。ここには、内証商売を衆人に監視させるという政権側の企図を見出し得る。

京都では、享保八年四月二日に、享保の「書籍取締令」が出された。末尾に、大坂町触と同じよう

に、江戸より伝達された旨が記されていた（『京都町触集成』第一巻）。町触である。なぜこの時期に江戸から指示があったのか。やはりわからない。その後、四月一一日に享保の「書籍取締令」に関連する、つぎの町代触（種類③である）が出された。

〔史料6〕

口上

町々板木ほり幷表紙や有之候ハヽ、名所書付、明日中ニ私宅江御越可被成候、以上

四月十一日　　町代山中仁兵衛（『京都町触集成』第一巻）

町代はこの機会に、本屋・絵草紙屋に加えて、板木師・表紙屋の居所を把握しようとしている。

ところで、享保七年七月、のちに江戸で発せられる「書籍取締令」のうち、第四条について、京都・大坂の本屋仲間は、江戸の書物問屋からの書状によって、すでに承知していた（『京都書林行事上組済帳標目』、『大坂本屋仲間記録』第八巻）。江戸町触交付の四ヶ月前、大坂町触と京都町触交付の八ヶ月前である。江戸の書物問屋仲間は、前述のとおり、享保の「書籍取締令」の作成過程に関わった。情報を選択して知らせるという、江戸の書物問屋仲間の能力は評価されてよい。しかしここでは、京都・大坂の本屋仲間は、江戸の情報を入手し、共有していた点に注意したい。情報の入手ルートは、行司（行事）間の連絡網、または本家と別家・分家（江戸出店）の関係を通じてのものであろう（坂本

一九九一、方 二〇〇一、藤實 二〇〇五）。

三　本屋仲間・書物問屋仲間の公認

京都本屋仲間——内分仲間から表分仲間へ

京都の本屋仲間の仲間記録は、元禄七年まで遡ることができ、かつ記録から上・中・下の三組が成立していたことが知られる（宗政・朝倉編 一九八〇）。その後、正徳六年、京都の本屋仲間は公認された。ここに、京都の本屋仲間は、内分仲間から表分仲間になった。

だが一つ注意しておきたい点がある。『京都書林行事　上組済帳標目』に「一、御公儀様へ御年頭・八朔出礼之始　正徳五年未十二月ニ相極之」とある。これによれば、京都町奉行所への仲間行司の年頭・八朔の挨拶は、正徳五年（一七一五）一二月に決まったことになる。

この正徳五年末、正徳六年年頭に拘泥するのには、理由がある。吉宗が正式に将軍職に襲封するのは、七代将軍徳川家継の喪が明けて、正徳から享保に改元されて後の、八月一三日である。また、享保の改革が本格化するのは、享保六年以降である。したがって、京都本屋仲間の公認を、享保の改革と安易に結びつけてはなるまい。

公認後の京都の本屋仲間の人数変化は、表1に示したとおりである。

表1　京都の本屋仲間の人数推移

年号	西暦	人数
正徳6	1716	200
寛延3	1750	250
文化11	1814	183
嘉永6	1853	200
明治元	1868	163

このほか、京都の本屋仲間に特別な事情は、天明八年（一七八八）正月三〇日の団栗焼け（どんぐりや）の影響である。京都町奉行は、復興を目的に、株仲間からの冥加銀の上納を免除し、仲間を廃止して「商売勝手次第」とした。復興の目途がたってのちの寛政一二年（一八〇〇）、諸仲間は再興され、冥加銀の上納は再開される（『京都書林行事　上組済帳標目』）。

江戸書物問屋――行事・古老（老分）

時期をさかのぼるが、明暦三年（一六五七）九月の江戸の町触では仲間の弊害を、以下のように説いている。仲間加入時の礼金・振舞いという慣習や、締め売り行為（品物を買い占めて供給量を減じて高値で売り出すこと）は、新規参入を妨げている。仲間が店の棚を占有し、購買者や家主の迷惑になっている。この町触の対象は二〇の業種にわたり、そのなかに「物之本屋」は含まれる。この時期、内分仲間はすでに存在していた。

時期を下って、寛政二年（一七九〇）一二月、町年寄・奈良屋に提出された板木屋仲間作成の文書では、その起立を寛文一一年とする。しかし、その信憑性は低い（鈴木　一九九六）。享保六年に公認される書物問屋仲間は、元禄期に公認された暦問屋（一一人）に次いで二つめの株仲間であった。

表2は、通町組、中通組、南組（三組）および古組・仮組（問屋再興後）の人数と、それらを合算した数である（藤實　二〇一一）。

仲間は、行事の合議制によって運営された。行事は、各組から二名ずつ、互選であった。そのため、構成員の平等性は守られたとしたいところだが、京都出店が多くを占めた通町組・中通組は、争論で協力しあうことがあった。孤立する南組という構図である。通町組・中通組の行事経験者の多くは、「古老」「老分」と呼ばれて、強い発言力をもった。また通町組には幕府の御用達町人・出雲寺がおり、出雲寺はしばしばスタンドプレーを演じた。だが、これに制裁が加えられることは少なかった。そのため、南組の重鎮・須原屋茂兵衛は、行事と「古老」の調停や裁定に不満を抱いている（藤實 二〇一〇）。

表2　江戸の書物問屋の人数推移

年号	西暦	三組			総数
		通町組	中通組	南組	
享保6	1721	—	—	—	47
享保12	1727	—	—	9	35
寛延3	1750	41		16	57
寛延3	1750	25		32	57
享和3	1803	23	12	23	58
文化元	1804	22	9	20	51
文化5	1808	23	12	23	58
文化14	1817	23	14	22	59
文政3	1820	20	10	20	50
—	—	古組		仮組	
嘉永4	1851	54		17	71

書物の出版手続きと板権

享保七年に「書籍取締令」が発令されてのち、江戸の書物問屋が出版物を出す場合には、一定の手続きが必要になった（図2参照）。

手続きの要点は、行事手限（てぎり）（「手限」とは上部機関に聞くことなく処理する事案のこと）、町年寄手限、町奉行所手限という具合に、それぞれに権限が与えられ、段階的に振り落とされる仕組みであった。各

図2　出版までの公的な手続き

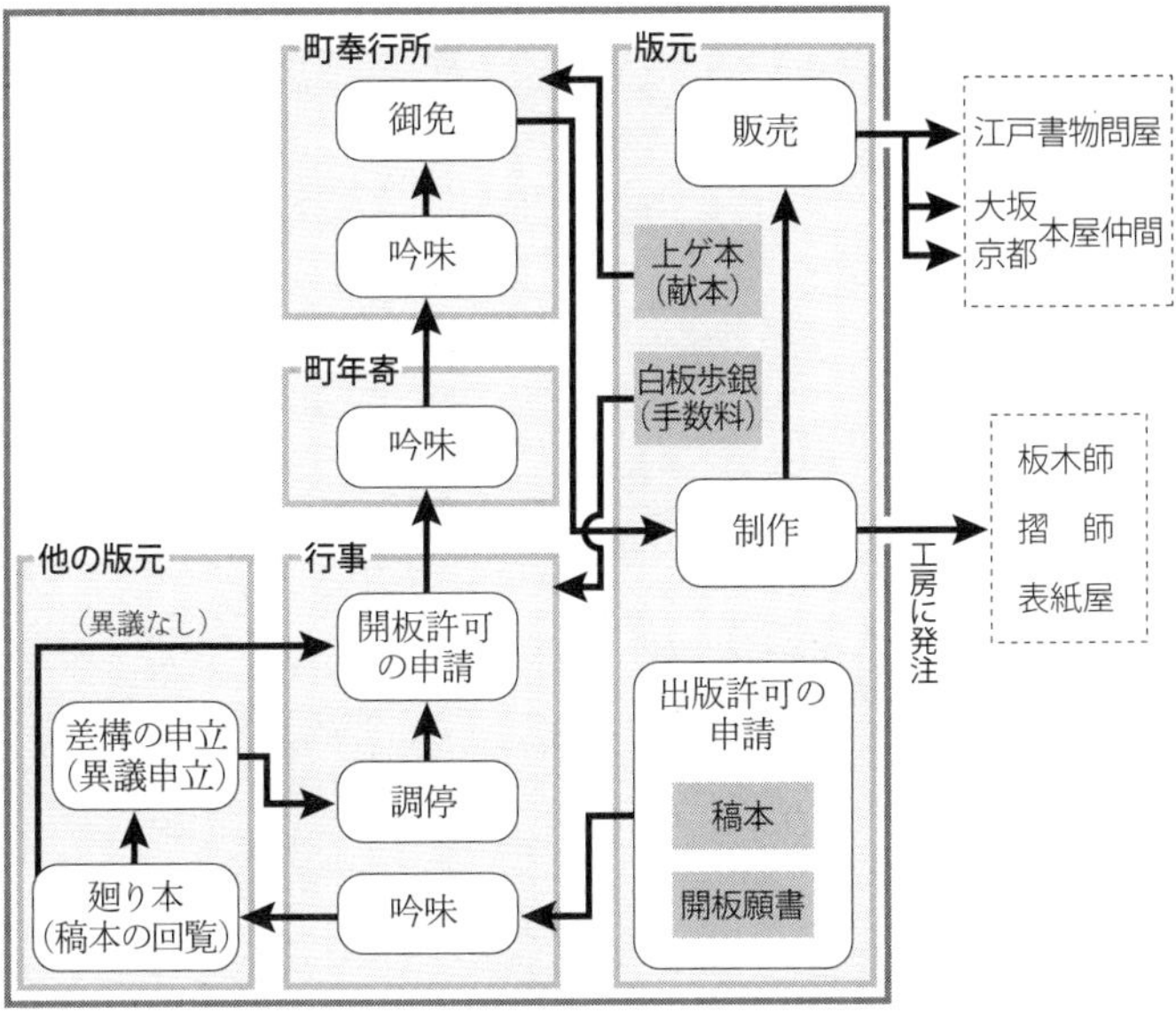

町奉行所：御免 ← 吟味
町年寄：吟味
行事：開板許可の申請 ← 調停 ／ 吟味
他の版元：（異議なし） ／ 差構の申立（異議申立） ← 廻り本（稿本の回覧）
版元：販売 ← 制作 ／ 上ゲ本（献本） ／ 白板歩銀（手数料） ／ 出版許可の申請（稿本、開板願書）
販売 → 江戸書物問屋 ／ 大坂・京都本屋仲間
制作 → 工房に発注 → 板木師 ／ 摺師 ／ 表紙屋

手続きが済むごとに手数料が発生した。手続き完了までに多くの時間を要したことである。

　行事手限のなかで、仲間内に稿本を回覧する廻本(まわりぼん)は、板権の実効性に深く関係して、重要な事案であった。廻本で「承認できない」旨（差構(さしかまえ)）が仲間構成員から出されると、行事は申請者に、書き改め、金銭の支払い、板木の物理的分割所有（相合板(あいあいばん)）、板木の名義上の分割所有、当該商品の現品納入、他商品との等量交換（本替）、本板木没収（絶版）などを命じた（永井 二〇〇九）。「廻本」の実施、「廻本」の日にちの長短、調停は行事の判断によりおこなわれた（藤實 二〇一〇）。

　ここからは、行事を核にして運営された、株仲間の自律的な側面を看取できる。一方、仲間の不始末について、行事は連座を受けるという、幕府権力との緊張関係にあったことを忘れてはなるまい。

町奉行所手限は、新板の場合に稿本（原稿）を検閲することにあった。この段階までの手続きを終えると、仲間の「写本留帳」に記載されて「願株」と称された。「願株」は売買の対象となり、以後二〇年間、その権利は温存された。板木の彫刻がすべて終わると、行事から証文に割印を受ける。割印のための三組行事の寄合は毎月一回開かれ、仲間の「割印帳」に記載されて、権利は保障された。この寄合で売り捌く本屋も決めた（朝倉・大和編 一九九三）。

新板の場合、行事は稿本と摺り上がった板本を幕府に上納して（「上ゲ本」という）、幕府の許可を得る必要があった。この後、行事から販売許可証である「添章」が、売り捌きを担当する者に渡されて、発売となった。「上ゲ本」前後に申請者は手数料「白板歩銀」を行事に、「上ゲ本料」を奉行所に納めた。なお、「白板歩銀」の「白板」とは、板木彫刻後で摺り作業に入る前であること、摺り置きを作っていないことを証明するものである（金子貴昭 二〇一三）。

「添章」は、江戸なら江戸のみで有効で、京都・大坂の本屋仲間を通して売り捌くときには、その旨を江戸の行事へ願い出て、二都の行事宛の「添章」の発行を受けた。つまり、三都で売り捌きをするためには、京都・大坂の本屋仲間または江戸の書物問屋仲間に所属していることを必要条件とし、手続きを経て、手数料を支払い、「添章」を入手せねばならなかった。本屋仲間と書物問屋仲間が売り捌き権を掌握していた点は重要である。

大坂本屋仲間——行司・板木持

大坂の本屋の創業は、京都よりも四〇年遅れる。初めて、大坂の本屋の名前を確認できるのは、寛文一一年（一六七一）刊行の近江屋次郎右衛門版『蛙井集』（俳諧書）である。以後、延宝期にかけて十数軒の大坂の本屋の名前を出版物の奥書から拾うことができる。元禄期、井原西鶴の浮世草子、節用集や重宝記が大坂の出版界を活気づけた。しかしこれは一時的な現象であった（多治比 一九九七）。享保八年（一七二三）、本屋仲間の出願によって、大坂の本屋仲間は、幕府より公認される。表3は人数の変遷状況である。

ところで、株仲間として公認されるとは、どういうことか。

町奉行所との関係から、行司は町奉行所に名前帳を提出した。また行司は町奉行所に年頭・八朔、寒暑見舞いの挨拶に行った。挨拶といえば、一般に冥加銀納入のためにおこなわれるものだが、大坂の本屋仲間からの冥加銀は九ヶ年を数えるにすぎない（天保二年、嘉永七年から三ヶ年、安政七年から五ヶ年）。大坂本屋仲間は、礼金を、奉行二人（年頭・八朔のみ、金子一〇〇疋ずつ）、寺社方与力六人（銀一両ずつ）、地方与力八人（銀三匁ずつ）、寺社方および地方同心一四人（銀一匁五

表3　大阪の本屋仲間の人数推移

年号	西暦	人数
享保 9	1724	32
元文 4	1739	94
宝暦 9	1759	102
安永 8	1779	141
天明元	1781	177
寛政 3	1791	143
文化 3	1806	145
文化 5	1808	138
文化10	1813	343
文政 3	1820	314
文政12	1829	312
天保 8	1837	248
安政 2	1855	244
慶応 3	1867	217

分ずつ）、惣年寄三人（年頭・八朔は金子一〇〇疋、寒暑見舞いは銀二両ずつ）に納めた（蒔田 一九二八）。

つぎに、株仲間加入とは何か。仲間加入の形態には、新規加入、相続加入、親子兄弟分家加入、手代別家加入の四つがあり、それぞれに加入料・振舞料や紹介者が必要であった（蒔田 一九二八）。加入者には鑑札が渡された。これによって、営業権と出版・販売申請権を得た。対して、加入者は仲間運営の諸経費を支払った。安政五年（一八五八）の「仲間触」は、板木持は毎月一〇〇文、それ以外は毎月四八文の支払いを定めている。「板木持」とは板権を所持している者、「それ以外」とは書籍・板木の売買をおこなう「市」を監督する書物市屋、「市」に参加し小売・貸本業を営む者をいう（『大坂本屋仲間記録』第一〇巻）。

四 寛政の改革とその影響

寛政の書籍取締令――草紙類の改め

寛政二年（一七九〇）一〇月、江戸では地本問屋仲間の結成の命を受けて、名前帳（二〇名分）が奉行所に提出された。一一月一九日、町触が出された。その内容は、以下のとおりである（『江戸町触集成』）。

（一） 一枚絵・草双紙を出版する場合は書物問屋の行事ならびに新たに公認する草紙問屋仲間の行

事の改めを受けること。

（二）（一）は書物問屋仲間・草紙問屋仲間の構成員ではない貸本屋・世利本屋も対象とする。

（三）素人は一枚絵・草双紙・時事を扱う出版物の売買に関わってはならない。

（四）違反者は厳しく処罰する。

（五）草紙問屋の行事は二人とする。

右の町触は、町奉行所より町年寄・奈良屋を通じて、市中に触れ流され、一一月二四日、町中連判の請状が町奉行所に提出された。

この触では、仲間公認に至っていない貸本屋、江戸時代を通じて非公認のままであった世利本屋（小売業者）、一枚絵などを売り歩く者、つまり香具師（やし）の親分の下にある振売商人（藤實 一九九九）、町人身分内の階層でいえば家持・家主・地借・店借・裏店層を対象としている。

これに先立つ時期の史料に、同年（寛政二）四月一八日作成の町奉行宛の上申書と、同年五月に書物問屋仲間宛に出された町触がある（湯浅 一九九五）。二つの史料からは、つぎの点が明らかになる。

①一枚絵・草双紙類の出版に関しては、享保七年の町触に基づき指導しているが、不取締りが続いている。②仙台藩の元儒者・林子平『三国通覧』のような書籍は絶版にするべきである（林子平の処分は寛政四年五月のこと）。③新たに作成する書籍は、町奉行所に聞き合わせ、指図を受ける。④子ども用の草双紙のなかには、作品の舞台を過去に移して、政治批判をおこなう、不適切な内容のものがある。絶版にせよ。⑤写本も対象とする。⑥内証売を禁止する。⑦③〜⑥は、書物問屋仲間が中心と

なり、厳守せよ。

寛政三年二月、江戸の板木屋仲間の名前帳（六組一七〇人）が、町奉行所に提出され、仲間行事（六人）は取締りを命じられた。だが、板木屋仲間内外に利害対立や不和があり、取締りは徹底しなかった（吉原 一九八〇、北小路 一九九三）。そのため、寛政一二年三月「絵草子一枚絵改掛肝煎名主」七人が置かれる。文化四年九月名主肝煎（なぬしきもいり）のなかから「絵入読本絵類改掛名主」が新たに任じられる。「絵入読本改掛肝煎名主」四人（のち七人）はやはり検閲と取締りにあたった（高木 一九九五）。文化五年には貸本屋仲間の名前帳（一二組六五六人）が世話役（三三人）から町奉行所に提出されて、公認された（長友 一九八二）。

寛政の書籍取締令再考

寛政の書籍取締令は、中学校用『歴史』・高等学校用『日本史B』の教科書に記される（教科書では「出版取締令」と表記）。幕府による書籍取締りの嚆矢（こうし）という扱いである。寛政の改革では、書籍作成と流通に対する検閲強化が、確かに打ち出されている。書籍出版手続きの改正と名主改の開始は、ロシア船の接近・侵攻に対する幕府の警戒と情報統制、また仲間構成員外の者が書籍流通に関与して、京都・大坂、およびそれ以外の地域版が江戸に流入・流通することが問題化していたという側面から説明される（佐藤悟 二〇〇一、鈴木 二〇〇三）。

しかしながら、つぎの諸点に注意しておく必要がある。

(A) 寛政の「書籍取締令」は、まず書物問屋仲間に向けて出された触であった。
(B) 書物問屋仲間で十分な対応ができないため、地本問屋仲間が公認された。
(C) 寛政の「書籍取締令」の適応範囲は、江戸市中である。
(D) 寛政の「書籍取締令」は江戸の町制度の改正と関係する。
(E) 寛政の「書籍取締令」は享保七年令を前提にしている。

以上から、幕府による出版界の秩序化は、享保の「書籍取締令」に始まり、寛政の「書籍取締令」は厳密化したものである。また寛政の「書籍取締令」は、元来、江戸と周辺地域の治安維持を強化する制度改正の一環として出された。これら基本事項の確認は、寛政の「書籍取締令」の位置づけに変更を求めよう。

五　天保以降の諸相

株仲間解散と直接検閲

天保一二年（一八四一）一二月、同一三年三月、幕府内部の慎重論を押さえて、江戸とその周辺、ついで京都・大坂などに対して、株仲間解散令が出された（芳賀 一九七四）。これらの触を受けて、江戸では天保一二年中に、大坂では天保一三年四月一六日に株仲間は解散となった（『諸問屋再興調』

二、『大坂本屋仲間記録』)。ただし、江戸の暦問屋(一一人)は、日本橋魚問屋とともに、例外的に解散から除外された(渡辺敏夫 一九七五)。

株仲間解散によって自由売買がおこなわれれば、禁書は取り締まれなくなる。出版界の秩序は乱れる。そのため、出版および販売の手続きは改正された。

天保一三年六月、町触をもって江戸市中に伝達された改正内容は、つぎのとおりである。新たに書籍を出版する際には町年寄・館に稿本を提出し、町年寄は取りまとめて町奉行所に上げ、町奉行所より洋書の翻訳は天文方(七月以降)、医学書は医学館(七月以降)、それ以外は昌平坂学問所へ回し、検閲のうえ出版許可・不許可を出す。許可をうけた書籍は、学問所に一冊献本する(のち、献本先は吟味担当部署に変更)。

同様の触は、天保一三年六月、京都の洛中洛外に対して触れ流され、献本は二冊(京都町奉行所用と江戸の学問所用)とされた。

これに先立つ五月二六日、大坂では三郷町中に対して同触が出された。合わせて、月番の奉行所で検閲することが達せられた。ついで、本屋掛惣年寄による検閲(六月二三日)、出版者と販売人の居住地の町年寄による奥印の必要(七月七日)など、大坂の出版・販売手続きは変化する。

天保一四年八月、林大学頭檉宇(ていう)より、狂歌・怪談・料理という軽い内容の絵草紙類の出版を学問所が許可しているという印象を与えては、幕府の権威は失墜しかねない、絵草紙類の改めは、以後、町方に任せたい、とする意見が出された。同年一〇月、江戸では、絵草紙類については掛名主が稿本の概略を調べ、町年寄に申請するという手続きに変更される。絵草子類は掛名主が検閲をおこなう体制に落ち着いたのである(高柳 二〇〇〇)。

とはいえ、幕府による書籍の直接検閲体制は、可否の検討がおもに学問所に任されたことから、幕府の儒者林家を頂点とする学問所が、文教政策やイデオロギー統制の重要な位置を占めたことを示す。また諸家蔵版と称される書籍が統制の対象とされており、市販を前提としない書籍の出版をも阻止しようとする、幕府の姿勢を読み取ることができる(藤田覚 一九八九)。

表4　町版・私家版・写本の割合

年号	京都本屋	大坂本屋	江戸書物問屋	草紙類	私家版	写本
享保15	16%	6%	14%	3%	13%	48%
文化9	5%	6%	12%	18%	15%	44%
嘉永7	4%	3%	9%	14%	27%	43%

部分としての町版

では諸家蔵版は、当時、どれほどの割合を占めていたか。表4は、現存書籍をもとに、傾向を捉えたものである(橋口 二〇〇七)。表のタイトル中にある「町版」は京都・大坂の本屋仲間、江戸の書物問屋仲間が出版した書物をいい、表4では「町版」を、三つの地域に分けて、表示した。表4からは、現存書籍に占める、私家版・写本の割合の高さがわかる。書籍文化全体のなかで作品数三割から四割であった出版物つまり町版という視点から考えてゆくと、私家版や写本の作成・売買にも関係した本屋の活動の全体も見えやすくなろう。

株仲間の解散は、物価の引き下げを実現し自由競争を促進するという経済効果を一般に期待したものであった。だが出版界には過剰な自主規制が蔓延した。株仲間解散の一二年間、京都では解散前よりも新刊書の点数は二割減り、二、三の板元を除けば活動は低調であった（宗政 一九八二）。また海賊版を防止する機能を欠損させた検閲体制は、出版界に混乱を招いた（前田 一九九三）。

表5 「本屋」の問屋再興（江戸）

問屋名	再興の時期	組	人数
暦問屋	―――	―	11
書物問屋仲間	嘉永4年11月晦日	古・仮	54・17
地本問屋仲間	嘉永4年11月	―	164
板木屋仲間	嘉永5年7月	5組	318
貸本屋仲間	不詳	不詳	不詳

嘉永の問屋再興

弘化元年（一八四四）末、株仲間解散の悪影響に関する調査が幕府内部で始まる。その後、意見の対立がありつつも、嘉永四年（一八五一）三月から五月にかけて、問屋再興の布達は発せられた（荒木 二〇一〇）。

嘉永四年四月、大坂本屋仲間は再興され、解散前からの仲間は「古組」、再興後に加わった仲間は「新組」と呼ばれた（『大坂本屋仲間記録』第八巻）。

同年一一月、江戸の書物問屋、地本問屋が再結成された。これに先立つ三月一〇日（問屋再興の町触の翌日）、書物掛肝煎名主より、書物問屋で中通組に属した英屋大助（実際は代理人の栄蔵）は、仲間の名前、業態などを記した書類を作成するように命じられた。休株・新規参入者を含めて把握は困難を極めた。六月、名前帳は出来上がった。だが、町年寄・館の指示で「板木持」のみを名前帳に掲載するなどの修正があった。

一一月晦日、書物問屋は、館の役所で名前帳（正・副二冊）に押印を終えた。

ここに書物問屋仲間は再興された（『諸問屋再興調』二、金子宏二 一九七八）。解散前に公認されていた三組は「古組」（元株）と一括され、新規加入の者は「仮組」（のち「新組」）と呼ばれた。仲間行事は「古組」から選出されたが、「仮組」の者による「古組」株の取得を妨げなかった（上里 一九七六）。江戸では、書物問屋仲間以外の仲間も再結成された（表5）。

京都では嘉永六年一二月に本屋仲間が再興された。これは京都株仲間一般にみられる動向である（藤田彰典 一九八七）。

問屋再興後の動揺から明治へ

三都の本屋仲間と書物問屋仲間にとって、問屋再興によって、重版・類版の禁止、素人出版の禁止は、暗黙の了解となる予定であった。重版・類版の禁止には株仲間解散期に出版許可された書籍の相対処理が含まれた。しかし出版界の混乱は続いた。

大坂では、安政四年（一八五七）三月、仲間行司は本屋掛惣年寄に願い、八月大坂町奉行名で、仲間申し合わせを、三郷町中に向けて触れ出してもらっている。同一二月には、板木屋の動きを監督すべき旨の触が、やはり大坂町奉行より三郷町中に向けて出される（『大坂本屋仲間記録』第八巻）。京都では、安政六年一一月、仲間行司名で「通達」が出された。本屋仲間からの独立を目論む、経師屋（きょうじや）仲間（内分仲間）の動きの阻止を目的とした（宗政 一九八二）。江戸では、安政四年七月、板木屋仲間と印判職仲間（内分仲間）との間に、対立が生じていた（吉原 一九八一）。

右からも明らかなように、嘉永期の問屋再興後も、株仲間解散時に定められた検閲体制は、継承されている点を見逃してはならない（杉本 二〇一三）。

慶応四年（一八六八）三月、幕府は瓦解した。明治二年（一八六九）の出版条例、同五年、同八年と改正された。これらの条例布告によって、出版検閲・版権事務は内務省管轄となり、仲間行司（行事）は権限を失った。仲間の存続意義も急速に失われる。明治二〇年、版権条例が出された。これによって、版権は著作者に帰属する。版権は今後三〇年間のみ有効であると定められた。本屋仲間に加入することで、独占的に保障された、営業権、出版・販売申請権、出版権、販売権は失われた。本屋の多くは経営方針の転換を余儀なくされる（藤實 二〇〇八、二〇一三）。

三都の本屋仲間と階層性

これまでの記述によって、「物の本」（書物）と草紙類・一枚絵、「物の本屋」（本屋）と草紙屋という階層差、本屋・草紙屋の主人と手代・小者（軽い使用人）、本屋・書物問屋の本家と別家・分家、内分仲間と表分仲間、「老分」・仲間行事と仲間構成員、「板木持」とその外の者、「古組」と「仮組」などの、本屋仲間内部の階層性が示されたことと思う。ここで改めて、三都の本屋仲間の比較という角度から階層性の問題について記す。

書籍文化は、本屋はもとより多くの職人集団によって作り出される。完成した商品は、流通業者によって社会に放たれる。職人・商人の編成、協力なくして、プロデューサー（統括者）としての本屋の力量も発揮されはしない。仲間内部の階層性は、職人集団・流通業者と本屋仲間の関係という視点から述べることが可能であろう。

京都の本屋仲間の最上層には、「物の本屋」(本屋)が位置する。その下に、絵草子屋、板木師(細工人)、板摺人、表紙屋、経師屋が内分仲間として存在した。このうち、板木師・板摺人・表紙屋は三職と呼ばれ、本屋との密着度は高かった。板木師は重板・類板の防止、板摺人は板木の保全と直結するため、本屋から渡される鑑札によって、厳しく管理もされた(蒔田 一九二八)。

大坂の本屋仲間は、一九世紀初め、「板木持」の仲間から、流通を含む出版界全体を取り仕切る存在へと質的に変化する(山口 一九九五、渡辺仁美 二〇〇七)。文化五年(一八〇八)実録「北海異談」(講釈師・南豊亭栄介)関係者の処分事件に端を発して、売子として存在していた、草紙屋や小売商および貸本屋に仲間加入が強制されたのである。結果、文化一〇年、「板木持」の仲間に占める割合は三割に減る(坂本 一九九二)。

一方、江戸では、書物問屋仲間のほか、暦問屋、地本問屋・板木屋仲間・貸本屋仲間が公認された。各仲間は自律的に運営された。もっとも、板木屋仲間の公認直前に地本問屋が板木屋たちを、問屋再興時に書物問屋仲間がやはり板木屋たちを、自らの監督下に置こうと企図している。いずれも幕府の裁定により否定されている(吉原 一九八〇、一九八一)。

本稿では、一七世紀中ごろの怪しげな者たちとメディアの結びつき、武家の苦慮が生じ、これに対応した和製軍書出版の許可制、志ある本屋による内分仲間の結成、書籍文化の伸長と海賊版の登場、元禄一一年の幕府による板権保護、京都・大坂の本屋仲間と江戸の書物問屋仲間との関係・情報のやり取り、享保令の画期性と出版界の秩序化、幕府公認の本屋仲間の運営状況、寛政令による草紙類の検閲強化による町名主改めの開始、天保の株仲間解散と幕府の学問所を中心とする直接検閲、幕府の諸家蔵版対策、および町名主改に結果した草紙類検閲、嘉永の問屋再興と検閲の継続、その後の混乱について述べた。ここからは、幕府統制の特徴もいくつか抽出できたと思われる。なお、紙幅の関係から、寛政以降の問題は十分に扱えなかった。

また、京都・大坂の本屋仲間と江戸の書物問屋仲間（三都の本屋仲間）の内部構造を階層性という視点から比較した。京都・大坂では、書籍作成に関わる下職や、流通に関わる者たちが、独立して仲間組織を形成しなかった。江戸の書物問屋との違いは大であった。では、地域性は何に規定され、育成されたのか。これらも今後の検討課題である。

参考文献

朝尾直弘「元禄期京都の町代触と町代」、岸俊男教授退官記念会編『日本政治社会史研究』下、塙書房、一九八五年
朝尾直弘「近世京都の「町」と町触」『朝尾直弘著作集』第六巻、岩波書店、二〇〇四年

朝倉治彦・大和博幸編『新訂版　享保以後江戸出版書目』、臨川書店、一九九三年
荒木裕行「株仲間再興令決定過程について」、東京大学日本史学研究室紀要別冊『近世政治史論叢』、二〇一〇年
市古夏生『近世初期文学と出版文化』、近世文学研究叢書、若草書房、一九九八年
市古夏生「元禄の出版文化――一つの到達点」、井上敏幸・上野洋三・西田耕三編『元禄文学を学ぶ人のために』、世界思想社、二〇〇一年
伊藤孝夫「近世日本の出版権利関係とその解体」、京都大学法学会『法学論叢』一四六巻五・六号、二〇〇〇年三月
井上隆明『近世書林板元総覧』、日本書誌学大系、青裳堂書店、一九八一年
井上泰至『江戸の発禁本――欲望と抑圧の近世』、角川選書、二〇一三年
上里春生『江戸書籍商史』、名著刊行会、一九七六年
金子宏二「翻刻『三組書物問屋諸規定』（承前）」、『早稲田大学図書館紀要』一九号、一九七八年三月
金子貴昭『近世出版の板木研究』、法蔵館、二〇一三年
北小路健『板木屋組合文書』、日本エディタースクール出版部、一九九三年
今田洋三『江戸の本屋さん――近世文化史の側面』、NHKブックス、一九七七年
今田洋三『江戸の禁書』、吉川弘文館、一九八一年
今田洋三「筆禍と出版機構」、『国文学　解釈と教材の研究』四二巻一一号、一九九七年九月
坂本宗子「近世における大坂出版業の動向――その営業地の分布について」『大阪の歴史』三三号、一九九一年六月

笹川祥生『戦国軍記の研究』、研究叢書、和泉書院、一九九九年
笹川祥生「近世の軍書――近江の戦国時代を描いた作品を例として」、国文学研究資料館編『軍記物語とその劇化――『平家物語』から『太閤記』まで』、臨川書店、二〇〇〇年
佐藤悟「地本論――江戸読本はなぜ書物なのか」、読本研究の会編『読本研究新集』第一集、翰林書房、一九九八年一一月
佐藤悟「幕府の情報コントロール」『週刊朝日百科 世界の文学84 近世の出版文化』、二〇〇一年二月
佐藤貴裕「近世節用集版権問題通覧――元禄・元文間」、岐阜大学教育学部『研究報告――人文科学』四四巻一号、一九九五年七月
杉本史子「鳥瞰風景のなかの将軍」、箱石大編『戊辰戦争の史料学』、勉誠出版、二〇一三年
鈴木俊幸「板木屋から地本問屋へ」、中央大学文学部『紀要 文学科』七七号、一九九六年三月
鈴木俊幸「江戸の文化発信――草紙類の広域的流通をめぐって」『国文学 解釈と鑑賞』六八巻一二号、二〇〇三年一二月
諏訪春雄「本の江戸と明治――著作権をめぐって」『GYROS ――現代を考える ジャイロス』九号、勉誠出版、二〇〇四年一二月
高木元『江戸読本の研究――十九世紀小説様式攷』、ぺりかん社、一九九五年
高柳東花「天保改革下における江戸出版界の動向」、お茶の水女子大学国語国文学会『国文』九二号、二〇〇〇年一月
多治比邦夫「大阪の本屋さん――住吉御文庫と大坂の本屋」『国文学 解釈と教材の研究』四二巻一一号、一九九七年九月

谷脇理史『近世文芸への視座――西鶴を軸として』、新典社研究叢書、一九九九年
永井一彰『藤井文政堂板木売買文書』、日本書誌学大系、青裳堂書店、二〇〇九年
長友千代治『近世貸本屋の研究』、東京堂書店、一九八二年
中野三敏『江戸の板本　書誌学談義』、岩波書店、一九九五年
布引敏雄「毛利関係戦国軍記の成立事情」『日本史研究』三七三号、一九九三年九月
野高宏之「町触とは何か――大坂町触を素材として」、塚田孝編『近世大坂の法と社会』、清文堂、二〇〇七年
芳賀登「天保改革と江戸市中の取締り」、荒川秀俊編『天保改革町触史料』、雄山閣出版、一九七四年
橋口侯之介『続　和本入門――江戸の本屋と本づくり』、平凡社、二〇〇七年
長谷川強「書物の出版と普及」、長谷川強ほか編『図説　日本の古典15　井原西鶴』、集英社、一九八九年
長谷川泰志「戦国軍記の構成と構想」、堀新編『信長公記を読む』、吉川弘文館、二〇〇九年
方美英「近世大坂書林「河内屋新次郎」について」『御茶の水史学』四五号、二〇〇一年一〇月
藤井譲治「元禄宝永期の幕令――「仰出之留」を素材に」、京都大学近世史研究会編『論集　近世史研究』、一九七六年
藤井譲治『江戸時代のお触れ』、日本史リブレット、山川出版社、二〇一三年
藤實久美子『武鑑出版と近世社会』、東洋書林、一九九九年
藤實久美子「書物と書物問屋仲間」、藤田覚・大岡聡編『江戸――街道の起点』、街道の日本史、吉川弘文館、二〇〇三年
藤實久美子「京都の書肆出雲寺家の別家衆」、大阪商業大学『商業史博物館紀要』六号、二〇〇五年一一月

藤實久美子『近世書籍文化論——史料論的アプローチ』、吉川弘文館、二〇〇六年
藤實久美子「畏三堂須原鉄二と「北信濃の文人」山田家」、人間文化研究機構国文学研究資料館編『近世・近代の地主経営と社会文化環境』、名著出版、二〇〇八年
藤實久美子「江戸書物問屋仲間の構造と板権の実効性——武鑑株を事例に」『江戸文学』四二号、二〇一〇年五月
藤實久美子「江戸書物問屋の仲間株について——出版界の秩序化」、笠谷和比古編『一八世紀日本の文化状況と国際環境』、思文閣出版、二〇一一年
藤實久美子「政府系本屋の維新史——名鑑の編集出版を中心に」、箱石大編『戊辰戦争の史料学』勉誠出版、二〇一三年
藤實久美子「本屋の誕生」、福田千鶴編『週刊 新発見！ 29 日本の歴史 江戸時代2 秀忠と家光の築いたもの』、二〇一四年一月
藤田彰典『京都の株仲間——その実証的研究』、同朋舎、一九八七年
藤田覚『天保の改革』、日本歴史叢書、吉川弘文館、一九八九年
福田千鶴「メディアを通してみた思想史料論」『江戸時代の武家社会——公儀・鷹場・史料論』、校倉書房、二〇〇五年
蒔田稲城『日本出版大観』上、出版タイムス社、一九二八年
前田愛『近代読者の成立』、同時代ライブラリー、岩波書店、一九九三年
宗政五十緒『近世京都出版文化の研究』、同朋舎出版、一九八二年
宗政五十緒・朝倉治彦編『京都書林仲間記録 解説及書名索引』、書誌書目シリーズ、ゆまに書房、一九八〇

年
山口佳代子「近世大坂における出版業界の展開」『歴史評論』五四七号、一九九五年一一月
山本秀樹「江戸時代前期の三都間における出版関係町触の相違について」『国語国文』第七二巻二号、二〇〇三年二月
山本秀樹『江戸時代の三都（江戸・京都・大阪）出版法制の比較研究』、科学研究費補助金（基盤研究C）研究成果報告書、二〇〇八年三月
山本秀樹『江戸時代三都出版法大概――文学史・出版史のために』、岡山大学文学部研究叢書、二〇一〇年
山本洋「『陰徳太平記』の成立事情と吉川家の家格宣伝活動」、山口県地方史研究会『山口県地方史研究』九三号、二〇〇五年六月
湯浅淑子「寛政の出版法令（未定稿）」『寛政の出版界と山東京伝』、たばこと塩の博物館、一九九五年
横田冬彦「近世の学芸」、歴史学研究会・日本史研究会編『近世社会論』、日本史講座、東京大学出版会、二〇〇五年
吉田伸之「江戸町触と「承知」システム」『伝統都市・江戸』、東京大学出版会、二〇一二年
吉原健一郎「寛政改革と江戸板木屋仲間」、芳賀幸四郎先生古稀記念論文集編集委員会編『芳賀幸四郎先生古稀記念　日本文化史研究』、笠間書院、一九八〇年
吉原健一郎「江戸板木屋仲間の違法印刷――化政期を中心に」『文学』四九号、岩波書店、一九八一年一一月
渡辺敏夫『日本の暦』、雄山閣、一九七五年
渡辺仁美「本屋――書物市と草紙市」、横田冬彦編『知識と学問をになう人びと』、身分的周縁と近世社会、

吉川弘文館、二〇〇七年
『大坂本屋仲間記録』、大阪府立中之島図書館、一九七五―九三年
『御触書寛保集成』、岩波書店、一九五八年
『京都書林行事　上組済帳標目』、京都書林仲間記録5、ゆまに書房、一九七七年
『京都町触集成』第一巻・別巻二、岩波書店、一九八三・八九年
『享保撰要類集』、弘文堂、一九四四年

2 地方城下町の本屋

須山高明

一　城下町和歌山の本屋

城下町和歌山の本屋研究の動向

城下町和歌山において、ある程度まとまった書肆（本屋）が登場する研究は喜多村進「明治期に於ける和歌山在書林片影」（一九三六）が初めてである。ただそこには、江戸期から存在した本屋として、帯屋伊兵衛・綛田屋平右衛門・同嘉兵衛・坂本屋喜一郎・同大二郎・同源兵衛・山口屋善治郎の名が登場するのみである。

ここに登場する本屋のうち、帯屋伊兵衛に言及したものとして、田中敬忠編『高市志友伝』（一九

二七、後に『紀州今昔』所収）があるが、戦後になって、須山高明・高橋克伸共著「紀伊国名所図会 解説」（一九九六）、大和博幸「紀州板浄瑠璃本重板本をめぐる紛争と大坂本屋仲間の動向」（一九九七）、拙稿「『岩橋家蔵書筆記』を巡って」（一九九七）、寺西貞弘「高市老人と藤垣内翁そして高市績氏のこと」（二〇〇六）等と、紀伊国名所図会に焦点をあてたものとして江本英雄「『紀伊国名所図会』出版の背景一―四」（二〇〇四―〇五）があり、近くさまざまな史料を駆使して帯屋の歴代の実態に肉薄した江本英雄『帯伊書店ものがたり』（二〇一六）が刊行される運びになっている。

また、綛（加世・加勢）田屋平右衛門については拙稿「城下町書肆と藩校学習館」（二〇〇〇a）で若干言及し、坂本屋大二郎については、拙稿「明治期和歌山における一書商の動向」（二〇〇三a）がある。さらに、山口屋善治郎を含めた城下町の書商たちを対象に江戸期にまで遡って言及したものに、拙稿「出版物等にみる近代和歌山の書商たち」前・後（二〇〇八・一〇）がある。

また、喜多村論考には登場しないが、笹屋文五郎については多治比郁夫「紀州書肆聚星堂の活字本」（一九八三）が詳細な検討を加えており、さらに平岡繁一『近世木活字出版界の横綱 紀州聚星堂笹屋文五郎』（一九九〇）がある。

さて、全国の出版書肆を網羅的に渉猟することを目指した、井上隆明『近世書林版元総覧』（一九八一）が公刊されると、P・F・コーニッキーが「地方出版についての試論――日本国和歌山の場合」（一九八五）で井上の仕事を検証し、城下町和歌山の出版書肆を三つのタイプに分類して追加修正し、大和博幸「地方書肆の基礎的考察」及び「和歌山の出版と書肆」（ともに一九九三）が井上の時代区分に異論を唱えるとともに、近世和歌山でその時点で確認できる出版総点数を二九六点（刊年不明一〇三点を含む）とした。しかしその後、高市績が『江戸時代紀州出版者出版物図版集覧』上・下、『同補遺』（編著、一九九八、二〇〇二、以下『図版集覧』とする）を私家版として発行した。そこに収録されたものは当然城下町のみに限るものではないが、出版書肆は四〇軒、出版物は六〇一点を数えた。そうした研究の進展と高市の『図版集覧』を参考としつつ、若干の新知見を加えて、筆者は「近世紀州書肆出版物編年目録稿」上・下（二〇〇〇・〇一）を作成したが、そこには近世紀州での出版物総点数として三六六点（刊年不明六五点を含む）を収録することができた。そうした趨勢に敏感に反応したのが、和歌山市立博物館が二〇〇三年に開催した特別展『城下町和歌山の本屋さん』であった。この特別展は、高市績が数回にわたって寄託した資料をもとに、城下町和歌山である程度の出版実績をもつ本屋の展覧会であり、その図録に須山は「城下町和歌山の出版と書商の営業形態」（二〇〇三c）を、高橋克伸は「城下町和歌山の出版文化に関する若干の考察」（二〇〇三）を発表した。

しかし、これらの研究はともに井上の仕事の検証を目指すものであり、城下町書肆の出版動向を明らかにすることに主眼が置かれていたため、貸本、小売業者への視点は欠けていた。そうした中で、和歌山の貸本屋研究に先鞭を付けたP・F・コーニッキー「貸本文化比較考」（一九八四）や長友千代治「『紀州藩石橋家家乗（かじょう）』の読書記事」（一九八七）に導かれるかたちで、筆者は「近世紀州の「書商」」（二〇〇〇b）として、その時点で存在が確認できた小売、貸本、出版者等が現和歌山県内に総数八五軒あったという中間報告を行った。しかし、城下町和歌山に限定した書肆の研究はまだ緒に就いたばかり（須山 一九九九―二〇一〇）であり、この調査は折に触れ加筆修正し、現在も継続中である。

城下町和歌山の書商

ここでは、前述の先行研究を参考としつつ、井上の仕事の再検証を目指すが、コーニッキー（一九八五）が開業年と廃業年としている部分は、出版物の初出年と最終出版年を基準としており、出版業に進出する前や実際の廃業年については考慮の対象となっていない。

したがってこの表には、小売・貸本専門業者や、厳密には出版業を本業としない者、また単に売り捌きないし売り弘めだけに携わった者も含めているので、あえてこれらを書商と呼ぶこととし、それらの書商を一瞥するために、現時点で筆者が把握している書商の一覧を最初に掲げ（表1）、その後に順次それらの具体相（営業時期、営業形態等）に迫る方法を採ることとする。ただ、ここで「最終刊行年」としているのはあくまで江戸期の最終であって、平井文助（明治元年帯屋から別家独立。須山 二〇〇八 六七頁）のように明治期に入って大いに活躍する書商も出現してくるが、それら明治期以降の新興書商はすべて省略している。

江戸時代を通じて城下町若山に所在した書商は四四軒を数える。その内訳は小売・貸本専門業者と判断されるもの一八軒、貸本も行いながら出版事業に進出したものが二六軒である。しかし、これらのうち近代まで続く書商は僅かに帯屋伊兵衛・綛田屋嘉兵衛・坂本屋一統三軒及び笹屋文五郎・山口屋善次郎の七軒のみである（須山 一九九九―二〇一〇、二〇〇〇b、二〇〇〇・〇一、二〇〇三b、二〇〇八・一〇により作成、ただし、山口屋善次郎店の創業年は石村 一九三三 二三頁、によった）。

表1 城下町和歌山の書商（小売・貸本専門、出版・小売・貸本を兼ねる者を含む）

書肆名	本姓	堂号	所在	創業年	最終刊行年	廃業年
秋田屋加兵衛	未詳	未詳	若山	寛文七以前	なし	元禄一〇以降
朝井屋源吉	中井	无尤堂（むゆう）	新通二丁目	寛政三以前	寛政六	寛政六以降
朝井屋庄助	中井	未詳	新通二丁目	天明六以前	文化二	文化二以降
池田屋八兵衛	未詳	一翠堂	西鍛治町	寛政一〇以前	寛政一〇	寛政一〇以降
和泉屋源右衛門	未詳	未詳	鷺森御堂前	天明六以前	寛政六	寛政六以降
	未詳	一蝶堂	若山	未詳	未詳	未詳
岩田兄弟	岩田	未詳	若山	寛文四以前	なし	元禄年間カ
岩橋屋与市	未詳	未詳	本町四丁目	天保二以前	天保二	天保二以降
	未詳	栄久	若山	未詳	未詳	未詳
大坂屋大次郎	未詳	未詳	若山	寛政四以前	寛政四	未詳
岡屋徳兵衛	未詳	未詳	若山	天明六以前	天明六	未詳
岡崎屋五兵衛	上田	未詳	西田中町	天明六以前	天明六	未詳
小倉屋宇兵衛	未詳	未詳	新堀	天明六以前	天明六	未詳
帯屋伊兵衛	高市	青霞堂（せいか）	新通二丁目	明和年間カ	慶応三	営業中
綛田屋嘉兵衛	田中	昭華堂	寄合町	寛政六以前	嘉永七	明治初カ

加勢田屋庄助	未詳	未詳	若山	天明二以前	天明四	天明年中カ
綛田屋平右衛門	田中	青藜(せいれい)堂	新通三丁目	天明七以前	安政六カ	安政年中
亀屋六兵衛	未詳	未詳	若山	天明四以前	文化八	未詳
崖屋次右衛門	未詳	未詳	若山	天保八以前	天保八	天保八以降
粉川屋甚助	未詳	未詳	大橋東詰	享保一四以前	享保一四	未詳
坂本屋喜一郎	野田	世寿堂	駿河町	文化三以前	慶応二	明治二三カ
坂本屋源兵衛	津田	万寿堂	新堺丁	安政三	万延元	平成二三
坂本屋大二郎	野田	眉寿堂	湊本町一	天保六	慶応二	明治三三
笹屋文五郎	小松	聚星堂	東長町五	天保四以前	安政四	明治一二以降
	未詳	尚寿堂	北町	未詳	未詳	未詳
書肆伊兵衛	未詳	未詳	若山	寛文四以前	なし	元禄年間カ
書肆九右衛門	未詳	未詳	若山	貞享三以前	なし	貞享三以降
書肆九郎右衛門	未詳	未詳	若山	元禄八以前	なし	元禄一〇以降
書肆作兵衛	未詳	未詳	若山	元禄二以前	なし	未詳
書肆平四郎	未詳	未詳	若山	貞享三以前	なし	未詳
書肆平兵衛	未詳	未詳	若山	延宝二以前	なし	元禄一〇以降
書林源右衛門	未詳	未詳	若山	未詳	なし	宝永元以降
駿河屋貞助	未詳	未詳	若山	未詳	未詳	明治五以降
銭屋喜十郎	未詳	文弘堂	寄合町	天保五以前	天保一三	弘化三以降

	未詳	仙女堂	若山	未詳	未詳	未詳
建部治左衛門	建部	未詳	本町一丁目	元禄二以前	元禄二	元禄年間カ
彫刻士嘉七	未詳	未詳	裏橋西詰	嘉永五以前	嘉永五	未詳
備前屋某	未詳	未詳	若山	寛文一三以前	なし	未詳
表紙屋徳兵衛	未詳	未詳	若山	貞享三以前	なし	未詳
山口屋善次郎	山口	梅林堂	本町四丁目	宝暦年間カ	未詳	明治年間カ
山崎屋嘉兵衛	未詳	未詳	西ノ店	寛政二以前	寛政一二	寛政一二以降
山本勘兵衛	山本	未詳	若山	明和二以前	明和二	明和年間以降
由正	未詳	未詳	若山	延宝二以前	なし	元禄年間以降
	若林	文花堂	若山	未詳	未詳	未詳

二　一七世紀の城下町和歌山の書商

『家乗』に現れる書商

城下町書商として、最も早い時期にその名を現すのは、表1の最終刊行年欄で「なし」とした一二軒である。それらは、紀州藩付家老三浦家の儒医であった石橋生庵が寛永一九年（一六四二）から元禄一〇年（一六九七）まで書き続けた『家乗』という日記に現れる読書記事他から判明する。

この『家乗』に登場する書商を、長友は「専業の営業者であるかどうかは別にして、書肆と認められるかまたは金銭の授受」関係にあった者で、城下町和歌山住まいと推測できる者として、

秋田屋某・岩田氏（兄弟）・加兵衛・九右衛門・九郎右衛門・作兵衛・備前屋・表紙屋徳兵衛・（風月）伊兵衛・平兵衛・平四郎・由正

の一二軒を挙げ、さらに他国からの廻国営業者として、大坂から秋田屋仁兵衛、京都から秋田屋半兵衛・風月治兵衛、名古屋から（風月）孫助等を挙げている。しかし、これらを『家乗』の記事によって再検証してみると、

岩田兄弟（寛文四年四月八日）
書肆伊兵衛（寛文四年五月一一日）
書肆加兵衛（寛文七年一二月一一日）
備前屋某（寛文一三年五月一六日）
書肆平兵衛（延宝二年一二月五日）
由正（延宝四年四月一四日）
書肆平四郎（貞享三年五月四日）

書肆九右衛門（貞享三年六月二四日）
表紙屋徳兵衛（貞享三年一二月二日）
書肆作兵衛（元禄二年六月二〇日）
書肆九郎右衛門（元禄八年三月朔日）

の一一軒であった。これらの他に、秋田屋加兵衛（寛文一一年五月二三日）の名が登場するが、これは生庵が購入した書物等から書肆加兵衛を指すものと考えてよいと思われる。つまり長友が挙げた秋田屋某と書肆加兵衛は同一人物であるとすれば、『家乗』に登場する書商は一一軒ということになる。

岩田兄弟が明らかに書商と判断できる最初は寛文四年（一六六四）四月八日で、「訪岩田氏偕之書肆」という記事があることによるが、これは岩田兄弟が一緒にやっている書肆を訪ねた、という意味である。ただ、生庵はこの年の二月一日に『王氏評林』を岩田氏から借りていることから、その創業は少なくともこの年以前であると考えざるを得ない。

また、書肆伊兵衛についても同様で、寛文四年五月一二日の条に

今暁遣白銀拾銭七分八銭二分去年之余債二銭五分職考之価　於書林伊兵衛［後略］

とあり、今朝、書林伊兵衛に一〇銭七分を支払ったが、このうち八銭二分は去年の借金で二銭五分は

図１　和歌山県立図書館蔵『天保年代物売集』に描かれた行商本屋

昨日買った『官職考』の書価である、と記している。したがって、彼についてもその創業はこの年以前であることは明らかであり、他の書商もほぼ同様と考えて差し支えないだろう。

　ところで、これらの書商はすべて小売と貸本業を兼ねていた。ということは、当然ながら行商を伴う（図1）ものでもある。この図は、相当量の書物を詰めた大きな風呂敷包みを肩から掛けて、町中の得意先を忙しく訪ね廻っている行商本屋の姿を活写している。これは『家乗』に比してかなり後年に描かれたものではあるが、その姿は江戸期を通じてほとんど変化がなかったものと考える。

『家乗』の大きな特徴の一つとして、購入書物の価格が記録されているという点が挙げられる。その中で、生庵は支払った価格の内訳をほとんど記録しているが、いくつかの支払い額には内訳が明記されていない場合もある。これらのうちには貸本の見料の精算分も含まれているように考えられる。江戸期を通しての習慣として、自らが必要とする書物は書写して蔵書に加えることが一般的であったから、生庵は頻繁に書商を訪れてはさまざまな書物を借り、写し終えると返している。

　また、生庵は自分が探している書物の情報を予め（あらかじめ）書商に伝え、入荷すれば知らせてくれるように依頼していたものと考えられる。そして、そうした需要がある程度まとまった頃に他国の書商の活発な廻国営業が始まるのであろう。『家乗』の記事中、京都の秋田屋仁兵衛が彼の許を訪れる初見は寛文五年（一八六五）一一月一七日の夜のことだが、この秋田屋仁兵衛の来訪はこの時が最初ではなかったと考えたほうがよいだろう。あまりにも唐突にやって来ているにもかかわらず、いかにも当然のように接している。ここでは、旧知の間柄であったと考えるほうが妥当であろう。その後、寛文一二年九月二六日に京の風月次兵衛が生庵の許を初めて訪れ、その二日後に四点の書物を購入したとあるが、一〇月六日には二点を返却し一二月一五日に購入分を精算している。

とにかく、『家乗』が伝える時期は完全に他国からの移入書物に頼らざるを得なかった時期であろうと考えられる。

また、『家乗』には現れないが、竹中康彦（和歌山県立博物館学芸課長）の教示によれば、書林源右衛門は黄檗山万福寺塔頭宝蔵院の大蔵経頒布目録にこの名が見え、これが源右衛門に頒布されたのは元禄一六年（一七〇三）から宝永元年（一七〇四）の間と推定している。このことから、その営業時期は『家乗』に現れる書商とほぼ重なるもの（須山 二〇〇〇b）と考えられる。結局、この時期に存在が確認される書商は一二軒ということになるが、これらの貸本印が発見できていないのが残念である。

貸本印を残した書商たち

一方、現時点で貸本印が発見されている書商は、図2に示した一四軒であるが、これらはすべて和歌山県立図書館所蔵本から発見したものである。これらのうち一蝶堂・栄久・尚寿堂・駿河屋貞助・

若山 書林
坂本屋大二郎

南紀 若山
帯伊

若山北町
尚寿堂
書林

南紀 書肆
一蝶堂

若山 書林
笹屋文五郎

若山
綛田屋嘉兵衛

若山
駿河屋貞助
書林

若山
栄久

和歌山
綛田屋平右衛門

若山
仙女堂
書林

若山
岡屋徳兵衛

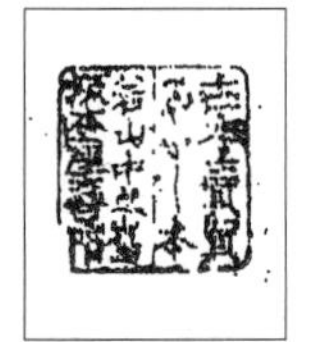

古本賣買 萬かし本
若山中之嶌
坂本屋喜市

若山
若林文花堂
書林

紀州わか山
しんほり
おぐら屋宇兵衛

図２　貸本印

仙女堂・若林文花堂については、管見の限り江戸期の出版物に出版者または売捌者としてその名を現すことがないので、小売及び貸本専門の書商と考えて差し支えない。ただ、貸本の性格上これら六軒の営業時期については判然としていない（須山 二〇〇〇b）。しかし、小倉屋宇兵衛・帯屋伊兵衛・綛田屋嘉兵衛・綛田屋平右衛門・坂本屋喜一郎・坂本屋源兵衛・坂本屋大二郎・笹屋文五郎等については、その創業年や廃業年、江戸期に出した最終刊行物までそのほとんどが判明している。

小倉屋宇兵衛は『くまののほんぢ』（奥付刊記なし。和歌山県立図書館蔵）の前表紙封面に、

五百七拾壱番　子卯月改／見料拾六文／熊野権現の因縁／由来を委敷顕し／たる書なり

として、この本の見料が一六文であると記している（／は改行を表す。須山 一九九九―二〇一〇(1)）。

文政二年（一八一九）刊の『折句紀の玉川 初編』には、

貸本屋はつりさかした咄しする　（傍点引用者）

という句が見える。この句は、貸本屋とは客の興味をひきつけるために、これ以上できないと思えるほど内容を省略して、面白そうな部分だけを話すものだ、と理解すればよいのだが、注目したいのはこうした勧誘方法が至極当然のように詠まれている点である。これは、この時点以前に貸本屋とはそ

うした存在であることが、一般的にも十分理解されるまでになっていたことを示している。小倉屋宇兵衛が五七一種（実際の冊数とは違いがあるかもしれない）もの量の貸本を扱っていたであろう事実と、帯屋ほかの出版や売捌きにも携わっていたこれだけの数の書商が貸本を行っていたとすれば、こうした書商が登場するまでは書物を購入して読みたくともそれが叶わなかった潜在的読者層を大量に掘り起こしたことは明らかである。したがって、これらの貸本に携わった書商が城下町のみならず多くの庶民層に対して知の普及に果たした役割は非常に大きいといえる。また、これらの貸本屋は一面ではその時代の出版を支えるための大きな存在であったと考えることもできる。

和歌山における出版の始まり

城下町和歌山において、現段階で確認できる出版物の初見は元禄二年（一六八九）刊の建部治左衛門による『虚堂和尚頌古講義鈔』（ぎどうおしょうじゅここうぎしょう）という仏書であるが、それに後（おく）れること四〇年の、享保一四年（一七二九）一一月に『商売往来』（「中村家文書」和歌山県立文書館資料番号 図三八）が刊行された。この往来物を出版したのが、若山大橋東詰（現・和歌山市新通一丁目カ）に店を構えていた粉川屋甚助という人物である。この奥付刊記の「享保十四年霜月吉日」に続いて、

此一巻筆徒ワラハへの便にと書あつめしなり

と（図3参照）あって、寺子屋に通う子どもたちのために書き集めたものであると記している。ということは、この時点までには城下町和歌山にはこうした往来物の出版を促すほどの需要があったものと考えてよい。

この当時の寺子屋の実情についてはまだまだ検討課題が多いが、近世初期に名草郡岩橋村（現・和歌山市岩橋）住の湯橋吉郎大夫里政が著した『祖竹志』（三尾 一九六六）には、

［寛永］八辛未年八月六日ニ手習ノ寺入仕候、明ル申中ならい申候　（［ ］内引用者補記）

との記述があり、寛永八年（一六三一）八月に寺子入りした里政が、約一年半の間通塾していたことが知られる。これは和歌山城下で現段階で確認される最も早い時期の寺子屋である。里政が通塾した場所は城下の広瀬（『和歌山県教育史 第一巻』、三九頁）とされているが、『祖竹志』ではその地名は確認できない。ただ、寛文一〇年（一六七〇）九月に浄福寺（現・和歌山市北新一）の住僧恵空が、京都の中野小左衛門に『実語教諺解』及び『童子

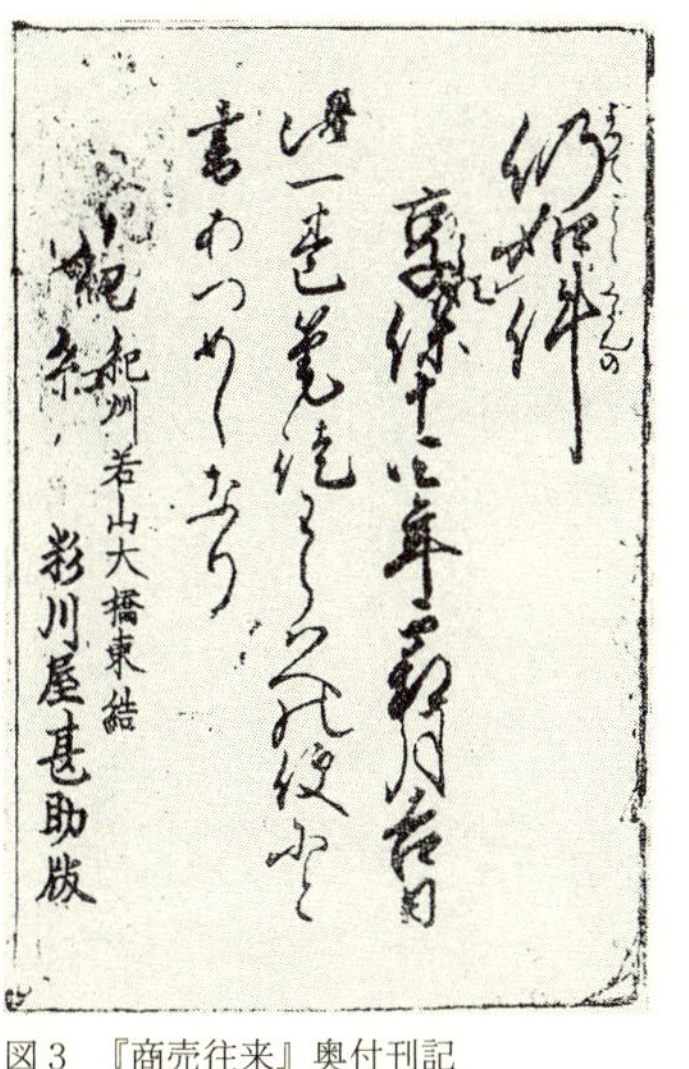
紀州若山大橋東詰
彩川屋甚助版

図3　『商売往来』奥付刊記

教諺解』（『新日本古典文学大系　庭訓往来・句双紙』）を出版させていることから、あるいは、この時期までには城下の寺子屋もある程度の普及を遂げていた可能性もある。しかし、この時期もまだ他国からの移入書物にその多くを頼らざるを得なかった時代であったということになろう。

三　一八世紀の書商

和歌山に出版事業を根付かせようとした書商たち

ところで、城下町和歌山に出版を事業として定着させる契機をつくるのは、これに後れること五〇年あまり後、一八世紀後半の天明年間（一七八一―一八八）の加勢田屋庄助・同平右衛門の登場を俟たなければならない。

この二人に先だって明和二年（一七六五）に山本勘兵衛が伊藤蘭嵎『書反正』の出版に関わっているが、以後勘兵衛の名は全く登場しないので、これをもって出版を事業として定着させようとしたものとは見なせないように思われる。

では、この時期には何軒ほどの書商が現れ、何点くらいの出版物に関わっているのであろうか。

加勢田屋庄助は天明二年に、川合春川著『春川詩草　初編』（大坂の二書肆とともに。異本あり）、霍渚堂主人著『歳旦詩集』（単独で）、崖熊野著『佔畢波及』（加勢田屋平右衛門と共同）の三点を刊行し、同四年には祇園南海著『南海先生集 初編』を同じ城下町書商の亀屋六兵衛と他国の二書商との共同で刊行した。この計四点の出版に関わった後、加勢田屋庄（荘）助は全くその名を現さなくなる。

一方、綛（加勢・加世とも）田屋平右衛門は天明七年に川合春川著『初学作文図牋』をはじめ四点の出版に関わっている。この時はいずれも田中姓を使用しており、綛田屋の本姓が田中であることが確認されている。綛田屋は堂号を青藜堂といい、所在は新通三丁目であり、出版事業を続けている間は一度もその場所から移動した様子は見受けられない。後述するが、この加勢田屋庄助と同平右衛門の二人は、川合春川の著述にかなり積極的に関わっており、綛田屋と川合家との関係は相当親密になっていくようである。

そして、その前年には朝井屋庄助が川合春川著『梅花百絶』を単独刊行している。ただ、かつて筆者が貸本屋としていた岡屋徳兵衛と岡崎屋五兵衛及び小倉屋宇兵衛は、今日で言うボランティア活動の宣伝用チラシである『乳母世話致升』（天明六年刊）という一枚刷り物を出版しており（これには和泉屋源右衛門も関与していた）、それに相前後して『孝子万吉の御宿』が出版されていた（井上豊太郎 一九三七）ことも判明している。このことは、和泉屋源右衛門の出版への関与時期が、寛政六年（一七九四）の陰山梅好『四方山孝子はなし』からではなく、それより一〇年近く前であったということになる。ただ、和泉屋源右衛門の本業は木櫛挽亀甲櫛細工業であることが、『丙午縁起』で語られている。また、同書で諸国の神社へ奉納した『丙午さとしの書』の板木も彼が所持していたことも独白している。そして、天明六年初刻の『丙午さとしはなし』は国立国会図書館に所蔵されている（ニールス 二〇一三）。したがって、厳密にいえば彼は出版業者ではないということになるが、『四方山孝子はなし』の板木も彼が作製した可能性が高く、心学関係の何点かを出版したことは明らかである。

ともあれ、天明年間あるいはそれ以前に出版事業へ進出していた書商は、合計九軒あり、同様に出版点数は一三点あったということになる。

では、寛政年間（一七八九―一八〇一）を含めた一八世紀中に出版業に進出してくる書商はどれほどあったか、それらは同世紀中に何点くらいの出版に関わっていたのだろうか。

綛田屋平右衛門は、寛政二年に岡本稚川『玉藻集』を単独で出版したのをはじめとして、寛政一二年（一八〇〇）までに計九点の出版に関わっており、同年崖熊野著『南山紀行』に関わったのは亀屋六兵衛と山崎屋嘉兵衛・帯屋伊兵衛であるが、山崎屋嘉兵衛は同七年に一点、同一二年に『絵本胆太郎夢物語』を単独刊行して、計三点の出版に関わっている。

一方、亀屋六兵衛はこの時期息をひそめるが、同書で出版業への進出を果たした帯屋伊兵衛は翌年に一点、同四年に一点、五年に三点、六年に一点、八年に一点と計七点の刊行に関わっている。帯屋の本姓は高市氏、青霞堂を堂号とするが、初代は徳川頼宣の紀州初入封に従ってきた「十二家御用商人」の一人であったとされている。はじめは新雑賀町で材木商を手広く営んでいたが、後述するように明和年間（一七六四―七二）には薬種商と書物商を兼ねていたことが知られている。享和二年（一八〇二）に新通二丁目に店を移し、その後は江戸期を通じて移動はしていない。

同四年の『徂徠集』と『南海道名所志』には、それぞれ朝井屋源吉と大坂屋大次郎の名が見えるが、朝井屋源吉については同六年の『俳諧小筌』にも関わっている。また、寛政七年には綛田屋平右衛門の弟の綛田屋嘉兵衛の名が、『四方山孝子はなし』に現れる。図4はその綛田屋嘉兵衛店の店頭図（弘化四年『西国道中熊野詣記』、個人蔵）である。これによって彼の店の堂号「昭華堂」が明らかになるが、興味深いのは本図中央下部に行商本屋らしき人物の姿が見えることである。これは嘉兵衛が行商本屋に書物を卸した帰りがけの図とも考えられるが、嘉兵衛店の誰かが行商を行っていたことを示していると取れないこともない。

また、寛政一〇年には池田屋八兵衛が『下界騒動乾坤三州志』を刊行している。つまり、粉川屋甚助を除いて一八世紀後半に合計一二軒の出版書商が現れ、二九点の書物の刊行に関わっているということである。この背景には天明期の心学の受容と寛政期の藩校学習館の充実や医学館等の整備・拡充ならびに本居国学の受容が大きく影響していることは間違いないだろう。

図4　綛田屋嘉兵衛店の店頭図

一九世紀前半の出版者と出版物

一九世紀前半の享和元年（一八〇一）から嘉永三年（一八五〇）までの城下町出版界は、帯屋・綛田屋兄弟・亀屋等の出版者をも含めて、朝井屋庄助が文化二年（一八〇五）から同四年にかけて三点、坂本屋喜一郎が文化三年から嘉永三年にかけて計七二点、綛田屋嘉兵衛が文化五年から弘化三年（一八四六）にかけて四点、亀屋六兵衛が文化八年（一八一一）に一点、笹屋文五郎が天保四年（一八三三）から嘉永三年にかけて一二点、坂本屋大二郎が天保六年から嘉永三年にかけて二一点、銭屋喜十郎が天保五年から同一三年にかけて一一点、崖屋次右衛門が天保八年に二点、の出版にそれぞれ関わっている。しかし、この時期はほぼ綛田屋平右衛門と帯屋伊兵衛が最も活躍する時期と言っても過言ではなかろう。すなわち、綛田屋嘉兵衛にしろ崖屋次右衛門にしろ坂本屋兄弟にしても、そのほとんどがこの二人に導かれるような形で出版事業に進出してくるからである。

一九世紀に入ると綛田屋平右衛門は、帯屋伊兵衛とともに享和二年（一八〇二）森川竹窓『欽藪』を出版したのを契機として、嘉永三年までに計八六点にのぼる出版物に何らかの形で関わっていく。そして、天保九年（一八三八）新板の城下町商人の長者番付である「紀陽持丸鑑」（渋谷 一九九一）には城下町書商として唯一その名を登場させるまでに成長を遂げるのである。それは彼が長期にわたって活躍しつづけたということを物語るものである。つまり、出版事業への進出以来、安政六年（一八五九）に『類題藍田集』の出版に関わった後、突然その消息を絶ってしまうまで、城下町和歌山の出版界を後発の帯屋伊兵衛とともに長く牽引する存在であったことは間違いない。彼が出版に関わった分野は非常に多岐にわたっているが、藩校学習館や医学館関係者の著作には積極的に関わっている上、国学・心学関係にも関わり、特に加納諸平『類題鰒玉集 第一編』の出版を単独で行って、以後七編まで続くベストセラーの基礎を築き上げ、最後まで参画している（須山 二〇〇三b）。

一方、帯屋伊兵衛はこの時期、前述の『欽艱』を綛田屋平右衛門と共同で出版したのにはじまり、嘉永三年までに計八七点の出版物にその名を登場させている。そのうち、『欽艱』を含めて綛田屋平右衛門と名を連ねている出版物は四〇点に及んでいる。つまり、ほぼ半数は彼と連名していることになる。ただ、この時期に綛田屋平右衛門と二人だけで出版したと判断できるものが五点存在する。もっとも綛田屋平右衛門の単独板が『類題鰒玉集 第一編』だけしか見られないのに対して、帯屋は『四方の笑ひ』をはじめとして、計二二点の単独板を出版している。単独開版には相当の費用がかかるはずであるのに、何故帯屋にはそれが可能であったのだろうか。実際には判然としないながらも、材木商を手広く営んでいたことは前に触れたが、その内容として吉野材の搬入経路を大坂経由であった方式から吉野川から紀ノ川経由の経路に変えたおかげで、多額の利益を得ていたことがその一因であったように思われる。

帯屋伊兵衛の書商としての創業時期は、帯屋八代目の志文が、藩当局に提出した「乍恐御内意奉申上口上」の中で、

［前略］明和年中［中略］、私［親脱カ］義当時薬種屋仲間幷書物商売仕罷在候ニ付、先祖之由緒ヲ以、安永七戌七月、烏犀角潤体円ト中［申の誤カ］風薬御国御領分幷諸国売弘メ之義奉願上候、

と記していることから、明和年間（一七六四―七二）から薬種屋兼書物商を営んでいたことが知れる。ただ、この時期の営業形態は小売・貸本専門であったようである。それは城下新堀で酒屋を営んでいた大野屋に『礼記』の代金の請求書を帯屋伊兵衛の名で天明六年に出している（三尾 二〇〇六）ことから明らかになった。

また、安永七年（一七七八）には烏犀角潤体円（うさいかくじゅんたいえん）という風邪薬の諸国売弘権を得たと主張している。このことは、書物商が薬種商を兼ねるということが、当時からほぼ一般的に行われていたということを証明するものである。

そこには、寛政八年（一七九六）に『紀伊国名所図会』の開板官許を得たことを契機として、次第に御用書商となって藩板の出版を独占してゆくという背景があったはずである。

さらに、笹屋文五郎についてであるが、彼の本姓は小松氏、堂号を聚星堂と称する。江戸期は東長町五丁目に店を構え、そこから移動したことは確認されていない。笹屋が出版業に進出する初見は天保四年（一八三三）刊の『こがらし集』であることから、創業は少なくともそれ以前ということになろう。扱った主題は漢学・漢詩・俳諧・紀行・往来物等幅広いが、特徴としては、合計一一点に名が登場しながら、先述の『こがらし集』を含めて天保一二年（一八四一）刊『蓮如上人紀伊国紀行』や同一三年刊『和読便蒙（わどくべんもう）』のほか、本居内遠（うちとお）著になる嘉永元年（一八四八）・二年刊『紀伊国神社略記』『紀伊国神名帳』や、志賀南岡（なんこう）が藩費の補助を受けて著した『論語補解弁證』など、合計九点は単独で刊行しているという点である。これらはほとんどが木活字を使用した刊行物である。したがって、この時期に他の書商とともに出したものはわずかに二点のみということである。
また、年代は特定できないが、彼はある時期本屋仲間の年行司代をも勤めていたことも明らかになっている（『和歌山県史　近世史料　二』、八〇八頁）。

一九世紀後半の坂本屋一統の台頭

一九世紀後半になると、まだ綛田屋平右衛門や帯屋伊兵衛を含めた前述の多くの書商は残るものの、綛田屋平右衛門は嘉永四年（一八五一）から安政六年（一八五九）までに一三点、綛田屋嘉兵衛は嘉永六年と七年に二点、帯屋伊兵衛は同年から幕末までに一七点、笹屋文五郎は嘉永四年から安政四年までに四点、といったふうに次第に出版物の数が減ってくる。この背景には、坂本屋喜一郎を筆頭とする坂本屋一統の台頭がある。坂本屋喜一郎は喜市・記市とも喜市郎とも記される場合があり、和歌山県立図書館には寛延元年（一七四八）の序を持つ『官職補任図画凡例』があるが、そこでは喜市と記されている。もっとも所見を得た限りでは、彼の出版業への進出は文化三年（一八〇六）の『瑠璃天狗』を初めとするから、先の時期には出版を行った形跡はなく、この寛延板は後刷りと考えざるを得ない。

彼の本姓は野田で、堂号を世寿堂と称する。後に登場する坂本屋大二郎や坂本屋源兵衛等を統括する総帥的存在である。嘉永四年以降には四四点の出版に関わっていく。綛田屋や帯屋等と同じく、当初から京阪・江戸及び名古屋の書商と交わりがあったようである。彼が関わった分野は、俳書が最も多いがその他にも多くの分野に関わっている。

明治六年（一八七三）内務省調査の「和歌山県管内蔵板箇所取調書」によれば、坂本屋一統が連名で出した出版物のほとんどの板木は彼及び弟の大二郎との共同で保有していたものであるが、実際には彼らは安政年間に忽然と姿を消すことになる綛田屋平右衛門が保有していたであろうさまざまな板木や他の蔵版者が保有していた板木を何らかのかたちで、かなりの量を集積している事実がよく見て取れるのである。

喜多村によれば、坂本屋喜一郎は、一貫して名草郡中之島村（現・和歌山市中之島）に所在しており、その場から移ることはなかったごとくであるが、弘化四年（一八四七）単独で出版した『新三の井 初編』の奥付部分には、「製本書林　若山駿河町　阪本屋喜一郎」の文字が見える。もっとも、これはあくまで出店であって、実際には坂本屋源兵衛が店を切り盛りしていたようである。それでは、彼はいつ頃駿河町に出店してきたのであろうか。「紀州書物屋仲間文書」（以下、「仲間文書」とする。鈴木俊幸氏提供）には、

乍恐奉願上口上　　中之島村書物屋 喜一郎

一此度商売勝手ニ付駿河町、中屋左衛門借家借受候而、出店仕度奉存此段、御聞済被為遊被下候様

乍恐奉願上候　以上

子二月
東御番所様

（和歌山県立文書館仮整理番号 無番）

とある。弘化四年以前の直近の子年は天保一一年（一八四〇）になるので、この年に駿河町にあった中屋左衛門の借家に出店を果たしたものであろう。それを裏付けるように、天保一二年一〇月付で大般若経一部を日方浦（現・海南市日方）の阿弥陀寺から駿河町喜市郎に譲ったという「譲り証文之事」（「仲間文書」）の控えが存在している。

さて、坂本屋大二郎は喜一郎の弟にあたり、堂号を眉寿堂と称する。従来、彼の出版事業への進出時期は大原東野（とうや）の著になる文化七年（一八一〇）刊の『名数画譜』を初見とするとしていたが、「仲間文書」の中に、

稼キ送り一札之事

一当村坂本屋喜一郎弟大二郎与申者、此度其御丁内雑賀屋十左衛門借家ニ、出稼キニ参り申所実正也右大二郎、儀是迄何之悪事も無之御法度、之切支丹類族ニ而者無御座宗旨ハ代々、浄土真宗槙屋丁（新中通五丁目）西法寺旦那紛、無御座候間其御丁内稼キ中御支配、可被成下様仕度奉存候為後日依稼キ、送り一札如件

中之島村庄屋
善大夫

天保六年
未　二月
湊本町一丁目
年寄衆中

（和歌山県立文書館仮整理番号　書組〇一七）

との文言が見えることと、

乍恐奉願上口上
中之島村書物屋
喜一郎

一　私弟大二郎与申者此度家分仕、湊本町一丁目出稼之儀、御願奉申上候処御聞済、被為遊被下候付書物屋商売、為仕度奉存候間仲間、加入之儀乍恐奉願上　已上
未　二月
東御番所様

（和歌山県立文書館仮整理番号　書組〇四三）

とあることから、大二郎は天保六年に湊本町一丁目にあった雑賀屋十左衛門の借家で分家独立を果た

したことが判明した。これによって、天保六年以前の刊記を持ち、大二郎が名を連ねている出版物はすべて後刷りであることも確認できたことになる。ところが、天保六年以前で大二郎がその名を出している出版物は、文政二年刊の『周易翼伝(しゅうえきよくでん)』と、天保四年としていた『三字経』のみであって、それ以外はすべて喜一郎のみが他の書商と関わったものばかりである。

ところで、大二郎は嘉永四年以降、兄喜一郎と二人だけの共同出版を含めて四〇点の出版に関わっているが、先述したように、喜一郎との連名で刊行したもので前表紙封面および奥付に世寿堂梓とあるものがかなり含まれていることから、実際には兄喜一郎が刊行したものが大部分を占めていたものと考えられる。

また坂本屋源兵衛については、彼の本姓は津田であり、堂号を万寿堂と称する。「仲間文書」には、

乍恐奉願上口上　　　　喜一郎(書物屋仲間)

一私共手代源兵衛与申者数年来実体ニ、相勤申候付此度株分仕新堺丁、
伊勢屋佐治兵衛借家江店出シ為仕、同商売為仕度奉存候付乍恐此段、
奉願上候何卒右之段御聞済被為、成下候様乍恐奉願上候　以上
辰十二月
西御番所様

(和歌山県立文書館仮整理番号　書組〇四四)

とある。喜多村（一九三六）は彼の別家独立を安政元年としているが筆者はこれに疑問を持っていた。そしてこの「辰十二月」によってそれは安政三年であったことが史料上で確認された。したがって、天保六年（一八三五）刊の『寺子読書千字文』の出版には関わることができないはずであり、これは後刷りであることも明らかになった。ただ、源兵衛は喜一郎の手代とされているが、喜一郎とは姻戚関係にあったようで、安政元年刊の『新続紀伊国名所百首』の出版には喜一郎の肝煎りで関わった可能性は否定できない。

また、彼が関わった出版物の主な分野は歌書・国学書などであり、安政期以降は刊年不明のものも含めて約三〇点ほどあるが、そのほとんどは坂本屋喜一郎と大二郎が中心となったもので、維新前後の紀州藩の激動による被害は比較的小さかったように考えられる。店は最初は新堺丁で、伊勢屋佐治兵衛が所有していた借家であったが、間もなく北町に移り、明治に入ってから本町一丁目に移転した。

また、「仲間文書」によれば坂本屋佐兵衛が元治元年（一八六四）一二月と思われる年に別家独立を果たし、刊年未詳の『校正三字経』を刊行したようであるが、彼の所在が城下であったかどうかが不明なので先の表1には掲げなかった。

さて、野田の正系である喜一郎家は明治二二年頃、大二郎家は明治三三年に絶えてしまうが（須山二〇〇八、二〇一〇）、坂本屋源兵衛は津田書店として残って、かなり長期間にわたり活躍したが、平成二三年（二〇一一）に惜しまれつつ閉店した。

その結果現在では、平井文助を初め明治期に多くの別家を輩出した帯屋伊兵衛家の裔（すえ）である帯伊書店が、天明年間から続く看板を守る唯一の存在になってしまった。

ちなみに、「仲間文書」中に坂本屋喜一郎が後表紙に署名した、安政四年（一八五七）から慶応三年（一八六七）までの出版願などの記録である「願書留控」が含まれているが、それによると、書物を出版する際には著編者の氏・素性を明らかにした上で、その草稿を添えて月番の町奉行所へ彫刻売弘を申請し、許可が下りれば製本にかかり製本が完成した段階で東西の町奉行所と江戸の町奉行所へ納本しなければならないという当時の納本制度が明らかになった。また、綛田屋嘉兵衛はこの時期ずっと書物仲間の行司を勤めていたことも明らかになった。

四　城下町書商の営業形態

城下町書商と書物頼母子

安政四年（一八五七）一二月に藩校学習館の督学となる川合梅所（ばいしょ）の妻、小梅が長きにわたって書き綴った『小梅日記』（以下『日記』とする）には、幕末期に存在していた書商の主な者の名がほとんど登場している。そうした城下町書商と藩校関係者等との親密な関係を示唆する次のような記事がある。

即ち、天保八年（一八三七）六月四日の条（『和歌山県史　近世史料　二』、八三〇頁）に、

〔前略〕銭ヤヨリ会日ノ事申来ル、八日ニ致し候由、

とある。小梅は前後に脈絡のない記事をよく残しているので、この記事にある会日とは何を指しているのかを考える必要がある。そこで、同八日の条を見ると、

〔前略〕銭ヤ本頼母子夕方ゟ行、本鬮〔ほんくじ〕内村氏取、芳太郎ぶらり筆三つい

という記事があり、同様に、同年一一月一七日の条には、

〔前略〕則今晩ハ銭喜の書物頼母子ゆへ行、〔中略〕扨又、セに喜ニてぶらり取箱入ノ墨壱挺也、

とある。これは、城下町書商である銭屋喜十郎の店で書物頼母子会が天保八年六月八日と一一月一七日の二回催され、そこに梅所や藩校関係者達が参加していたことを伝える記事である。『日記』では、誰がという文言がない限り、夫である梅所の行動を指しているということに留意する必要がある。さらにまた、嘉永二年（一八四九）一二月二五日（『小梅日記』第一巻、平凡社東洋文庫）には、

〔前略〕直に笹屋へ頼母子に行、ぶらり取、金すみ一挺取、

とあり、この日は同様に城下町書商である笹屋文五郎の店で書物頼母子会が催されたことを伝えている。さらに、安政六年（一八五九）五月一四日には、

［前略］雄輔かせだや頼母子会に行、［中略］本くじ清水和十郎へあたる。

の記事があって、天保八年には二度、嘉永二年には一度、安政六年には綛田屋平右衛門または綛田屋嘉兵衛店で一回開催されたということが知れる。すなわち、この時期城下町書商は、藩校関係者等を巻き込んで「書物頼母子」の会を組織していたということである。

このことは当然ながら、城下町書商と藩校関係者等もなにがしかの掛け金を出し合って行っていたことを物語るものである。しかし、小梅はこれらの「書物頼母子」をごく当然のように記録している。これらのことは、「書物頼母子」がほぼ恒例化していたとともに、そのまとめ役は城下町書商と藩校関係者等との持ち回りであったということであろう。特に、嘉永二年一二月七日に、

［前略］今日、頼母子日限しらせのちらし権七にくばらす

としているところから、この時期には川合梅所が会日の周知役を担っていたのであろう。

ところで、この「書物頼母子」は実際には何人程度で構成されていたのであろうか。『日記』に登場する具体的な名前はそれほど多いものとは言えない。しかし、当時の城下町に所在していた書商はほぼすべてが関係していたように思われ、少なくとも帯屋伊兵衛・緫田屋平右衛門・同嘉兵衛・坂本屋喜一郎・同大二郎・同源兵衛・笹屋文五郎・銭屋喜十郎等はここに加入していたと考えて差し支えないだろうし、多くの貸本屋も口数は別にして加入していたものと考えられる。

城下町書商と学校当番

『日記』の弘化五年(一八四八)二月二五日条に、

〔前略〕笹屋へ返事聞ニ行しに学校当番也、日本外史も帰し〔後略〕

という記事がある。これは、梅所が笹屋へ書物頼母子の会日(開催日)のことを聞きに行ったところが、店は開いていて借りていた『日本外史』は返せたが、当の文五郎は使用人を伴って学校当番ということで藩校に出かけていた、という意味である。

このことは城下町書商と藩校学習館の関係について、まことに示唆に富む。

『日記』に登場する「学校当番」の記事はこの日のみであるが、これはこの以前から続いていたものと考えられる。この「学校当番」とは、書籍や文具の出張販売や貸本の回収・交換、賃料の精算等を意味するものであろうが、その対象は明らかに藩校関係者であった筈である。ということは、顧客が集中しているところに出かけて行くということにも繋がる。このことは、通常であれば一軒一軒を廻りながら、こまめにこなしてゆかねばならない書商にとって、藩校はその手間が省ける数少ない場であり、実に有効な方法であったということになる。

ところで、当番という以上、当然のことながら複数の書商で番を当て合うことが前提となる。したがって、このことは「学校当番仲間」とでもいうべき組織が存在したことを示している。その構成は前項に挙げた「書物頼母子」に加入していたものとほぼ重なるであろうが、あるいはこれには、小売・貸本を専門とする書商も加わっていた可能性は十分に考えられる。この「学校当番」がどの程度の頻度で実施されたのかなど、その詳細はまだ検討を要するが、こうした「当番」を通じて、儒者を含めた藩校関係者等との関係の基礎を築いていき、彼らの既著や将来の著作の開板や売り弘めの権利を獲得するという期待や、その出版に関わることで販路を拡大しようとする思惑もあったであろう。

さらに、たまには藩校そのものからも書籍の注文があったようであり、それほど多くはないが他国の出版物を取り寄せ、その納入も行っていた形跡が学習館の蔵書（和歌山大学附属図書館「紀州藩文庫」）の数点の後表紙封面の見返しに、「帯伊」「綛田」「坂大」などの売捌き印が発見されたことから明らかになった（須山 二〇〇〇a）。

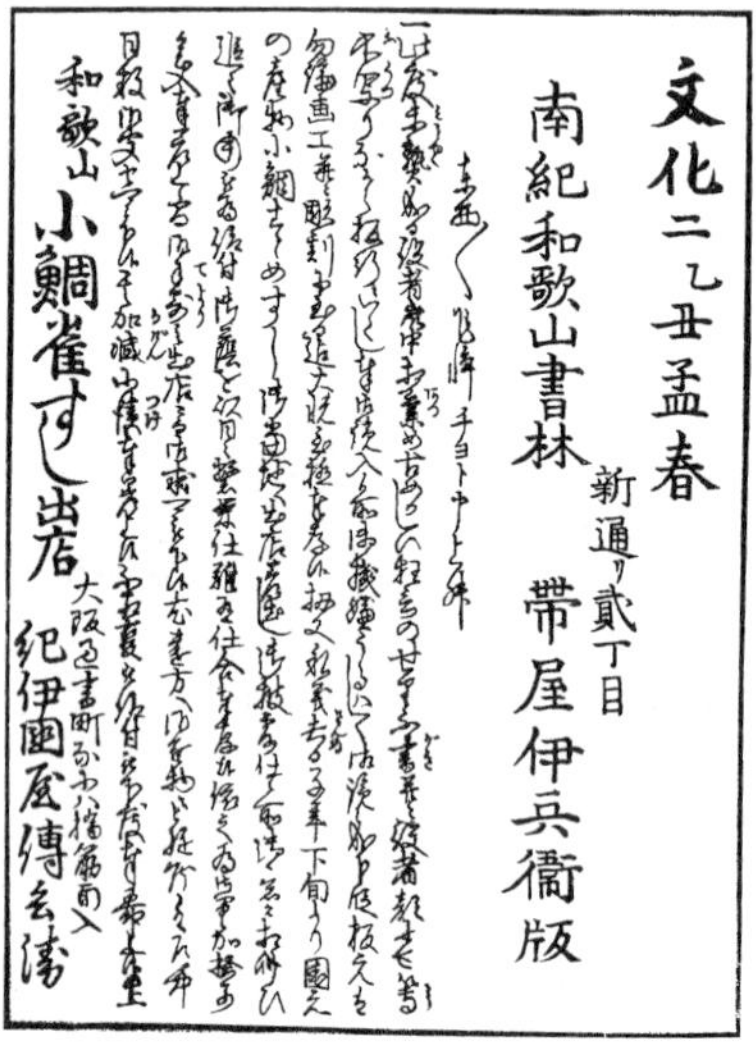

文化二乙丑孟春
南紀和歌山書林　新通り弐丁目　帯屋伊兵衛版

和歌山　小鯛雀すし出店

図５　『俳優濱真砂』の奥付広告

城下町書商の広告合戦

帯屋伊兵衛は文政九年（一八二六）刊の小田日州『欽定康済録』の巻尾に「書林青霞堂発兌目録」と題して、『鐘秀集』や『温病論』等四一点に加えて『紀伊国名所図会』の初編から五編及び拾遺を、あたかも発行したかのような広告を載せている。しかし、『紀伊国名所図会』の初編と二編は文化八年（一八一一）と翌九年に発行されたが、三編は九代目伊兵衛の代に藩命を受けて加納諸平等が完成させている。

したがって、四一点中の一枚両面懐中折本の体裁で出そうとしていた『伊勢道中両面鑑』や伊賀・伊勢・志摩・四国等の名所図会もこの時点では出そうとする計画はあったが、その後も出た様子は見られないから、この計画は夢となってしまったようである（江本 二〇〇四—〇五）。

また、これより先の文化二年刊の『俳優濱真砂』の刊記の後に帯屋は「東西東西乍憚チョト申上舛」とした上で、

此度未熟なる役者衆中打集め古めかしいせりふ書、云々

としながら、

私義去る子年下旬より国元の産物小鯛すゝめすし御当地へ出店差出し御披露仕候所御意ニ相叶ひ追々御用被為仰付御蔭を以日々繁盛仕難有仕合ニ奉存候依之為御冥加格別念入奉差上候間御手寄之出店ニ而御求可被下候尤遠方へ御進物ニ被遊度故道中日数御聞セ可被下候其加減に漬奉差上候不相変奉仰付被下度奉希上候以上

和歌山 小鯛雀すし出店 大坂過書町なにハ橋筋南入 紀伊国屋伝兵衛

という広告を掲載している。これは紀州名産の小鯛を雀開き（腹開き）にし、その中に鮨飯を詰めた鮨（『日本国語大辞典』第二版、九四八頁）を言うが、帯屋はこの国産の名物小鯛を広めるために、紀伊国屋伝兵衛を使って大坂過書町浪速橋筋に出店させたと言っているのである。

また、弘化三年に綛田屋平右衛門と嘉兵衛の兄弟が再刻した『丙午さとしはなし』の刊記の後に、「秘伝 光澤布」という今日でいう化学雑巾のようなものの広告が、

御大小身鍔金物さや此つやふきんを用ひて磨ときハ大ひにつやをあらハす［中略］ぬりもの唐木木地の類をふきて美ならしむ事妙なりふきんよごれる時ハ水にてあらひ遣ふべし

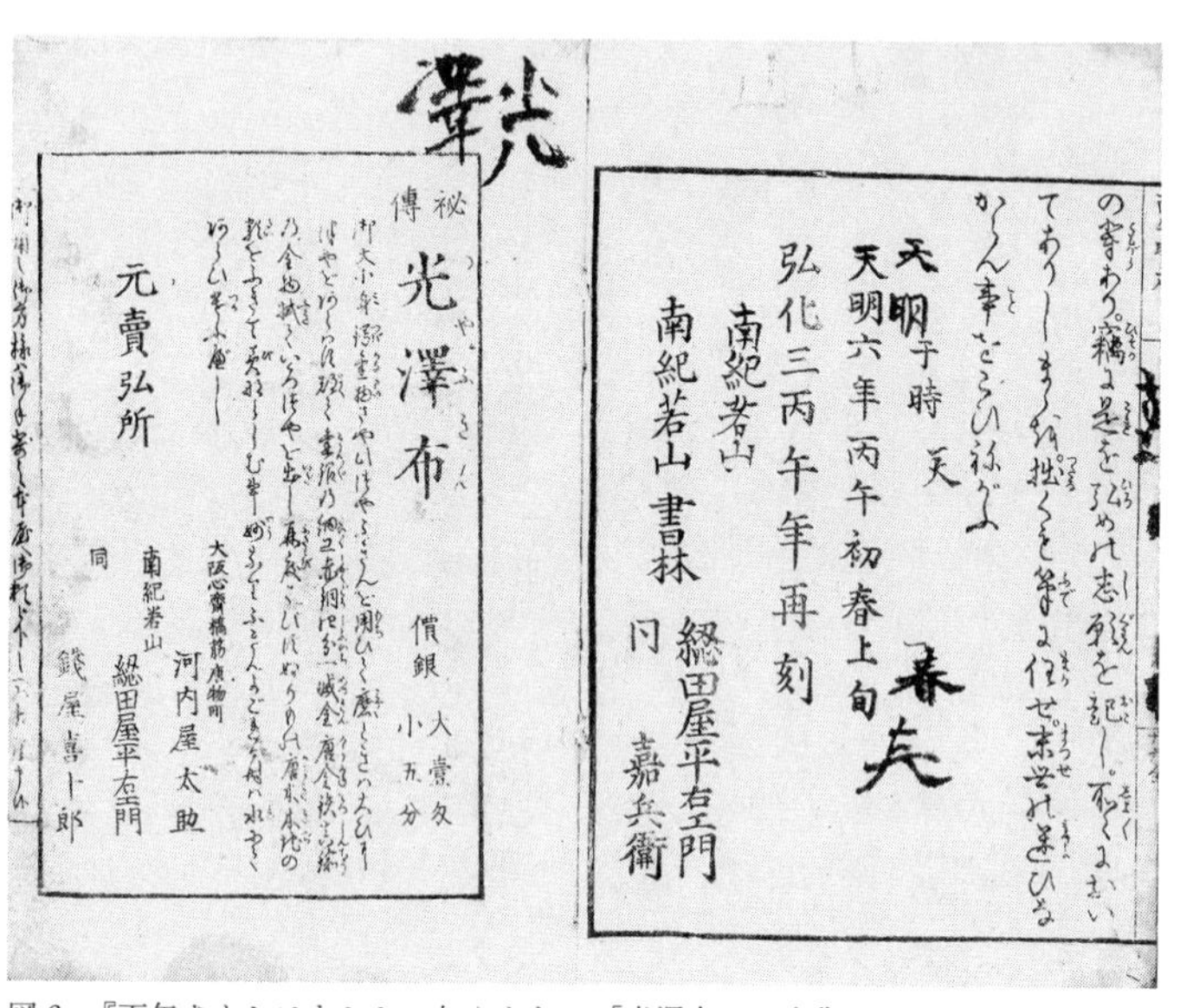

図６　『丙午さとしはなし』に加えられた「光澤布」の広告

のように掲載されている。

この化学雑巾の「元売弘所」が大坂の河内屋太助と和歌山の綛田屋平右衛門と銭屋喜十郎であるが、興味深いのは、この広告の欄外に手書きと思われるかたちで、

御用之御方様ハ御手寄之本屋へ御頼被下候へハ相調申候

とあって、この商品を利用したい人は最寄りの本屋へ申し込んでいただければすぐに調え（ととの）ます、としている点である。これにしたがえば、城下町の本屋はこの「光澤布」を常備していたのであろうか。または、注文が来れば直ぐに綛田屋平右衛門か銭屋喜十郎の所へ行って卸し買いをすることになっていたのだろ

うか。

ここで出版実績をもつ二六軒について三段階にわけてまとめてみよう。まず、出版点数が一〇点未満の書商では、建部治左衛門が元禄二年に一点、粉川屋甚助は享保一四年に一点、山本勘兵衛は明和二年に一点、岡屋徳兵衛と岡崎屋五兵衛と小倉屋宇兵衛は天明六年に同じ一枚刷物を一点、大坂屋大次郎は寛政四年に一点、岩橋屋与市は天保二年に一点、彫刻士嘉七が嘉永五年に一点、朝井屋源吉は寛政三年と同六年に二点、池田屋八兵衛は寛政一〇年と刊年不明のものを含めて二点、崖屋次右衛門は天保八年に二点、亀屋六兵衛は天明四年から文化八年にかけて三点、山崎屋嘉兵衛は寛政二年と七年・一二年に三点、山口屋善次郎は刊年不明のものばかり三点、和泉屋源右衛門は天明六年から寛政六年にかけて四点、朝井屋庄助は天明六年と文化二年・同四年と刊年不明のものを含め四点、綛田屋庄助は天明二年と四年に四点で、綛田屋嘉兵衛が寛政六年・文化五年・文政三年・天保四年・弘化三年・嘉永六・七年にそれぞれ一点と刊年不明のもの一点の一九軒がこの規模である。

次に一〇点以上五〇点未満で見ると、銭屋喜十郎が天保五年以降刊年不明のものも含めて一一点、笹屋文五郎は天保四年以降刊年不明のものを含め二六点、坂本屋源兵衛も安政元年以降刊年不明のものを含め二六点で、三軒である。

最後に五〇点以上の実績を持つものを見てみると、坂本屋大次郎が天保六年以降刊年不明のものも含めて九四点、綛田屋平右衛門は天明二年から刊年不明のものを含めて計一二一点、帯屋伊兵衛が同じように一三五点、坂本屋喜一郎は文化三年以降、同様に刊年不明のものも含めて一四七点で、結果この四軒が一八世紀から一九世紀を通じて城下町和歌山の出版界をリードした存在である、と結論付けられよう。

参考文献

石村鷺森「幕末に於ける和歌山の町屋㈠」『紀伊郷土』四号、紀伊郷土社、一九三三年
井上隆明『近世書林版元総覧』、日本書誌学大系、青裳堂書店、一九八一年
井上豊太郎撰『和歌山心学資料小叢』、起雲閣、一九三七年
江本英雄「『紀伊国名所図会』出版の背景」一―四、『和歌山地方史研究』四七―五一号、二〇〇四―〇五年
江本英雄『帯伊書店ものがたり』、帯伊書店、二〇一六年
大和博幸「地方書肆の基礎的考察」・「和歌山の出版と書肆」、朝倉治彦・大和博幸編『近世地方出版の研究』、東京堂、一九九三年
大和博幸「紀州板浄瑠璃本重板本をめぐる紛争と大坂本屋仲間の動向」『國學院雑誌』九八巻四号、一九九七年
喜多村進「明治期に於ける和歌山在書林片影」『紀州萬華鏡』、津田書店、一九三六年
小泉吉永『近世育児書集成』一五巻、クレス出版、二〇一一年
コーニッキー、P・F「貸本文化比較考」『人文学報』五七号、一九八四年

コーニッキー、P・F「地方出版についての試論――日本国和歌山の場合」、吉田光邦編『一九世紀日本の情報と社会変動』、京都大学人文科学研究所、一九八五年
渋谷隆一『都道府県別資産家地主総覧』、日本図書センター、一九九一年
須山高明「『岩橋家蔵書筆記』を巡って」『和歌山地方史研究』三一・三二合併号、一九九七年
須山高明「紀州の書肆と出版あれこれ(1)―(5)」『和歌山地方史研究』三六―五八号、一九九九―二〇一〇年
須山高明「城下町書肆と藩校学習館」『和歌山大学紀州経済史文化史研究所紀要』二〇号、二〇〇〇年a
須山高明「近世紀州の「書商」」『和歌山地方史研究』三八号、二〇〇〇年b
須山高明「近世紀州書肆出版物編年目録稿」上・下、『和歌山県立博物館研究紀要』四・五号、二〇〇〇・〇一年
須山高明『加納諸平之瀬見善水宛書簡を巡る二・三の問題』『和歌山県立文書館紀要』七号、二〇〇二年
須山高明「明治期和歌山における一書商の動向」『和歌山地方史研究』四五号、二〇〇三年a
須山高明「城下町和歌山の出版と貸本」『和歌山・高野山と紀ノ川』、吉川弘文館、二〇〇三年b
須山高明「城下町和歌山の出版と書商の営業形態」『和歌山市立博物館特別展図録 城下町和歌山の本屋さん』、二〇〇三年c
須山高明「出版物等にみる近代和歌山の書商たち(前)」『和歌山地方史研究』五五号、二〇〇八年
須山高明「出版物等にみる近代和歌山の書商たち(後)」『和歌山地方史研究』五九号、二〇一〇年
須山高明・高橋克伸「紀伊国名所図会 解説」『紀伊国名所図会 熊野編』、版本地誌大系、臨川書店、一九九六年
高橋克伸「城下町和歌山の出版文化に関する若干の考察」『城下町和歌山の本屋さん』、二〇〇三年

高市績編著『江戸時代紀州出版者出版物図版集覧』上・下、一九九八年
高市績編著『江戸時代紀州出版者出版物図版集覧 補遺』二〇〇二年
多治比郁夫「紀州書肆聚星堂の活字本」『ビブリア』八一号、一九八三年
田中敬忠『紀州今昔』、田中敬忠先生頌寿記念会、一九七九年
寺西貞弘「高市老人と藤垣内翁そして高市績氏のこと」『新志友——高市績追悼録』、帯伊書店、二〇〇六年
長友千代治「『紀州藩石橋家家乗』の読書記事」『近世の読書』、青裳堂書店、一九八七年
ニールス、ファンステーンパール「『丙午縁起』解題・翻刻」『書物・出版と社会変容』一四号、二〇一三年
平岡繁一『近世木活字出版界の横綱 紀州聚星堂笹屋文五郎』、自刊、一九九〇年
三尾功「江戸初期の記録『祖竹志』について」『和歌山市史編纂史料叢書 三』、和歌山市、一九六六年
三尾功『よみがえる和歌山の町家』、和歌山の町家を考える会、二〇〇六年
『小梅日記』第一巻、志賀裕春・村田静子校訂、平凡社東洋文庫、一九七四年
『新日本古典文学大系 庭訓往来・句双紙』、山田俊雄ほか校注、岩波書店、一九九六年
『和歌山県教育史 第一巻 通史編1』、和歌山県教育史編纂委員会、二〇〇七年
『和歌山県史 近世史料 二』、和歌山県史編さん委員会編、和歌山県、一九七七年

追記　小稿を草するにあたり、和歌山県立図書館、同博物館、和歌山市立博物館、和歌山大学附属図書館等に並々ならぬ御世話になった。とりわけ、高市コレクションの閲覧に関して帯伊書店当主高市健次氏の取りなしと市立博物館の高橋克伸氏によって、ほぼすべてに目を通せた。また鈴木俊幸氏のご好意により「紀州若山書物屋仲間文書」を御提供いただいた。記して深謝申し上げます。

3 「暦占書」の出版と流通

梅田千尋

一 暦占書出版の展開

暦占という領域

「暦占」という語は、現在刊行されている国語辞書・事典類にほとんど立項されていない（鈴木 二〇〇五）。しかし、近世においては、ある分野の知識領域を指す語として、確かに成立していた。

例えば、『和漢三才図会』（平凡社東洋文庫）では「暦占」は「天」部の一節としてまとめられている。正徳三年（一七一三）成立の同書では、太陽や月の運行や星宿名などを事典的に説明する「天部／天文部／天象類／時候部」に続き、第五巻が「暦占類」に宛てられている。その細目は、「陰陽変合消

延宝3年（1675）	元禄5年（1692）	元禄12年（1699）	享保14年（1729）	宝暦4年（1754）	明和9年（1772）
	−	占書幷暦		天文暦並占卜相法	天文占卜相法
暦占書	暦占書	暦占書	暦占書	天文暦並占卜相法	天文暦占卜相法
			50件（増）	26件（増）	77件（増）
46件	103件	91件	計153か	計179か	計256か
			「算書」「雑書」別	「雑書」「算書」別	「算書」別
38	46	43	41	40	40
	④				

慶応義塾大学附属研究所斯道文庫編『江戸時代書林出版書籍目録集成』第一〜三巻所載の目録より作成。原本で「歴占」と表記されているものも「暦占」に統一した

長図」「二十四気七十二候」「昼夜之図」「昼夜長短之図」「河図生十干之図」「月之干」「時之干」「十二支」「八卦図」といった、暦法や方位・十干十二支・暦注に関する基礎的な情報である。ここには、観測に基づく天文計算などの「科学的」知識と、時間・空間の吉凶を判断するための「占い」知識が渾然一体となって一つの領域を形成している。つまり、十干十二支・陰陽五行で時間・空間をしるし付け、吉凶情報を伴って理解する、その一連の知識体系が「暦占」として立項されている（ハイエク 二〇一四）。

また、近世の書籍目録類では、寛文、元禄、享保期の各種目録に「暦占」という分類が立てられている。表1は、部立て書籍目録が刊行された寛文期から明和期までの、各年代の書籍目録での当該分野の項目名と、出版点数を一覧にしたものである。たとえば元禄一二年の目録では目次題に「占書幷暦」、本文見出しには「歴［暦］占」と記され、「暦学」と「天文占」の総称として認識されていたようである（川崎 二〇一〇）。一方、これ以前の一三世紀に編まれたとされる『本

表1　近世書籍目録における「暦占」分類の変遷

	本朝書籍目録	書林出版書籍目録	
刊行年（西暦）	寛文11年（1671）	寛文6年頃（1666頃）	寛文11年（1671）
目次表題	陰陽	暦書	暦書幷占書
本文表題	陰陽	暦占	暦占書
増加分			
該当件数	10件	28件	55件
分類備考			細目有
全分類数	20	22	36
表2	①	②	③

朝書籍目録』（寛文一一年＝一六七一、長尾平兵衛刊本）では、最も近い項目は「陰陽」である。

さらに時代は降って宝暦四年版で、同種の書籍を扱った項目は「天文暦並占卜相法」、明和九年版では「天文暦占卜相法」となっている。享保一四年から宝暦四年にかけてのある時点で、当該分野をたんに「暦占」とは総称できなくなる何らかの変化が生じたと見ることができよう。

近世以前には「陰陽」として認識されていた領域が、一七〜一八世紀前半には「暦占」と分類され、やがて「天文」や「相法」を含むものになった。こうした変容は、なぜどのように起こったのか。本稿では、まず、この視点から「暦占」書とその前後の時代の差異について考えたい。また、「暦占」と認識された領域の出版について、江戸時代に陰陽道を支配した本所土御門家がどの程度関与したのか、検討する。

「陰陽」と「暦占」

中国で多様な分化と進化を遂げた占いは、暦に基づく占い、八卦（筮竹・算木などによる卜易）、手相など相法を中心とした占いに大別される。これらは命・卜・相と総称され、日本でも受容されたが、

暦占書	
同　紀略	2暦注
同　帝王図	2暦注
同　筌宰録	2暦注
暦林問答	2暦注
鶴亀問答	不明
王代一覧	2暦注
同　平仮名	2暦注
晴明記	2暦注
神相全篇	4相法
占決手引	3即時占
尭暦	2暦注
武家鏡	不明
洪範全書	2暦注
暦代叙略抄	2暦注
輔将策全書	不明
同　抄	不明
授時暦	2暦注

④

元禄5年(1692)

暦占書	
断易天機	1易・八卦
天易霊通章	1易・八卦
新撰八卦鈔	1易・八卦
＞類題書他3件	1易・八卦
天門八卦鈔	1易・八卦
＞類題書9件	1易・八卦
諸人一代八卦	1易・八卦
暦学正蒙	2暦注
三世相	2暦注
＞類題書4件	2暦注
長暦	2暦注
＞類題書2件	2暦注
古暦	2暦注
＞類題書4件	2暦注
簠簋	2暦注
＞類題書10件	2暦注
宣明暦	2暦注
同　抄	2暦注
梅花心易	3即時占
＞類題書10件	3即時占
暦林問答	2暦注
万年暦	2暦注
＞類題書8件	2暦注
ト筮元亀	1易・八卦
鶴亀問答	不明
晴明記並人相伝	4相法
神相全編	4相法
輔将策全書	不明
＞類題書2件	不明
授時暦	2暦注
同　鈔	2暦注

暦占書	
潮時大要	2暦注
三曜霊鑑伝	不明
周易蓍秘事	1易・八卦
同　考誤	1易・八卦
前定易	1易・八卦
周易筮義秘伝	1易・八卦
大唐暦	2暦注
宿曜経	2暦注
子平大全	不明
手筋占	4相法
判形秘教綱目	4相法
人相小鑑	4相法
東方朔置文	2暦注
道満郎座占	1易・八卦
馬前神課	3即時占
弁財天籤占	3即時占
暦算啓蒙	2暦注
天元蒙幼	2暦注
算法不作集	2暦注
身心発数図説	不明
周易大命期経	1易・八卦
通変占(大本・小本)	1易・八卦
同　首書	1易・八卦
看命一掌金	1易・八卦
五星論三世一代記	2暦注
天文図解	2暦注
名付親	4相法
役氏二字義	4相法
霊棊占	2暦注
星操占	2暦注
尭暦	2暦注

④	集計
1易・八卦	26
2暦注	52
3即時占	13
4相法	7
不明	7

＊原本で「歴占」と表記されているものも「暦占」に統一した。
＊「三世相」の場合、生年月日の干支を運勢判断の根拠とすることから「暦注」に含めた

表2

①本朝書籍目録 長尾平兵衛刊本 13世紀成立か 寛文11年(1671)刊	
陰陽	
世要動静経	滋岡川人
六甲	同
指掌宿曜経	同
新術遁甲書	同
金櫃新注	同
枢機経	志非ノ連猪養
宅肝経	滋岡川人
占事略決	晴明朝臣
暦林	賀茂保憲
雑書	家栄朝臣

②寛文書籍目録 NDL書目集覧. 第1 (寛文書籍目録・元禄書籍目録) 寛文6年?(1666?)	
暦占書	
断易天機	1易・八卦
八卦	1易・八卦
同　絵入	1易・八卦
同　大本	1易・八卦
同　鈔	1易・八卦
同　平仮名	1易・八卦
同　天門之鈔	1易・八卦
同　秘伝鈔	1易・八卦
暦学正蒙	2暦注
三世相	2暦注
長暦	2暦注
古暦	2暦注
同　便覧	2暦注
簠簋	2暦注
同　鈔	2暦注
宣明暦	2暦注
同　鈔	2暦注
梅花心易	3即時占
暦代歌	2暦注
暦林問答	2暦注
暦之鈔	2暦注
万年暦	2暦注
同　中	2暦注
同　大本	2暦注
歴代一覧	2暦注
什物記	不明
八卦能生問答鈔	1易・八卦
同　追加入鈔	1易・八卦

③ 寛文11年(1671)	
暦占書	
断易天機	1易・八卦
同天易霊通章	1易・八卦
八卦新撰鈔	1易・八卦
>類題書8件	1易・八卦
三世相	2暦注
同　鈔	2暦注
梅花心易	3即時占
>類題書3件	3即時占
ト筮元亀	1易・八卦
簠簋	2暦注
>類題書2件	2暦注
万年暦	2暦注
暦抄	2暦注
宣明暦	2暦注
同　抄	2暦注
同　見境草	2暦注
暦学正蒙	2暦注
簠簋十重算	2暦注
長暦	2暦注
古暦	2暦注
同　便覧	2暦注
年代記	2暦注
同　増補	2暦注
同　平仮名	2暦注
同　真	2暦注
編年小史	2暦注
暦代歌	2暦注
同　一覧	2暦注

②寛文書籍目録	集計
1易・八卦	10
2暦注	16
3即時占	1
不明	1

③	集計
1易・八卦	12
2暦注	33
3即時占	5
4相法	1
不明	4

その種別・傾向は、時期により大きく異なった。

まず、『本朝書籍目録』の「陰陽」と寛文期書籍目録の「暦占」項目の掲載書を比較する。表1のうち、大きな変化が見られる年代の掲載書目を分類し、集計したものである。近世出版目録における書誌情報の不確かさや、分類の曖昧さについては既にさまざまな指摘があるが、あくまで出版物全体の傾向と、当該分野をどのように認識していたかを示すものとしてとらえたい。表2は、「陰陽」の項には平安期の滋岡川人・安倍晴明の著書や、賀茂保憲による『暦林』が掲載されている。いずれも平安期以前に朝廷周辺で成立した陰陽寮の職務に関わる諸本である。その多くは逸書であり、唯一伝存する『占事略決』も、近世には出版されてはいない。賀茂家栄(いえよし)著『雑書』は、「諸禁忌」に関する書とされ、後世のいわゆる『大雑書』とは直接の関係はない。これら逸書の内容は、宿曜(すくよう)や六壬式占(りくじんしきせん)に関するものと推定されている(和田 一九三六)。式占は中世以降廃(すた)れ、宿曜も密教占として性格を変えるが、全体として「陰陽」書の知識は、近世以降の占いには直接引き継がれなかったといえる。

そのなかで、「陰陽」から「暦占」への移行を考える手がかりとなるのが、以下の書目と思われる。『暦林』の解説書として、応永二一年(一四一四)に賀茂在方が著した賀茂家の伝書『暦林問答集』は、正保年間の開版が確認され、幕末までたびたび出版されていた(中村 二〇〇〇)。さらに、『暦林問答集』等の影響を強く受け、暦と方位に関わる中世陰陽道書の流れを汲む暦注・占法の集大成『簠簋内(ほきない)伝(でん)』も流布した。『簠簋内伝』とは、『三国相伝陰陽輨轄簠簋内伝金烏玉兎集』という正式名称をもつ、安倍晴明著と仮託される書である。実際の成立は一四世紀頃と考えられ、牛頭天王(ごずてんのう)縁起を取り入れて祇園社の周辺で編まれたという見方が有力である。『簠簋内伝』は中世以来の写本も多く伝わり、慶長一七年（一六一二）には既に古活字版で出版され、近世を通じて版を重ねた。

『簠簋内伝』の普及について、近世初期の算置（さんおき）や易者の占法を分析したマティアス・ハイエクは、狂言『いぐい』で演じられる「うらやさん」の「ぎんなんば、はくどうじつしこう、ゑん」という一見意味不明な台詞が、『簠簋内伝』の「納音之事」の「金波照壁楼」「泊燈寺柴鉤」という記述に類似することを指摘した。そして、これが「呪文」ではなく、相応する五行を求めるための演算であることから、『簠簋内伝』の内容を暗唱して実際の依頼に応えた中世後期〜近世初期の算置と呼ばれる占い師たちの姿を復元した（ハイエク 二〇一〇）。

中世後期には民間宗教者の間で流布し、占いに用いられていた『簠簋内伝』は、『暦林問答集』など中世陰陽道書と重複する箇所が多い。中世陰陽師が日々の勘文（かんもん）作成のために蓄積した知識を背景としたものであったと思われる。賀茂・安倍両家に伝わったいわゆる平安期宮廷陰陽道と、『簠簋内伝』に見られる民間に流布した「暦占書」との間の差異については多くの指摘があり、土御門家も簠簋内伝と安倍家の家伝との関係を否定した（鈴木 二〇〇五）。しかし、ここでは『簠簋内伝』と宮廷陰陽道書との関係について、差異よりむしろ暦占部分の共通性に着目したい。『簠簋内伝』に載る暦注知識は、陰陽師など職能的宗教者たちが集団内で閉鎖的に伝授していた知識の集大成であり、それゆえ近世初期の出版において貴重な情報源として版を重ねたと思われる。「陰陽」書目に含まれていた式占・宿曜など多くの知識が失われるなかで、陰陽寮が培（つちか）ってきた暦注に基づく吉凶判断の知識は生き残り、民間に流布して近世的な「暦占」分野へと展開したといえる。「陰陽」から「暦占」への移行にあたっては、知識内容の変化とともに、書物を介した受容者の拡大がみられた。

たとえば、『簠簋内伝』の暦注に関する部分の読み下しをもとに『大雑書』が成立し、中国から伝わった『三世相』の和訳部分も取り入れて、膨大な雑占書の体系が形成された（横山 二〇〇二）。書籍目録では暦占の項に掲載されていないが、『簠簋内伝』の内容をより広く普及させた媒体はこれら『大雑書』であろう。暦注や俗信・生活上の知識から構成される「大雑書」類は、遅くとも寛永九年（一六三二）以降さまざまな形態で刊行されたが、書籍目録上は唯一、明和九年（一七七二）版に「雑書」の項で掲載されるのみである。このように暦注と方位の吉凶に関する知識は常識化し、生活知のなかに定着していった（川崎 二〇一〇）。『大雑書』は中世陰陽道書を起点とする実用占い書として近世を通じて展開し、版を重ねて厚冊化・日用百科としての節用集との合冊化という現象を起こしながら、近代に至るまで、人々の生活に影響を与え続けた（森田 二〇〇四）。

易占書・暦占書の展開

寛文期以降の書籍目録では、暦注に基づく占いが「暦占」の多くを占めた。また、『長暦』『古暦』といった暦学に関する書も普及していった。

元禄版の「暦占書」の項に載る書籍は、寛文一一年の五五点から一〇三点に増加している。この時期の書籍点数の増加自体は、出版界全体に共通する趨勢であるが、暦占書分野の中でとくに増加したのは、梅花心易など、筮竹を使わず周囲の事象を判断材料とする即時占、あるいは多様な雑占書である（表2）。こうした潮流を作りだし、近世の占い本出版において、大きな画期となったのは、元禄期の馬場信武の易占書出版であった（ハイエク 二〇〇九）。

馬場信武は、京都で照高院門跡道尊法親王に仕えたのち、医術を生業とする傍ら多数の易占書を出版した。朱子『易学啓蒙』を図説した『易学啓蒙図解』（元禄一三年）をはじめとして、『聚類参考梅花心易掌中指南』（元禄一〇年）など、宋・明時代に発達した占法を紹介したほか、『通変八卦掌中指南』（元禄一六年）・『初学擲銭抄』などで独自の占理を展開した。当時の彼の占法は、「掌中」「心易」という語が象徴するように、筮竹を用いず、暗算と手指を用いた計算や擲銭による易断であり、周囲の状況と文脈から解釈を展開するというもので、暦注によって定められた占法に比べ、偶然性が高い。とくに、六十四卦の場面ごとの解釈を分かりやすく一覧にした『初学擲銭抄』や『周易一生記』といった仮名書きの易占書は、多くの読者を獲得し、易占知識の普及をもたらした。こうした近世の易占の特徴は、易経を用いず、明版断易書の六十四卦占の吉凶を踏襲し、即決性を取り入れた即時占という性格を強く持った点にあるとされる（奈良場 二〇一〇）。この他、兵学色の強い平沢随貞の占書も、売卜者からの支持を得て広まった。

一方、周易を重視した新井白蛾の『易学小筌』は、八卦・古暦といった実践的な易占書よりも、「学問的」な易占論として受容された。同書は、宝暦年間にいったん重版問題で絶版となったが、文化年間の頭注書が絶大な人気を博した。こうした流れの延長上に、後述する一九世紀の松浦東鶏や松浦琴鶴の登場がある。

馬場や新井など近世の易占書は、しばしば「大雑書」や陰陽師という「旧時代的」な、宗教者による口伝的占いを蒙昧な迷信として批判し、「正しい」「学問的」知識に基づく占いを標榜する。ただし注意すべきは、こうした定型句的に見られる大雑書批判・陰陽師批判は、必ずしも近代的な意味での「科学」を志向するのではなく、周易の読解や明清易占書の研究を通じた、より考証的に「正しい」占いを求めるものであったということである。それゆえ、「迷信」批判でありながら、陰陽道的考え方――陰陽五行説に基づく占いの体系――を否定するわけではない。巷に流布する非学問的な職能的宗教者の暦占・陰陽道を不完全とし、より体系的な易占を志向するのであり、読者の側にも、「正しい」学知としての占いを志向する素地があったことを意味する。

こうして享保以降、従来の「暦占」という分野にたいして、新たに導入され浸透していた相法・易占、とくに「即時占」の比重が増し、「占考」の多様化・細分化が進んだと考えられる。元禄以降の書籍目録では、こうした雑占本の増加が目を惹く。八卦・梅花心易の他、『断易天機』という明代に流行した中国易占書の和刻本や、「八卦」に関する諸本など、明代占卜書の増加が顕著である。暦注を核に展開してきた「暦占」という語では総称できない占法・相法の拡大が、書籍目録での項目名を「天文暦並占卜相法」に変化させたのではないか。

二　暦占書と陰陽道組織

陰陽道組織と売卜者

右で述べてきた「暦占」という知識体系の成立と変容をめぐって、江戸時代の宗教者支配との関わりについて考えたい。

江戸時代、占いを行う者は、陰陽道を支配する土御門（つちみかど）家の支配に属することになった。しかし、「陰陽道」とはどのような範囲の宗教行為を指すのか、陰陽師とは誰であるのか、明確な線引きはなかった。土御門家は、天和三年（一六八三）以来、江戸幕府から陰陽道を支配する本所としての公認を受けていたが、類似する職能をもつ神事舞太夫や修験者らに対する支配の可否をめぐって、それぞれの属する本所・本山と争論を繰り返していた。近世の宗教者間の境界は、こうした争論の繰り返しを経て、寺社奉行所の判例を重ねて確認されていったのである。そして、どの集団に属する者がどういった行為を行いうるのかは、各集団の職分という形で認識されていった。土御門家も、積極的に争論に訴えることで、支配範囲を拡大した。

陰陽道組織土御門家とくに関東の陰陽師を統轄した江戸役所では、明和期以降、役人層の交替をはじめとする組織改革を手がけ、配下の拡大や新規獲得に乗り出していた。それは、旧来の加入者であった、廻檀（かいだん）・祈禱を行う民間宗教者だけでなく新組・都市部で増加しつつあった売卜者（占い師）らの加入を強制するというものであった（林 二〇〇五）。例えば、明和七年八月、関東陰陽師触頭支配下の売卜改役東柳軒らは、江戸神田紺屋町路上で、「当卦八卦吉凶御占」の売り声で人を集め、『天門（文カ）易抜書本』を売り歩く八丁堀の良助を摘発して営業を停止させた（京都府立総合資料館所蔵若杉家文書五八七）。この時期、増加していた町方での売卜者（占い師）らに免許を取得させ、貢納金増徴を狙った動きであった。しかし、同様の摘発を修験者に対して行い、「看板掛不申候得共、修験道ニ而陰陽道之占考渡世仕候ニ付卜筮を以渡世」と、土御門家支配に入らずに占考を行ったかどで訴えたことは、のちに問題となった。個人で占考を行っていた良助らが陰陽道組織への加入で解決したのに対し、修験者の場合には、組織間の職分という問題に直結した。実際、これは後々まで占考争論として展開するのである。

「八卦」本と弘法大師本

修験との争論では、売卜がすなわち陰陽道の職分といえるのかどうかが問われた。修験側は、自分たちが用いているのは「『弘法大師一枚八卦』幷『看命一掌金』」という書物であり、これらは「仏事」、つまり仏教的な易占書であると主張した。ここで問題となっている、修験者らが用いた『弘法大師一枚八卦』は、『弘法大師いろは歌占』『弘法大師以呂波占』や、『弘法大師秘密占』など、出版年や版元刊記を欠く一群の諸本を指すと思われる。奈良場勝によれば、いずれも「八卦」と呼ばれる、簡略化された八卦本版本の系統であるという。これらは馬場信武の影響を受けて、一七世紀半ばから一八世紀半ばにかけて集中して出版された仏教的要素の強い八卦本であった（奈良場 二〇一〇）。

一方、陰陽道売卜改役の東柳軒は、「弘法大師作り候一枚八卦」とは「八卦の五行を顕し陰陽の根元を以て、善悪を分かつもの」であり、弘法大師の作ではなく、また『看命一掌金』も、唐の一行（いちぎょう）禅師という者の作であるが、一行は出家以前に天文道を学んでおり、張公謹の孫で俗名は遂といい陰陽道も学んだ人物である（実際に大衍暦（だいえんれき）を編纂）といった事跡を述べ、彼の書物の内容は陰陽道に属すると強弁した。さらに、日本で馬場信武が著した書物として元禄期の『看命一掌金』和刻本もあるが、それらは「山伏等之不及処」であるから、修験者たちには、占理を解釈して発展させる学問的蓄積はない。「数を立て」る暦算を行わず、一覧表を用いた「甚だあやしい」ものだという。つまり五行相生相克の理法に基づいて善悪を分かつ書物は原則的に陰陽道である。どのような形であれ陰陽道占考は、古来より土御門家の支配であり、他職の面々であろうと何人（なんぴと）にても占考は差し留めるという。

かつて、関東八ヶ国でおよそ千五、六百人を数えた陰陽師は、当時減少傾向にあり、占考による組織維持を図る彼らにとっては、これらを陰陽道の範囲に入れることは切実な問題であった（林 一九九三）。

しかし、奉行所は「陰陽道組織の売卜改役が山伏を取り締まるには及ばず、山伏らも先例通り占考してもよい」という判断を示した。

そもそも、『易経』に基づく知は土御門家とは関わりなく儒学全般に関わる学知として研究・出版されており、土御門家が家職を根拠に権限を主張することには無理があった。学知内容ではなく占考という職分が土御門家家職支配の対象とするのが本来の立場であったが、江戸での争論では、占考の根拠となる書籍の内容を争点としたことで、むしろ土御門家にとって不利になったと思われる。この争論では、簡略化された八卦本系の版本に基づいて占考を行う山伏らに対し、陰陽道側は体系的な暦占知の根源という主張を通すことができなかった。書物によって多元的な占に関わる知識が流通し、暦注・暦占以外の占が拡散するなかで、陰陽道を起源とする暦占知識の地位は相対化されたと言えるかもしれない。

三　土御門家と暦占書出版

土御門家の出版活動

寛政一二年(一八〇〇)、土御門家は家塾斉政館(せいせいかん)を設置した。土御門家がこの時期に学館を設け、学知の集積に乗り出した直接の理由は、寛政改暦にあると思われる。貞享改暦で土御門家は、渋川春海に暦法著者の座を譲ったものの、頒暦体制への参画に成功し、その後の宝暦改暦では幕府天文方を排除して主導権を握っていた。しかし、寛政改暦以降の洋学化著しい天文学において、土御門家が参画することは困難となっていた。学館では、暦算とともに、易占の講義が行われた。開設当初、当主土御門泰栄は『暦学疑問』を、学頭は『天経惑問』を講じた。学館には、全国の門人が滞在し、開講の機会をもった（梅田 二〇〇九）。これらは頒暦への関与を失った土御門家が、家学の立て直しを図った新事業であると思われる。こうした学館の活動の一環として、書籍の出版が見られる。現在確認されている斉政館蔵版書目をまとめたものが表3である（水野 二〇〇九）。

そのなかでも、土御門家当主の日記などでしばしば言及され、学館での講義のテキストとして特に重視されたと思われるのが『暦学疑問』である。清の梅文鼎著『暦算全書』のうちの『暦学疑問』を斉政館学頭の小嶋好謙（濤山）・鈴木世孝（図書）が校訂した和刻本で、清原宣明が序を寄せた。学頭小嶋好謙は『地震考』などの著作をもつ暦算家で、猪飼敬所と親交をもち、東海地方にも広い交友ネットワークを有していた。また、鈴木世孝は暦算の業績には乏しいが、土御門家に仕えながら画家としても活躍した子息の百年が有名である。出版にあたっては、文政二年九月二十二日、武家伝奏の山科忠言宛に「今般『暦算全書』之内『暦学疑問』与［と］申書籍翻刻蔵版被申付、右書物出版之上支配之事、書林梶川利助江被申付候義ニ付来ル廿五日町奉行所江家来鈴木中務罷差出候」との書状を出し、幕府への届け出も行った（若杉家文書一七六「伝奏方諸往来」）。『暦算全書』は、七五巻二三冊に及ぶ一大叢書で、享保期に舶載され、徳川吉宗が中根元圭に訳述を命じたとされる。中根による訳述本全巻の刊行は成らなかったが、三角法を用いた計算法は和算家に大きな影響を与えた。しかし、高橋至時らがより先進的な天体計算を導入した寛政期においては、既に、旧世代に属す知識であった。

さらに斉政館では『陰陽五要奇書』の刊行を手がけた。同書は、『郭氏元経』（晋、郭璞）等の五点

出版年	西暦	発行所	蔵版表記	所蔵	備考
文化４年	1807	芸香堂発兌、大坂 河内屋喜兵衛、江戸 須原屋伊八、京都 梶川七郎兵衛	斉政館蔵版	大阪府立中之島図書館他	
文化10年	1813	桂雲堂老書舗蔵板製本発兌	斉政館蔵板	京都府立総合資料館他	
文化11年	1814	京都 銭屋七郎兵衛、大坂 加賀屋善蔵、江戸 須原屋茂兵衛	斉政館蔵梓皇和司天家鑒本	東京大学総合図書館他	天保２年（1831）補刻
文化14年	1817	京都 銭屋七郎兵衛、江戸 須原屋茂兵衛、大坂、藤屋弥兵衛、藤屋善七、河内屋伊八、敦賀屋九兵衛	斉政館御蔵梓	『欧州所在日本古書総合目録』	
文政３年	1820	江戸 須原屋茂兵衛、大坂 加賀屋善蔵、前田佳右衛門、京都 堺屋仁兵衛、梶川七郎兵衛、梶川利助	斉政館蔵版	東北大学図書館他	
文政７年	1824	謹図:藤木盛行運刀、発行所:不明	斉政館	国立天文台他	
弘化４年	1847		斉政館	岡山県立図書館他	
嘉永７年	1854	京都 蓍屋宗八、大坂 加賀屋善蔵、同 網屋茂兵衛、同 伊丹屋善兵衛、同 河内屋喜兵衛、同 同吉兵衛、同 同源七郎	京坂書林五書堂蔵	大阪府立図書館他	慶応紀元（1865）九月改刻

を集め、『八宅明鏡』を付録として、乾隆五五年（一七九〇）に刊行された。その三年後の寛政六年（一七九四）には日本にもたらされ、土御門家家司の若杉家にも、同年版八冊本が伝わった。後にさまざまな書肆から翻刻・出版されたが、『郭氏元経』といった主要部分を早期に出版したのが、この斉政館であった（宮内 二〇〇六）。

『陰陽五要奇書』は、中国風水の流派・福建学派の理論書とされ、一九世紀初頭の日本に影響を与えた。家相の大家として一時代を築いた松浦

表3　土御門家塾斉政館 蔵版書(梅田 2009、水野 2009)

書名	原撰著者(原著刊行年)	訳者・校閲者	序跋
大学解	明 郝敬撰	日本 三浦邦彦校	序:中野煥季
陰陽五要奇書(郭氏元経、璇璣経)	明 江孟隆 編 清 顧鶴庭重編(乾隆55年)(『郭氏元経』晋 郭璞撰、『璇璣経』晋 趙戴撰)	安倍晴親撰	五要奇書序:安倍晴親
陰陽方位便覧	日州 森重勝纂輯	森重固校、浪華 吉田徳謙閲	方位便覧序:菊坡安倍晴親、附言:文化癸酉(文化10年、1813)孟春 日州 森重勝謹識)、跋:浪華 吉田徳謙撰
年中局方便覧図	吉田徳謙	(不明)	(不明)
暦学疑問	清 梅文鼎撰	陰陽頭 安倍朝臣晴親閲、小島好謙 鈴木世孝 校	序:菅原長親、序:清原宣明
星図歩天歌	隋 丹元子撰	小島好謙、鈴木世孝校	序:安倍朝臣晴親誌、跋:小島好謙、鈴木世孝謹識
積善児訓	小沢正時伯史撰		序:柴田武修識
陰陽方位便覧	白井為賀纂輯	(白井)男 為政校、福田復徳本閲	序:金塘福田復徳本撰、序:司天台内測量史 金塘福田復徳本撰)、方鑒輯要自叙(白井為賀譔)

東鶏・琴鶴が、多数の著書の拠り所にしたのも『陰陽五要奇書』であり、滝沢馬琴も同書によって吉凶方位を学んでいた。松浦琴鶴らの著作は、文政期に中国から伝わった明清の易占書「推命書」を取り入れ、旧来的な暦注に基づく陰陽道系暦占に次第に取って代わっていった。家相書の分析に基づく研究でも、中国近世の占法を受容し、解釈・理論化した気学・四柱推命が、現在に至るまで、占いの主流をなしている(宮内 二〇〇六)。中国からもたらされた新しい理論・体系が流行し、洗練さ

れた占書が、読書層の関心を集めたこの頃、土御門家もかような書籍の出版に関わっていたのである。とはいえ土御門家が刊行に関わったのは『陰陽五要奇書』五巻のうち『郭氏元経』『璇璣経』のみであった。残り三集についても、土御門家からの刊行を予定しており、後述する『陰陽方位便覧』巻末に予告を掲載していたが、結局刊行されなかったようである。なお、文化版『陰陽方位便覧』には、斉政館蔵版陰陽書目の一覧が掲載されている版もある。そこでは『陰陽方位便覧』と『陰陽五要奇書』の翻刻『郭氏元経』『璇璣経』が既刊書として載る他、今後の出版予定として『通徳類情』、『秘笈通書』、『協紀弁方書』、『五種秘竅全書』、『趣吉便覧』、『地理全書』、『崇正通書』、『三才発秘』の書名も掲載されている（水野 二〇〇九）。

『陰陽五要奇書』の土御門晴親の序文の「間有騙卜的賤術師。随人好憎捏出妄説。其術逾行、其学逾廃」との文言からは、人を騙す賤術として占卜を用いる者がいたり、人の好憎に応じた妄説を繰り出すことが占術の衰退をもたらすという危機感が伝わる。それゆえに、「学」としての体系性を持った占術理論を求めたのである。こうした出版活動が、学館の権威向上に寄与したことは事実であろう。なお、舶載書では『通徳類情』も所蔵し、学館での講説に用いていた。

『陰陽方位便覧』

右に述べた中国書の和刻本よりむしろ、最も広く受容された斉政館蔵独自の刊行物は、『陰陽方位便覧』（図1）であろう。『陰陽方位便覧』は、森重勝纂輯、吉田徳謙閲、文化一〇年の土御門晴親序文があり、翌一一年に刊行された。天保二年、一一年にも版を重ねている。さらに同書は、白井為賀（ためよし）による纂輯・増補、福田金塘（きんとう）の閲により嘉永七年に新版が出された。慶応元年版も確認され、やはり短期間に版を重ねたようである。明治二三、二七年にもそれぞれ刊行され、昭和五年まで再版される

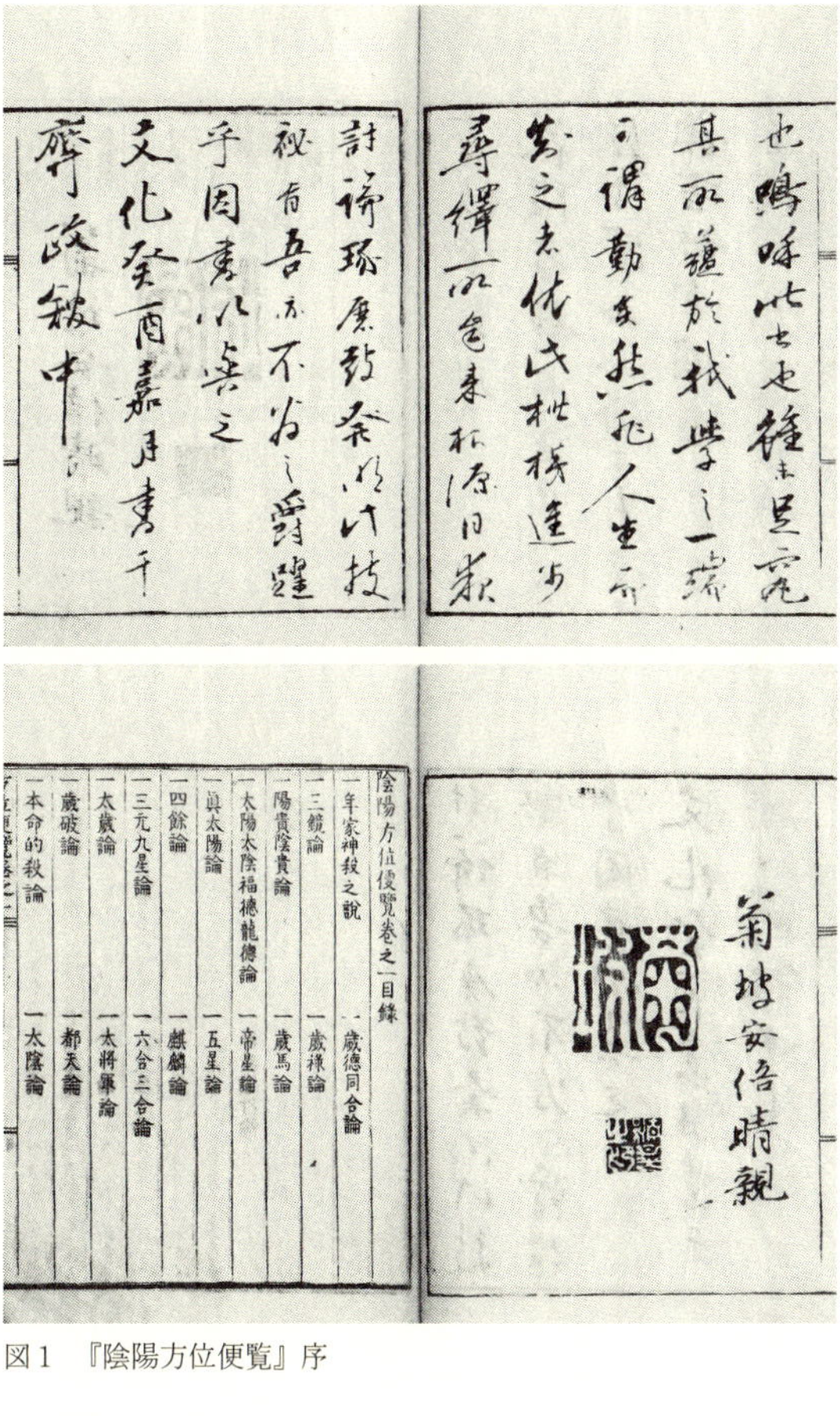

図１　『陰陽方位便覧』序

など、近代に至ってもなお根強い人気を保った。なお、陰陽道本所廃絶後の明治版は、松浦琴鶴（純逸・初代琴鶴の孫）の増補改正を経て活字化されている。明治二三年版序文で松浦純逸は出版の経緯について説明し、白井為賀の家が絶家していたため子孫を捜し出すことができず、初代松浦琴鶴が為賀と懇親であったことから、この書が廃れることを憂い、補訂再刊するに至ったという。なお、琴鶴は明治二七年には、旧土御門家家臣らが設立した「陰陽道本所」にも参加していた。陰陽道本所の事跡を、幕末期の家相界を席巻した松浦琴鶴家が踏襲したことになる。

文化版の編者である森重勝・森重固兄弟の履歴は不明だが、吉田徳謙については、陰陽道大坂触頭であり、土御門家配下売卜者の多い大坂市中で、長期にわたって陰陽道組織を統轄した人物であることが分かっている。『家相必用八宅明鏡便覧』など、自らの著書もある。また、嘉永版を著した白井為賀は閲者福田復の外舅で、やはり易学に関わる人物であった。福田復は、幕末の大坂で和算塾を開いた人物であり、准学頭として斉政館運営にも関わった。福田復の弟理軒は暦算に長じ、維新期には順天堂を開いて和算と洋算を架橋する教育を行った。このように、『陰陽方位便覧』には、土御門家の大坂市中の門人層の関与が目立つ。松浦琴鶴も大坂を拠点に活動しており、当時大坂では、和算家・易占・暦・家相分野の学問・出版に関わる一つの拠点が形成されていたと言えるだろう。ただし、嘉永版は、「皇和司天家鑒本陰陽方位便覧」との表題を掲げているものの、「斉政館蔵版」の記載はない。より広い読者層に向けて販路を拡大したと思われる。

『陰陽方位便覧』とその典拠については、水野杏紀の詳細な分析がある（水野 二〇〇九）。以下、水野の研究に依拠しつつ、土御門家塾斉政館の蔵梓として出版された文化一〇年（以下文化版と略する）及び嘉永七年（同じく嘉永版）の内容と引用書目について比較したものが表4である。

両書ともに、『協紀弁方書』の引用が非常に多く（文化版二二件、嘉永版二五件）、次いで『陰陽五要奇書』（『郭氏元経』『璇璣経』『三白宝海』『陽明按索』『佐元直指』『八宅明鏡』という各書名で現れるものも含む）、そして『協紀弁方書』を補完する『通徳類情』が多く引かれる。次いで、『三才発秘』や『蠡海集』『五種秘竅』が挙がる。

表4　『陰陽方位便覧』引用書目の内訳

文化版引用書目	引用数	嘉永版引用書目	引用数
『協紀弁方書』	22	『協紀弁方書』	25
『通徳類情』	19	『陽明按索』*	14
『暦林問答集』	10	『神枢経』	7
『五要奇書』*	4	『郭氏元経』*	6
『佐元直指』*	4	『三才発秘』	5
『郭氏元経』*	3	『通徳類情』	4
『時憲書』	3	『三白宝海』*	4
『通書』	3	『通書』	4
『拾芥抄』	3	『蠡海集』	3
『三才発秘』	2	『五行論』	3
『陽明按索』*	2	『佐元直指』*	3
		『璇璣経』*	2
『地理大全』『五行大義』『蠡海集』『五種秘竅』『霊城精義』『神枢経』『禁秘抄』『秘枢経』『子平命鑑』『武備志』『黄帝宅経』『楷字暦伝』『宗鏡』『三白宝海』『五行論』『左伝』『暦算全書』	1	『八宅明鏡』『考原』『綱鑑』『秘枢経』『暦例』『時憲書』『千金』『性理大全』『三命通会』『青嚢元経』	1
他に清の嘉慶6年（1801）時憲書、年神方位之図の神殺など		他に『易』の河図・洛書など	

水野 2009に基づく。＊は『陰陽五要奇書』所収

相違点としては、文化版では、引用書目が多岐にわたっていることがあげられる。『武備志』、『暦算全書』、『黄帝宅経』、『地理大全』などの書名もあり、医書など幅広い分野での陰陽思想の研究が参照されていたことがうかがえる。とくに日本の陰陽書『暦林問答集』が多く引用されており、鎌倉後期に成立した『拾芥抄』なども挙げられる。このように文化版では中世陰陽道書が参照され

ているのに対して、嘉永版では、陰陽道書は削除され、明清の暦占書が中心となっている。一方、河図、洛図など初歩的な方位の考え方を説明する箇所も多い。水野は、文化版が塾生を対象としていたのに対し、後の書は一般の庶民を対象として出版されたと推測しているが、それに加えて文化版では陰陽寮の流れをひく正統性・歴史性も重視していたと思われる。

実際、文化版序文で土御門晴親は「我学之一端」を極める入門書と位置づけ、吉田徳謙も、難解な『協紀弁方書』や『五要奇書』の理解を進めるため、分かりやすい和訳と図説を用いたと趣旨を述べて、「家学」の門人への伝授という目的を強く打ち出している。

斉政館蔵版の刊本は、陰陽道・暦占に関するものだけではない。儒教関係では郝敬著、三浦邦彦校の『大学解』(梶川七郎兵衛版、文化四年＝一八〇七)があり、土御門家神官の小沢斎宮が著した初学者向けの儒学史概説書である『積善児訓』(弘化四年)もあった。この二書については、内容上斉政館での学問との関連は見られない。なお、余談めくが、土御門晴親は、文化一四年、平沢随貞撰・平沢随竜校の医占書である『医道便益和解』に序文を寄せ、増補版として刊行した(奈良場 二〇一〇)。本書は斉政館蔵版書ではないが、このような著名易占家の成果を発掘し評価することも学館での出版活動の一形態としてあげられるだろう。

門人の出版

土御門家では、配下門人の出版活動に関わることもあった。以下、その事例を紹介する。

安政六年（一八五九）一〇月、対馬の賀茂図書から土御門家に、著作物の序文執筆を当主土御門晴雄に依頼する旨の書状が届いた。これ以前にも、著書の執筆に当たって、加筆・校訂などの他、版木屋の斡旋などを土御門家家司の鈴木世孝・百年父子に依頼していたようである。しかし、土御門家当主自身の序文に関しては、「先君」（土御門晴親）より「方位・家相等之書御序文」については「差支えの廉（かど）」があると言い渡されているとして拒否している。一方、著述物が完成した際には土御門家より「弘め方御世話」が約束されていることに対して、朝鮮産の干魚と金五両が謝礼として届けられた（若杉家文書一四三、安政六年「諸国御支配方御日記」一〇月二九日～一一月四日条）。賀茂図書の書籍とされるものの内容や出版に至ったか否かについては不明だが、著書出版を志す地方門人にとって、本所土御門家は拠るべき存在であったといえるだろう。

武蔵国比企郡毛塚村（現東松山市）の坂本道博は、安政三年に『方迪類叢（ほうてきるいそう）』を出版した。坂本家は、近世初期より周辺幕領の「地役代官」をつとめ、宝暦四年（一七五四）に居村が旗本相給料となっても徴税の請負を担った、いわば、農民身分でありながら支配の末端を担う存在であった。しかし、領主財政の悪化に伴い、旗本への調達金の回収が困難となった文化・文政期には経済的困窮に直面し、村政への関与を弱めている。この時期以降、坂本家当主が村政に替わって主要な活動としたのが、陰陽師としての暦・易占、著述であった。とくに、天保五年（一八三四）に坂本家の養子に入り、「北辰堂」「奇門館道博」とも名乗った半兵衛は、葛幸彦の名で土御門家から陰陽師としての許状を受けており、多数の占考依頼に応じた。なお、陰陽道組織が廃止された明治以降も坂本家当主は三代にわたって占考・方位鑑定などの活動を続け、大正から昭和初期にかけての「方位鑑定来訪者控帳」も残存している。

さて、在村知識人として地域社会からの厚い信頼を得て、占・方位鑑定といった活動を行っていた坂本道博の著書『方迪類叢』は、江戸神田鍛冶町の書肆華陽堂から出版された。支払われた板木代一〇両の請取状が残るが、これは全経費の一部だろう。また、出版に至るまで、幾度か華陽堂に経済的助力を行ったようである。

『方迪類叢』の序跋には土御門家関係者の文はみられないものの、「土御門殿御直許　武蔵比企　阪本道博　著述」の署名と「土御門殿」の印が見られる。この書は、土御門家江戸役所の触頭であった三十日宮大夫の元にも六〇部送付されており、関東の陰陽道組織を通じて流通したようである（坂本家文書二二二六）。

年の干支ごとの九星配置を図示した巻一、暦注・暦神の名称を考証した巻二、月建（げっけん）一覧を中心とした巻三といった三巻から成る本書の形式と内容構成には、『陰陽方位便覧』の影響がみられる。注目すべきは、巻末に記された膨大な引用書目の列挙である。『協紀弁方』『通徳類情』『闢謬通書』『通書大全』『三台通書』以下百数十件にのぼる漢籍（漢代以降の暦占書・緯書・道教書）と、『土佐日記』『神社啓蒙』の他、『簠簋内伝』の各種注釈書といった和書を含む、計二百件近い書目が列挙されている。跋文では「此外世俗之偽造誤謬数百篇、大抵無把握有名目」と、世上における俗説の氾濫を憂い、「庶幾備『便覧』不得已根拠『協紀弁方』与『通徳類情』」と、『陰陽方位便覧』だけでなく『協紀弁方』や『通徳類情』を典拠とすることで誤りを糺（ただ）すべきとしている。なお、刊行された三巻は「元帙」であり、最終的には「元亨利貞乾坤」の六帙構成を予定していたようである。

実際に坂本道博がこれらの書物をどこまで所有できたのか、そもそもこうした書目すべてを地方在住である彼が読み得たのかといった疑問は残るが、『陰陽方位便覧』及び松浦琴鶴らの著書の影響を受けつつも、類書を比較・考察し、独自の体系化を試みる者が現れた、注目すべき事例といえよう。同書は、明治時代に再刊され、養子の孫三郎の世代の明治一八・一九年に至っても、毎年五部程ずつ売られていたという。

他に、仙台で出された『晴雨考』（宮城県大崎市旧岩出山町須江家（充宏）文書一七六）に、「斉政館都講　鈴木図書識　男百年書」という序文が載る例など、斉政館学頭や都講を名乗る序文執筆の事例は少なくはない。この場合、表紙に「土御門殿御印」の印、見返しに「仙台書肆裳華房発兌」との刊記をもち、巻尾には、「仙台司天家蔵版　書林　国分町十九軒　伊勢屋半右衛門　発兌」と記されていた。仙台藩内での天文方が、土御門家からの承認をえたという出版形態が注目される。

こうした暦占書同様、斉政館では和算書の出版にも関与していた。小野光右衛門以正（もちまさ）（一七八五—一八五八年）は備中国浅口郡大谷村の庄屋・大庄屋を勤め、河川改修や新田開発に功績を残した人物である。また、手習い塾を開いて地域の教育にも名を残し、金光教教祖赤沢文治（あかざわぶんじ）の師匠でもあったことから、宗教史・思想史上の関心も寄せられる。小野以正は、はじめ谷東平（たにとうへい）（以燕（いえん））のもとで暦数を学び、若年より庄屋役の傍ら学問を続けた。文化一四年（一八一七）三三歳の時、用水争論のために赴いた江戸で天文方渋川景佑への入門を志し、天文方手代の山本文之進時憲と親交を結んだという。その後天保一四年（一八四三）に土御門家に入門した。嘉永三年（一八五〇）五月、以正は土御門家への入門礼のため上洛した。その間、主に「天文役者」である鈴木世孝や皆川亀年らと面会し、暦書を閲覧し、「暦術の義」を談じて過ごした。そして、当主晴親への御目見・紋付き裃の拝領という入門礼を行って帰国した。その後の安政二年（一八五五）、彼は和算入門書として定評のある『啓迪算法指南大成』を著した。

入門後、小野以正と鈴木世孝との間では、著書の出版と関連する情報交換がなされ、著書の序文執筆や版元の斡旋については世孝の関与が見られた。浪速の書肆玉淵堂・文栄堂相板で出版された『啓迪算法指南大成』の序文は「司天家都講鈴木図書」による。同書発行部数は一七〇〇部にのぼり、和算入門書としては異例の売れ行きをみせた。小野の著書は和算書であって易占書ではないが、土御門家を経由した暦占書出版においても、同様の手続きが取られていたものと思われる。

陰陽師の蔵書

最後に、実際に土御門家配下の陰陽師がどのような易占・暦占書を用いていたのか、陰陽師の蔵書に即して考えたい。まずは陰陽師の旧蔵書として最もまとまった情報がある奈良陰陽町の暦師兼陰陽師、吉川家の旧蔵書をとりあげる。小田真裕は、吉川家の蔵書の大半は祭祀に関するものであり、祭式書においては「土御門家之作法也」など土御門家の直伝とされる多数の伝書がみられ、吉川家当主が暦師としての強い職分意識をもって、書籍の集積を行っていたこと、写本作成時には「陰陽家」「司天家」という肩書きを付して、主体的な読書を行っていたことを明らかにした（小田 二〇〇七）。

吉川家の旧蔵書には、寛文三年（一六六三）の『長慶宣明暦算法』や正保二年（一六四五）の『断易天機』といった比較的古く、流通数の少ない版本から、『大ざっしょ』や昭和期の高島易断の暦本まで、多種多様な占い本が含まれている。刊本二五件（表5）には、馬場信武や新井白蛾の易占書も含まれている。一見一般的な占書が並ぶように見えるが、注目すべきは、万延二年（一八六一）の藤本美作忠儀選『相法大意』（国立歴史民俗博物館所蔵吉川家文書八―五五）、陰陽頭吉河庄三郎『易六十四卦占』（明暦二年七月、同八―五六）、正保四年写の吉河三右衛門安治『宣明暦立成秘』（同八―五七）といった写本類であろう。いずれも、南都陰陽師・暦師が作成し、その共同体内部で伝えられてきた知識であり、出版物として市場で入手できる開かれた知識とは対極的な共同体内部固有の知に根ざしていた――その内容はともかく、そのように伝えられてきた――ものと思われる。

一方、土御門家斉政館刊行書では、『星図歩天歌』、小沢斎宮『積善児訓』が所蔵されているが、いずれも暦占に直接関わるものではない。一般的な『陰陽方位便覧』や『簠簋内伝』とその類似書も蔵書に見られない。実際に所蔵されなかったのか、散逸したのかは不明である。小田が分析した祭式関係書とは異なり、土御門家の影響は限定的であったと思われる。

武蔵国多摩郡中藤村（現・東京都武蔵村山市）の陰陽師指田家の明治期における蔵書目録では、二二一件の書籍を一番から十一番に分類し、うち四番に暦・易占に関わる書目二二件を列挙する。なお、

『易経』や『簠簋内伝』は別分類としている。ここでも、松浦琴鶴の『方鑑精義大成』などが見られるが、『陰陽方位便覧』を除いて土御門家が出版に関わった書籍は見られない。また、土御門家からの伝書としては、呪符に関する『安家相承霊符口伝』が所蔵されるが、蔵書目録には記されていない。暦占・占いではなく、呪法に関わる分野の、かつ容易に入手できない「秘伝書」という体裁でこそ土御門家からの知識伝達は価値を持ったのかもしれない。

こうしてみると、幕末期、土御門家による出版は、読書層に一定の流布を見たものの、直接配下陰陽師に影響を与え、突出した影響力を発揮したとは言えない。近代に入っても東北地方の修験や家相見・易者が『陰陽方位便覧』を拠り所としていたという指摘を合わせて考えると、組織的帰属と知識の源泉とは、必ずしも一致しなかった(宮内 二〇〇六)。陰陽道組織に属した陰陽師たちも、拠るべき典拠は個々の判断により取捨選択していたのであろう。

「暦占」の時代とは、『簠簋内伝』『大雑書』の知識がゆきわたり、民間宗教者集団内の知識が出版を介して世上に開かれ

関する総合的調査研究』より抜粋)

長尾平兵衛板行
大坂浅野弥兵衛蔵板
浪速栄文堂蔵
書林永田調兵衛・上坂勘兵衛
書林豊興堂
大坂伊丹屋太郎右衛門・京吉野屋次郎右衛門・大和屋勘七郎
書林村上平楽寺
書林永田調兵衛・上坂勘兵衛
大坂山田順庵居易、大坂書林坂本多四郎・同浅野弥兵衛版
書林(京都)中川茂兵衛蔵版
西村宗七、平安斉藤庄兵衛、浪華浅野弥兵衛　他
虎観古維嶽輯
京都書肆永田調兵衛・蓍屋勘兵衛・袋屋又兵衛合梓
和州郡山秋本伝兵衛春房　施印
藤本盛行運刀、斉政館蔵
道伴重梓行
斉政舘蔵板

表5　南都暦師吉川家文書旧蔵書の暦占書　(「奈良市陰陽町吉川家文書目録」『呪術・呪法の

書名	成立年		種別	著者・撰者
長慶宣明暦算法	寛文3年正月	1663	刊本	安藤有益
断易天機	正保2年正月	1645	刊本	
大ざっしょ			刊本か	
古易精義	宝暦7年3月	1757	刊本	新井白蛾
易道初学	天保13年9月	1842	刊本	新井白蛾
初学擲銭抄	元禄16年4月	1703	刊本	馬場信武
心易卦数			写本	陰陽生吉川筑後
梅花心易	正保2年初春	1645	刊本	邵康節
古暦便覧備考	元禄5年9月	1692	刊本	
倭板易学啓蒙	延宝5年孟夏	1677	刊本	
梅花心易掌中指南	元禄10年正月	1697	刊本	馬場信武
新撰定暦鈔冬				
相法大意(内題:相法大意祕秘)	万延2年林鐘	1861	写本	藤本美作忠儀選
易六十四卦占	明暦2年7月	1656	写本	陰陽頭吉河庄三郎
宣明暦立成秘	正保4年2月19日写	1647	写本	(吉河三右衛門安治)
易学小筌指南	宝暦4年5月	1754	刊本	
年中運気指南	正徳5年正月	1715	刊本	隠医岡本氏為竹一包子
家相図解	寛政10年季冬	1798	刊本	
古易対問一家言	(江戸)		刊本	新井白蛾
古易一家言	宝暦6年9月	1756	刊本	新井白蛾
八宅明鏡要覧	施本		刊本	平沢白翁
易学小全			写本	吉川筑後
星図歩天歌	文政7年10月	1824	刊本	
周易伝義	慶安2年	1649	刊本	
積善児訓	弘化4年9月	1847	刊本	司天台祭郎小沢伯史著

神道書・陰陽道書、近代の刊本は削除、「方位書」「八卦書」など原本不明の写本も除いた

た時代であった。こうしたなか、明清の易理を学んだ知識人の著作が流通することで『簠簋内伝』や『大雑書』は相対的に価値を失い、次第に「暦占」という分野は拡散していった。さらに幕末期に清の風水書が導入され、近代気学へと変貌を遂げてゆく。土御門家は、書物に基づいた知識で卜占を生業とする配下の組織化には成功したが、知識の占有には至らなかった。『陰陽方位便覧』の出版は、暦占という知識の位

相が変動するなか、知的源泉としての本所の地位を維持する試みとして、一定の成果を見たといえるだろう。

参考文献

梅田千尋『近世陰陽道組織の研究』、吉川弘文館、二〇〇九年
小田真裕「南都暦師・陰陽師の読書――吉川家文書を素材に」、小池淳一代表『呪術・呪法の系譜と実践に関する総合的調査研究』平成一六〜一八年度科学研究費補助金（基盤研究B）研究成果報告書、二〇〇七年三月
川崎理恵「近世社会における暦占の実態」『京都女子大学大学院文学研究科　研究紀要　史学編』八号、二〇一〇年
小池淳一『陰陽道の歴史民俗学的研究』、角川学芸出版、二〇一〇年
小池淳一「「三世相」小考――近世陰陽道書分析の一環」、上川通夫編『国境の歴史文化』、清文堂出版、二〇一二年
鈴木一馨「『簠簋内伝』の陰陽道書としての位置づけに関する検討」『駒沢大学文化』二三号、二〇〇五年
中村璋八『日本陰陽道書の研究　増補版』、汲古書院、二〇〇〇年
奈良場勝「江戸時代に於ける明代占卜書の受容について」『二松』一六集、二〇〇二年
奈良場勝『近世易学研究――江戸時代の易占』、おうふう、二〇一〇年

ハイエク、マティアス「江戸時代における中国術数・卜占書の流布と馬場信武」『日本思想文化研究』二巻一号、二〇〇九年
ハイエク、マティアス「算置考――中世から近世初期までの占い師の実態を探って」『京都民俗』二七号、二〇一〇年
ハイエク、マティアス「近世日本の百科思想の芽生え――和漢三才図会の構成と出典の一考察」『集と断片――類聚と編纂の日本文化』、勉誠出版、二〇一四年
林淳「近世の占い――明和七年の占考争論を中心として」『陰陽道叢書4 特論』、名著出版、一九九三年
林淳「修験と陰陽師の占考争論」『近世陰陽道組織の研究』、吉川弘文館、二〇〇五年
水野杏紀「江戸末期の土御門家と陰陽書出版について――ふたつの皇和司天家鑒本『陰陽方位便覧』の考察を中心として」『人間社会学研究集録』四号、二〇〇九年
宮内貴久『家相の民俗学』、吉川弘文館、二〇〇六年
森田登代子「大雑書研究序説――『永代大雑書萬暦大成』の内容分析から」『日本研究（国際日本文化研究センター）』二九号、二〇〇四年
横山俊夫「大雑書考――多神世界の媒介」『人文学報』八六号、二〇〇二年
和田英松『本朝書籍目録考證』、明治書院、一九三六年
『江戸時代書林出版書籍目録集成』第一―三巻、慶応義塾大学附属研究所斯道文庫編、一九六二年
「坂本家文書目録解説」『埼玉県立文書館目録 四七』、埼玉県立文書館、二〇〇八年
『特別展解説書 村の知識人 指田家三代の資料』、武蔵村山市歴史民俗資料館、一九九九年

4 仏書・経典の出版と教団

万波寿子

これまで日本で作られた本（書写された「写本」、印刷された「版本」どちらも）のうち、点数・部数ともに最も数が多いのが仏書（仏教関係書籍）であることは動かしがたい事実である。とくに近世に入ると、その数やバリエーションがそれ以前の時代に比べて爆発的に増えた。しかしながら、近世の仏書研究は、いまだ空白の分野といえる。仏教史研究のなかの特定のもの（たとえば藤堂祐範の『浄土教版の研究』（一九三〇）や日蓮宗の出版に焦点をあてた冠賢一の『近世日蓮宗出版史研究』（一九八三））を例外として、人文学の諸分野の研究蓄積に結びつけられることも少ない。そもそも、そのあまりの伝存量に、寺院や蔵書家の調査において、目録の作成すらなおざりにされることが多く、研究環境の整備もままならないのが現状である。

しかし、これら大量の近世期の仏書を詳しく見ていくと、近世仏教教団にとっては版本メディアの利用が必須であって、仏書にはその時々の教団の事情が強く反映されていると理解できる。近世の仏書についての論考は僅少であるが、本そのものを研究することが文化史的な成果をあげるとしたら、そもそもその点数において最大派閥であった仏書を素通りすることは不自然にさえ思える。

最近では、浄土真宗の仏書出版を通じてのいくつかの研究が成果を上げ（たとえば引野亮輔『近世宗教世界における普遍と特殊——真宗信仰を素材として』（二〇〇七）や塩谷菊美『語られた親鸞』（二〇一一）など）、江戸時代に開版されよく普及した黄檗版大蔵経の研究が大きな発展を見せるなど、文化史的な成果も生みつつある。本稿は、近世仏教教団全体を俯瞰しつつ、主に江戸時代の仏書出版の特徴をよく示している浄土真宗本願寺派（本山は京都の西本願寺）を中心に、教団が出版を利用するしかたを紹介し、それを通じて、仏書出版の研究が、書物研究において有効なモデルケースとなる可能性を示したい。

一　近世仏書のふたつの特徴

教団の坊刻本需要

江戸時代の仏書出版は、ふたつの点に特徴を見出せる。ひとつは、仏書の製作数が爆発的に増えたことであり、もうひとつは、仏書が僧侶のものだけではなくなり、庶民も手にするものになった、つまり通俗化したということである。

江戸時代前期、仏書がよく売れる商品であったことは知られている。実際、この時代に権勢を誇った本屋（江戸時代の本屋は現在と異なり、本の販売だけでなく企画や製本など、一切の作業を行う）の大半が仏書を主力商品としていた。

その背景には、仏教教団の変化がある。近世に入ると、幕府の定める本末制度に沿う形で各教団が整備されていく。本末制度とは、本山の下に中末寺、末寺などというように、各宗派の寺院を、ピラミッド型に編成する制度である。幕府の意向によるものでもあるが、仏教教団側としても、安定的な教団運営のためには寺院制度の整備が必須であった。この本末制度によって各宗各派の身分構造が整えられ、本山は頂点に君臨する唯一絶対の権威となった。

ここにおいて本山は、自らに所属する大勢の僧侶の安定的な教育や、その宗派独自の教学研究を確立する必要が生じた。その拠点となったのが、各宗各派に設置された檀林（だんりん）である。檀林によって、各宗派に独自の宗学研究が発達し、それをもとにその宗派ごとのシステマチックな僧侶養成が可能となった。

檀林の多くは、一六世紀後半から一七世紀前半につくられている。浄土宗では江戸時代初期に、関東の一八寺院を選定し関東十八檀林としている。一致派と勝劣派に大別される日蓮宗でも、元禄年間（一六八八―一七〇四）までに、一致派では関東八檀林、関西六檀林と呼ばれる一四の檀林、勝劣派では上総宮谷など七檀林と、宗派ごとに次々に整備されていった。曹洞宗でも、文禄元年（一五九二）

には江戸の吉祥寺に旃檀林が、浄土真宗でも、一六〇〇年代半ばに西本願寺の学林、東本願寺の学寮が創設されるなど、江戸前期に次々と設立された。

中世までの教育は、基本的には師に学んでその秘伝を受けることであったが、近世の檀林では現在の大学に似た講義形式の授業が行われた。全国から集った末寺の僧侶にたいして、檀林は教学を授け、住職となったときに自宗自派の儀式を斉一に執り行えるよう教育する。檀林は教団体制を支える行政的な組織でもあった。

右のような体制となったため、一六〇〇年代、新設された檀林では膨大な書物を備蓄する必要に迫られた。また、檀林に集う僧侶たちもある程度はそれぞれに書物を用意する必要があった。公開性を特徴とする仏教諸派の教育・研究にあっては、量産もできず、しかも個々の事情や写し間違いなどにより一点一点が異なる写本よりも、大量に複製できる版本が受け入れられ、ここに空前の仏書版本の需要が出現した。

民間の本屋が出版した本を坊刻本（あるいは町板）と称する。各檀林は坊刻本を利用して教学を発展させた。各檀林での教学研究をもとに各教団の教学が統一されるため、多くの仏典の中でもその宗派の祖師や高僧の著した聖教（聖典）が重んじられることになったので、本屋にとってはこれらやその周辺の仏書はきわめてよく売れる商品となった。また、自らの教学を教団の内外に理解させなければならないため、檀林の学僧が本を出版することもよくあった。

江戸前期には、今日の人が手軽に読むような小説などはまだ未発達であった。例えば、日本で初めて娯楽小説である井原西鶴の『好色一代男』が刊行されたのは一六〇〇年代後半の天和二年（一六八二）である。このような状況の中で、出版界の成長を支えたのは近世の仏教教団であったと言えよう。坊刻本の目録、すなわち本屋の商品カタログである書籍目録（しょじゃくもくろく）を見れば、出版文化の勃興期である一六〇〇年代半ばの寛永年間から一七〇〇年代前半までは、仏書が実に全体点数の三〇から六〇％を占めている。とくに元禄期までの仏書出版は盛んで、これは檀林の整備・発展時期と重なっている。

しかし、檀林に基本図書がゆきわたる頃になると、必然的に仏書の需要は伸び悩むことになる。先の書籍目録を見ても、江戸後期の一八〇〇年頃には全体の一五％程度ほどになるなど、江戸時代後期には出版点数が減少していく傾向が見られる。これは、他のジャンルの本の出版点数が伸びたために相対的に仏書の占める割合が減ったこともあるが、書籍に基づく教育制度が重ねられ、また坊刻本の流通ルートも拡大するにつれ、書籍は檀林だけでなく地方にも蓄積されるようになり、新しく坊刻本を購入する必要性が低くなったことが主たる要因と解される。江戸前期の出版文化興隆を支えた老舗（しにせ）の本屋たちの多くが、江戸中期の終わり頃には姿を消し、生き残った村上勘兵衛や丁子屋九郎右衛門といった大手の仏書屋も困窮していったが、それもまたこうした仏書の流通事情を反映しているのだろう。

さて、右のような状況から、出版文化全体への仏教の影響は江戸前期についてのみ問題となるというのが今日の共通理解となっている。しかし、これはあくまで坊刻本の一部に限った事情である。詳しくは後述するが、そもそも仏教教団は単なる坊刻本の購買層ではないし、江戸時代の仏書出版は本屋だけが行ったものでもない。また、仏書は庶民が手にする草双紙のような消耗品ではなく、専用の文庫などに大切に保管されるものである。したがって、坊刻本出版の沈静を以て出版界における仏教教団の影響の終焉とするのは早計である。

情報回路の成立と勧化本

もうひとつの近世期仏書出版の大きな特徴が、仏書の通俗化・大衆化である。その背景には、寺檀制度の制定がある。寺檀制度とは、寺院と信徒との間に結ばれるもので、民衆はすべていずれかの寺院の信徒となり、信者としての一定の義務を負うものである。一般にはキリシタン禁制を制度化の契機とすることがあるが、以前より社会状況にその原型があり、幕府はそれを追認する形で制度化したのであった。

仏教の教えを一種の情報と考えるならば、仏教教団は僧侶だけでなくすべての信徒が所属している情報伝達の回路を持つことになったのである。人々には仏教が身近な存在となった。僧侶たちは、自らの檀家の人々を教化したり、新しい信者を獲得するために布教活動を行わねばならない。この教化・布教方法として最も盛んであったのが説教である。説教とは、口頭による仏教の教えの伝達方法で、近代まで寺や辻でごく普通に行われていた。なかでも江戸時代には非常に人気があり、落語の祖ともいわれるほど、その技術は洗練されていた。

説教は基本的に誰でも聴く機会があり、無料である。その僧侶の説教に感動したときだけ、好きなだけの額を喜捨する。自然、説教の内容は誰に対しても面白いように、心に訴えるよう笑いや感動を織り交ぜた喩え話を多用することとなる。説教は、孤独な内向の場ではなく、多くの人々と同じ感動を味わう一体感のある場であり、かつ身近な娯楽であって、字の読めない者であっても難しい仏法をわかりやすく聴くことができ、かつさまざまな古典や説話も学べる学びの場であった。

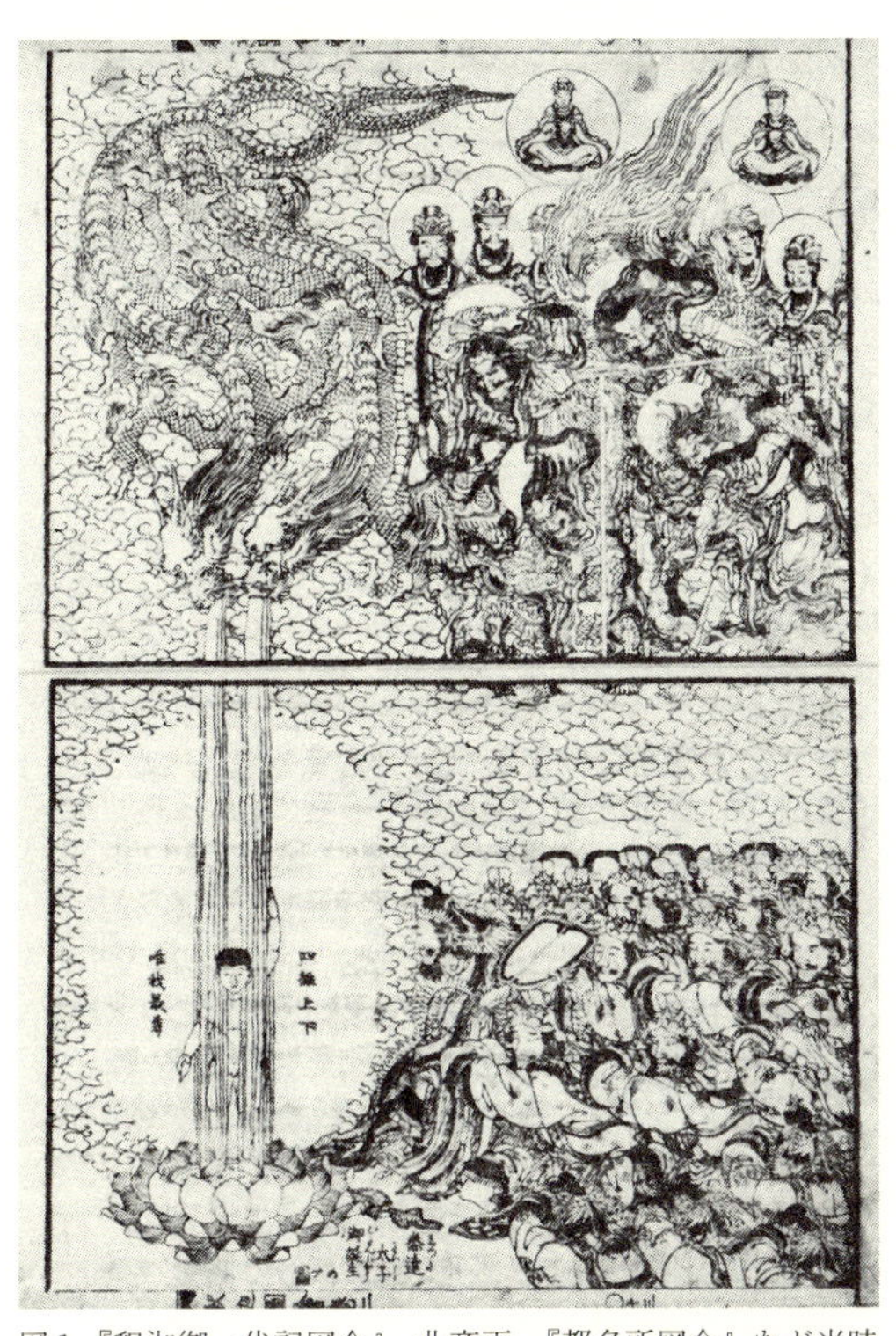

図1『釈迦御一代記図会』北斎画。『都名所図会』など当時の出版物の流行を受けた豪華な挿絵は、江戸後期の勧化本の特徴である

これら実地の説教と、本屋の行う出版活動が結びつき、今までになかった仏書が生まれることになった。あるときは説教の台本として、または資料として、あるいは読み物にアレンジされて、本屋によって写本・版本とりまぜてさまざまな仏書が作られ利用された（江戸時代、写本も本屋が製作し、流通させる場合があっ

た）。説教で集まる喜捨の多寡は寺院の経営に直結するうえ、教化のための絶好の機会ともみなされたことから、人気のある説教に関する本には需要が集中した。結果、淘汰が起こり、利用価値の高い本、人気のある本が残され、本屋によって写本や版本で流布するようになる。それが各所でまた説教に採り入れられて発展し、それがさらに出版されるのである。

これらの本を、近年勧化本（かんげぼん）と称する（図1）。これまで国文学では、「通俗仏書」という呼称が用いられており、仏教学では同種の本を「談義本（だんぎぼん）」と呼んでいたのを、新しく呼び名を統一し、研究の俎上にのせようというのである。勧化本は、説教と版本（一部は写本）という、当時の人々が求めるものを採り入れて発展するふたつのメディアが出会って生まれたものであり、通俗的であるがゆえにその当時の人々の共通理解や願望を反映している。すでに勧化本の個々の研究はもとより、呼称の提唱者である故後小路薫（うしろしょうじかおる）による目録「増訂近世勧化本刊行略年表」（二〇一〇）が出され、和田恭幸などによる勧化本の概観（和田 二〇一〇）も備わっており、今後の研究が期待される。

寺院の古活字版

ところで、檀林設置が相次ぐ直前の時期である江戸初期には、古活字版（こかつじばん）と称される出版物群が流行を見せた。古活字版とは、安土桃山から江戸初期に海外の活版印刷技術の影響を受けて作られたものをいう。

江戸時代前期、新しい時代の権力者や権威者により文化的なデモンストレーションとして多くの漢籍や古典がこの印刷技法で刊行されたが、仏書も非常に多く作られた。家康が大檀越（布施の中心者）となった天海版大蔵経など権力者の手によるものもあるが、寺院自身による開版が多い。仏書は経文など一字一字が独立した漢字のみの表記が多く、平仮名を多用した連綿体の表記は少ないため、活版印刷に適しており、かつ、例えば寺院内だけで使うために少数の部数を印刷するなどの個別的な需要が生まれやすかったため、実用の目的で作られたのであろう。一般には、使用される活字に耐久性がなく、文字種の多い日本語に不向きと言われた古活字版は江戸時代前期に終焉を迎え、代わって本屋による木版印刷が隆盛を迎える。しかし、現在でも寺院には活字が大量に伝存しており、例えば京都の円光寺には伏見版木活字と称される活字が五万二〇〇〇個以上、滋賀県の延暦寺には宗存版木活字が約一七万四〇〇〇個残されている。これらをみるかぎり、活版印刷そのものは個々の寺院内では行われつづけていた。ただし、江戸時代における活字の使用についての研究はいまだなされておらず、今後の研究が俟たれる。

二　出版を利用する教団

従来、京都に限らず近世期の出版活動の中心は民間の本屋たちであり、彼らが組織する本屋仲間であると考えられてきた。仲間組織の構造の変遷や、個々の本屋の活動など、その実態については多くの調査・分析がなされている。その一方で、仏教教団の出版戦略や、教団と本屋仲間との関わりについてはほとんど研究がされてこなかった。実際には教団は、教学の研究や教育、組織の維持のために積極的に出版を利用しているし、また、すべての人々がいずれかの教団に属している以上は、彼らの影響が教団を通じて出版に現れることもあった。以下にその事例を紹介する。

教団の出版物利用

教団の出版戦略の実態を明らかにした研究に、塩谷菊美の『語られた親鸞』（前掲書）がある。『御伝鈔』は、浄土真宗の始祖親鸞の伝記で、もとは絵と詞書き（文章）が合わさっていたもののうち、詞書きのみを抜き出したもので、聖教のひとつである。

塩谷によると、そもそも、室町時代から江戸前期にかけて、さまざまな親鸞伝がさまざまなメディアで盛んに享受されていた。各寺や道場では『伝絵』を掛け軸として壁などに掛けて親鸞伝を語る、「絵解き」と呼ばれる教化が行われていたし、年に一度の報恩講では、『御伝鈔』を僧侶が朗読するのを集まった門徒が拝聴することが制度化されていった。また浄瑠璃でも親鸞伝はきわめて人気の高い演目であったため、警戒した東本願寺が上演を禁止し、その台本の板木を買い取ってもいる（ただし、禁止されるたびに改題して上演されていた）。親鸞伝をめぐっては一種のメディアミックスが起こっていたのである。

こうした状況のなかで、本山の統括する檀林では正しい親鸞伝を見せる必要に迫られる。西本願寺の檀林である学林の最高権威であった知空（一六三四―一七一八年）が著した注釈書『御伝照蒙記（ごでんしょうもうき）』の刊行はそうした要請に応えたもので、室町時代までの聖教の注釈書とは異なり、広く和漢の諸書を博捜しており、情報量においてそれ以前のものにくらべ一頭地を抜いている。

版本の『照蒙記』は広く普及し、各地の絵解きなどに盛んに採り入れられ語られた。門末に語られる絵解きの場に、版本を伝達手段として最新の学林の研究が採り入れられている点は注目に値しよう。

次の時代、浄土真宗の仏光寺派と高田派から、祖師伝に異伝があったとの報告が相次いだ。仏光寺派のものは『御伝鈔』の異本で、延宝六年（一六七八）、仏光寺が同派の僧玄貞（げんてい）（生没年未詳）に作らせたと推測できる『仏光寺絵詞伝著聞鈔』が刊行されたことによって知られ、その後、仏光寺本の全文を載せた『善信聖人親鸞伝絵』が宝永二年（一七〇五）に出版されて学界は騒然となった。今までひとつだと思っていた祖師伝に異本が出現したことで、どの本が親鸞の真実を伝えているのかをめぐって紛糾したのである。

続いて、高田派が祖師伝の異伝を発表した。これは元来、伊勢の真宗高田派の普門（一六三六―九二年）が著書『絵伝撮要』に書いていたもので、宝永三年（一七〇六）に如匕（にょひ）という京都の医者が序文を添えて刊行したことで学界に知られるようになった。さらには高田派の学僧良空が高田派優位の親鸞伝関係書籍を、既存の版本である『照蒙記』などを用いて製作し刊行した。これらの本が当時の学界で話題騒然となるなか、良空は同書をめぐる異義を論破したとして『正統伝後集　鉄関踏破』を著して刊行し、さらに多くの読者を獲得してもいる（ただし、この論争は良空の自作自演であった）。

良空の出版戦略はいずれも大成功を収め、小規模でしかも学界の中心地である京都に本山を持たない高田派は、大いにその存在感を示すことができた。こののち、良空の作った親鸞像は広く浸透し、幕末の安政五年（一八五八）には、江戸で雑俳点者の手になる半紙本五冊の『親鸞聖人御化導実記（ごけどうじつき）』が地本問屋から刊行されるなど、俗人の手になる親鸞伝も世に送り出された。

少なくとも真宗の祖師伝に関するかぎり、異本、異伝の発表やそれをめぐる意見の応酬を版本で行うことは、大勢の注目を浴びる効果をもたらす。仏光寺派や高田派といった東西本願寺のそれと比べて小規模な教団が、大きな存在感や影響力を持つためには、出版はきわめて有効な手段であった。また、版本で制限なく広まり、絵解きや説教に採り入れられることで、その影響は学僧らにとどまらず、広く門末にまでも及ぶことになるのであった。

京都出版界との対立と協働

近世仏教教団は、坊刻本を利用することで進展していった。しかし、体制の維持のために坊刻本を活用する各教団と、あくまで自らの渡世のために坊刻本を生み出す本屋がそれぞれに発展、変化していく過程で、両者が激しく対立する場合もあった。そのうち最大規模のトラブルが、宝暦年間に起こった西本願寺の御蔵版計画である。蔵版とは、印刷の原版である板木（はんぎ）（木製の印刷の原版）を所蔵することで、板木は板株（出版権。ただし有効期限に限りがなく、きわめて強い権利）そのものとされていた。

この事件でいかに京都出版界が衝撃を受けたかは、彼らの同業者組合である本屋仲間の記録である

『済帳標目(すみちょうひょうもく)』に見ることができる。『済帳標目』は、伝存するものが少ない京都の本屋仲間記録のなかで、唯一江戸時代を通じて記録され続けた文書として現在に伝わっている。ただし、これは仲間に起こった事件やトラブルの目録（標目）であって、もとになっている記録すべてを控えた文書が別にあったはずだが、残念ながらいまだ発見されていない。その記述はきわめて簡略で具体性に欠けるものの、宝暦年間から西本願寺の「聖教」に関係すると覚しき記事が頻出する。例えば、宝暦一二年（一七六二）だけでも以下のようにある。

一　聖教物之義ニ付、江戸表ニて御尋之義も可有之哉と、江戸行事え書状遣ス事。並ニ江戸表より返書到来。

一　三月十六日、御召ニ付参リ候処、板木屋名前・聖教板元惣本屋名前・板摺手間取迄、本屋仲間へ不入表紙屋・経師屋・草紙屋・其外辻々小店草紙屋、名前、所書、出し可申候様、被仰渡候事。

一　聖教物之儀ニ付、六月廿五日東御役所へ願書之事。

一　聖教物之儀に付、西御役所へ追訴之事。

一　聖教物追訴之事。

一　聖教物之儀ニ付、行事御召之事。

聖教の出版をめぐって、江戸の本屋仲間と連絡をとった旨、また奉行所から尋ねられて、板木屋や聖教の版元である本屋の名前をはじめ、板木で印刷したときの手間賃や本屋仲間には入っていない表紙屋や草紙屋やそれよりも零細な店の住所や名前まで調べた旨が記載されている。「追訴」の文字も見え、深刻なトラブルとなっていたことが窺われる。

ことの発端は、これより二年前の宝暦九年、西本願寺が自派の正統な聖教集を編纂して独自に出版することを奉行所に願い出たことである。この聖教集は浄土真宗に多かった仮名で書かれた聖教の叢書で、『真宗法要』と題される。この書の開版までの経緯は、『真宗法要開板始末』（上下巻二冊、龍谷大学大宮図書館所蔵）によって詳細に知ることができる。左は『法要』出版の趣旨を述べた部分である。

口上覚

開山親鸞聖人幷本山御先祖之直作之聖教類、数多是迄書林ニ致板行売買候。併、誤多、宗意ニ不叶義共、有之。及末世宗意心得違有之候而ハ、歎ヶ敷御座候ニ付、本山什物之聖教之通相改、本山蔵板被致置、当末寺ニ限願望之者へは指免、他末流、又ハ俗人ハ一切差免不申、開山伝来之宗意、無相違相守候様致度御門主御志願御座候。依之右之段、御届被仰入候。尤、前々より開山御製作之和讃等蔵板在之、末寺門下へ被差免候処、書林ニも致板行売買候え共、自本山差留不申候。此度之蔵板之儀も、書林方ニ而是迄之通ニ致売買候儀は、相構不申候間、此段御聞届被成被下候様、宜敷御沙汰可被下候。以上。

本願寺御門跡内
嶋村勝之進

八月廿一日
小林伊予守様
松前筑前守様
御役人衆中

すなわち、市井の本屋が刊行している坊刻本は誤りが多いので、本山の什物（じゅうもつ）（秘蔵の宝）の通りに改めた本を開版し、本山の蔵版（蔵板）にするとしている。これを自派の末寺に限り下付し、例えば浄土宗や天台宗など他の宗派、または同じ浄土真宗でも東本願寺や仏光寺など他派の者にはいっさい渡さないとした。その一方で、西本願寺は今まで出版され流布している坊刻本はそのままでよいとしている。

仏書出版によって発展した出版界であるから、すでに一七〇〇年代初めの享保年間までには、市井にある本屋には真宗の聖教と称する本が多数売られていた。それらのなかには偽書であったり、本文が間違いだらけのものも多かった。当時の本山はこれを問題視する動きがあった（引野 二〇〇七）。

折しも一七〇〇年代半ばになると、これまで周囲から一向宗、念仏宗などと呼ばれていた真宗は、公式に「浄土真宗」と名乗り、同じ浄土教のひとつである浄土宗との峻別を図ろうという動きが出てきていた（「真宗公称」）こともあり、本山による独自の聖教叢書編纂が期待されていたことが想像される。ここで本山にとって重要となるのは、坊刻本を攻撃し出版停止に追い込むことではなかった。権威を体現し、かつ教学を安定させるために西本願寺がとった方法は、坊刻本とは全く別の、本山のみが作り得て下付し得る、教団に相応しい撰述の聖教集を刊行することであった。聖教研究によって独自の教学の発達を目指す近世仏教教団にとっては、それが教団体制の強化にもつながるのである。これは、本の身分として頂点にある聖教類は本山こそが管理するものだという、近世身分社会に応じた、教団の書物の再編と見なすこともできる。

しかし、右のような西本願寺の出版許可の要請は、本屋側にとっては絶対に受け入れられないものであった。権威ある聖教集が別に出来てしまえば、自らが板株を持つ本の商品価値が暴落するのはもちろん、何よりもすでに確立した板株の権利を脅(おびや)かすことになるため、出版界の秩序が成り立たなくなる。本屋たちは再三にわたって西本願寺に妥協するよう訴えた。これに対して西本願寺はきわめて強硬であった。争いの最中にも坊刻本から隔絶した出版を断行すべく、自らが選定し本文を校訂した三九種類の聖教の大部分について独自に板木を作成している。

こうして、単独の出版に一派の独立をかける西本願寺と、出版界の根本的な秩序を守れるかどうかの瀬戸際に立たされた京都本屋仲間は、五年間も激しく争うことになった（万波 二〇〇八）。この対立は、商品としてニーズさえあれば生み出される坊刻本と、教団という組織の維持に不可欠な聖教という、本屋と教団の認識の違いによる対立と見ることも出来よう。

この事件は、奉行所の再三の調停によって、実質的には本屋の主張を寺側が受け入れて、板木の一部を事実上本屋に渡し、製本を本屋に任せて代金を支払うことで合意がなされたことで解決した。かくして、御蔵版『真宗法要』は、明和二年(一七六五)に刊行された。全六帙三一冊から成る堂々とした書籍であった(帙とは、本を包む覆いのこと)。西本願寺の聖教出版の嚆矢である。

この新しい聖教は、上梓されて後増刷も度々行われた。通常の坊刻本の増刷が一度に数十部程度であったと言われるのと比較して、数百帙の発注も珍しくなく、冊数になおせば一度に数百から数千部の増刷となる。増刷はその都度『済帳標目』に記録されており、京都の出版界にとって他とは一線を画する事例となった。

新しい書物を生み出す

西本願寺オリジナルの仮名聖教の叢書『真宗法要』開版に続く形で、東本願寺や、当時は西本願寺の末寺であったが独立志向の強かった興正寺が真名聖教の蔵版に乗り出した(万波 二〇一〇、二〇一二)。ただし、それらには『法要』のように校訂した本文を以て板木を作り直したものは少ない。これは坊刻本や他宗の教義に対抗するためでなく、真宗寺院間やその門末間の対立を出版の契機としており、宗内における自派の権威づけという側面が強かったためであろう。

西本願寺で再び本文を校訂した御蔵版本は、天保年間の中本『教行信証』である(中本とは現代でいう新書判サイズの書型をいう)。ただし、『教行信証』はすでに御蔵版であった。『法要』刊行以後すぐに門徒からの強い要望に動かされた本山が本屋から板株を購入したものだが、誤字脱字があるにもかかわらずこのときは本文を校訂せず、そのまま使用していた。しかし、今回の再版に際して本山は本文を校訂して頭注なども付している。この本は中本で、料紙も版本に一般的な楮紙ではなく、薄様という極薄の雁皮紙を用いる。薄様を版本に用いることはきわめて珍しいと思われる。軽く薄い薄様を用いれば一冊あたりのページ数を増やすことができるため、大本の『教行信証』は六冊だったが、中本薄様のものは二冊になっている。

実は、これより先に、西本願寺の学僧である安芸の悟澄が、『教行信証』を中本にしたものを刊行していた。この本もやはり薄様で、先行する明暦本の誤字脱字を改め、『真宗法要』ほか参照すべき聖教がある場合はその丁数を傍注として付していることなど、より利便性を高める工夫がされている。好評を得たこの本は、世話をした本屋が本山公認の本であるかに装って販売したことを見とがめられ、絶版（板木を壊し、出版を不可能にする処罰）となっている。ところが、本山はすぐにこれにならって自らの御蔵版本の『教行信証』を中本にしたのである。同じく天保年間には真宗仏光寺派の仏光寺も本屋から版権を入手して、やはり中本の真名聖教を刊行している。

これ以後、新規に大本で出版が行われるのは、天保年間の財政改革を経た安政三年（一八五六）の『校補真宗法要典拠』である。大本で三一巻という大部の本であった。しかし、これは聖教というわけではなく、『法要』を学ぶための参考書である。もともと学僧が出版していた本で、便利であったため広く流布していたものを、宗祖の六百回忌に合わせて御蔵版として改訂増補し再版したものであった。この『典拠』は、大本よりひとまわり小さい半紙本（A5版ぐらいの大きさ）に仕立てられた後印本が多い（万波 二〇〇九）。

東本願寺でも江戸後期の文化八年（一八一一）、仮名の聖教集の開版が行われた。『真宗仮名聖教』である。選出されている聖教は西本願寺の『真宗法要』と同じであったが、これも西本願寺の『法要』とは明確に本の特性が異なっている。

『真宗仮名聖教』は、当初から小型での開版を企図しており、冊数は一三冊だったようである。料紙には江戸時代最も一般的な楮紙を用いている。図2、3のように、大本で三一冊で、料紙には楮紙でも極上のものを用いた西本願寺の『真宗法要』と比較して、『仮名聖教』はひとまわり小さい半紙本で冊数もはるかに少なく、料紙にもこだわりがない。文字も細くて小さく、字間も狭い。また、校異については、『法要』が極力巻末にまとめているのに対して、『仮名聖教』は本文の横に示されたり、頭注で補われたりしており、唯一絶対の本文を誇示する意識はない。

しかも、この本はいつの頃からか半紙本から改刻されて、中本になっている。料紙も薄様である場合が多い。冊数も減らされて一〇冊になっている。半紙本から中本に小さくするには頭注が高すぎるため、頭注を改刻して低くしている。もともと西本願寺の大本『法要』よりも小さくて冊数の少なく刊行したものを、さらにコンパクトにしているのである。

江戸時代という身分社会にあっては、本にも身分があることはよく知られている。『真宗法要』が大本であることは、尊い聖教としてふさわしい地位を示している。これに対して中本は、大本の半分

尊号真像銘文

ノミニ　満足セシムルナリ　如来ノ功徳ノ　キハナク　ヒロク　オホキナルコトヲ　大海ノミツノミチミテルカ　コトシト　タトヘ　タテマツレルナリ

光明寺善導和尚ノ銘ニイハク

智榮トマウスハ　震旦ノ聖人ナリ　善導ノ別徳ヲ　ホメタマフテイハク　善導ハ　阿彌陀佛ノ　化身ナリト　ノタマヘリ　稱佛六字トイフハ　南无阿彌陀佛ノ　六字ヲ　トナフルトナリ　即嘆佛トイフハ　スナハチ　南无阿彌陀佛ヲ　トナフルハ　ホメタテマツル　コトハニ　ナルトナリ　マタ即懺悔トイフハ　南无阿彌陀佛ヲ　トナフルハ　スナハチ　无始ヨリコノカタノ　罪業ヲ　懺悔スルニ　ナルトマウスナ

真宗法要巻一　四十一

図2　『真宗法要』第一巻　大本で、料紙は極上の美濃紙を用い、文字も能筆家によるもの。強い権威性が表現されている

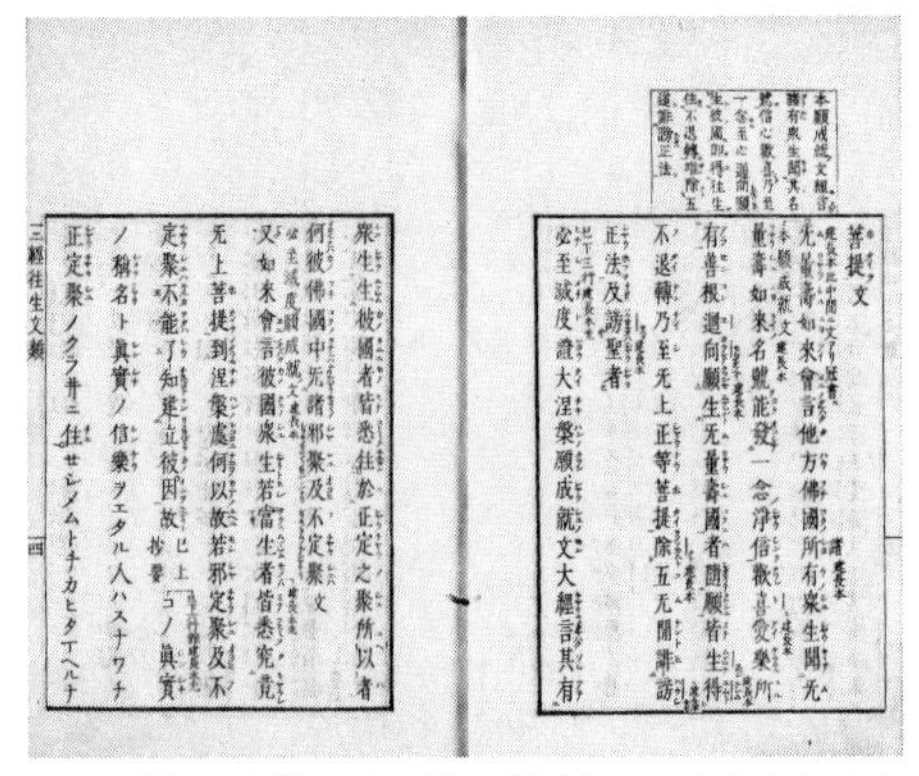

菩提文

无量壽如来會言他方佛國所有衆生聞无量壽如来名號能發一念淨信歡喜愛樂所有善根迴向願生无量壽國者隨願皆生得不退轉乃至无上正等菩提除五无間誹謗正法及謗聖者

必至滅度證大涅槃願成就文大經言其有衆生生彼國者皆悉住於正定之聚所以者何彼佛國中无諸邪聚及不定聚文

又如来會言彼國衆生若當生者皆悉究竟无上菩提到涅槃處何以故若邪定聚及不定聚不能了知建立彼因故抄要 已上 コノ眞實ノ稱名ト眞實ノ信樂ヲエタル人ハスナワチ正定聚ノクラヰニ住セシメムトチカヒタマヘルナ

三經往生文類　四

図3　『仮名聖教』第一巻　半紙本で、文字も細く小さい。校異を頭注や傍注で示して本文と同時に見ることができ、一定の実用性がある

の大きさであり、その代表が黄表紙や洒落本であることからも知られるとおり、地位がかなり低い本に採用される規格である。江戸後期には、格上の本のうち、『古今和歌集』や一部の儒学書など、一般大衆が求めた本を、初学者でもわかりやすいようアレンジした上で、紙代のコストを低く抑えられる中本で刊行することもあったが、これら真宗の仏書ではそのようなアレンジは見られないし、これ以外に版本の料紙に薄様を用いた例ははなはだ少ない。

こうした変化は江戸後期の真宗において教学研究を大きく牽引した地方の学僧に配慮したものに見える。普段は文庫など専用の部屋やスペースに置いておくのが基本で、移動させることを念頭に置いていない大本と違い、中本であれば保管場所もとらず持ち運びにたいへん便利である。また、薄様を用いて冊数を数分の一にしていることから明らかなように、格の高さを捨てた代わりに獲得された手軽さ、運びやすさといったメリットは、この時期の地方で研鑽を積む学僧にとって必要とされたものであったと推測される。幕末には御蔵版本『六要鈔』(『教行信証』最古の注釈書)、明治には永田調兵衛によって『真宗法要』、それぞれ大本だったものが中本、三分の一以下の冊数で再版されてもいる。書物の姿を一種のメディアと考えるならば、これらの小型化する教学書は、地方で活発な教学研究を行っていた学僧等のニーズが生み出した、新しいタイプの書籍メディアといえるだろう。

門末が望み、本山が行った出版

情報回路が張りめぐらされた教団にあっては、その底辺を構成する門末が本山を突き上げて、仏教とは全く無関係の書籍の出版を行わせることがあった。それが、公家鑑の刊行である。公家鑑とは、天皇家、公家と寺社の名鑑の総称である。情報が制限されていた江戸時代にあっては、公家たちの家格や住所などを知ることができるほとんど唯一の出版物で、最新の情報を掲載できるよう原則として毎年刊行されている。ちなみに、公家鑑の中では、東西の本願寺は江戸時代を通じてどちらも「准門跡」という項に掲出されている。

東西の本願寺が直接この公家鑑への介入を試みるのは、江戸後期の文政年間からである。『豊後国諸記』(『本願寺史料集成 豊後国諸記』上巻収載)は、同国の真宗の資料をまとめたもので、文政七年(一八二四)五月の記録として門末からの要望書を載せている。差出人の総代は豊後の僧侶となっているものの、他にも四〇人をこえる諸国の僧が名を連ねているので、これは全国から本山に送られた要望であったのだろう。

乍恐奉願口上覚

一近年東派末寺共於諸国身分本山ハ嫡子惣領家之旨従本山被申聞候哉、祖師聖人以来相続之様申触し、何之弁へも無之俗門徒共我慢ニ倣り御本廟軽蔑仕候故大ニ機立候得共、御法義之上より差押へ罷在候[中略。東本願寺は]全教如上人開基成事明白ニ御座候、然ニ近年来雲上明鑑之上前後ニ相成、其儘ニ従御本山被成置候儀ハ僧分ハ大度之思召と奉在罷在候へ共、俗人ハ被怨惑(ママ)ものも有之歟敷在罷在候へ共、時節をいて見合罷在候所、[また東本願寺と西本願寺の掲載順序が何度も

前後するので」若や又候前後ニも相成候而ハと甚以不安ニ奉存候［以下略］

訴えの内容は、「近年、東派（真宗大谷派）の門末たちが、彼らの本山である東本願寺から、東派は宗祖親鸞の正統であるかのように言われている向きがあり、当方を侮辱するようなことがある。我慢してはいるが、西本願寺は親鸞を開祖としているのに対して、東本願寺は江戸時代初期に開かれた寺であることは明白である。ところが最近、最も普及していた公家鑑である『万世雲上明鑑』で、東西の本願寺の掲載順序で東本願寺が西本願寺より前に掲出されることがあり、俗人はこれに惑わされていて嘆かわしい、このまま順序が一定しないのは大変心許ない」というものである。身分社会においては格式の高いものが優先される。したがって、公家鑑の掲載順序も格式の高い者が先、低い者が後であるから、東本願寺より後に掲載されれば格式も下ということになる。口上書を提出した門末たちはこれを問題視したのである。引用箇所以降では、本山が掲載順序についてしかるべき対応をとらないのであれば、要望を出した者のそれぞれの国元で代表を出して公儀へ願い出ると述べているので、きわめて切迫した要望であったことがわかる。

詳しくは拙稿（万波 二〇一二）を参照されたいが、以前から西本願寺は掲載順序を問題視してはいたものの、抜本的な解決に乗り出すことはなかった。しかし、右の訴えがあった翌年にあたる文政八年六月、公家鑑を収録した節用集（さまざまな知識が盛り込まれた国語辞書）に対して掲載順序の変更を強く求めたことでトラブルを起こした。東本願寺と対決することになり、この件では奉行所の配慮で

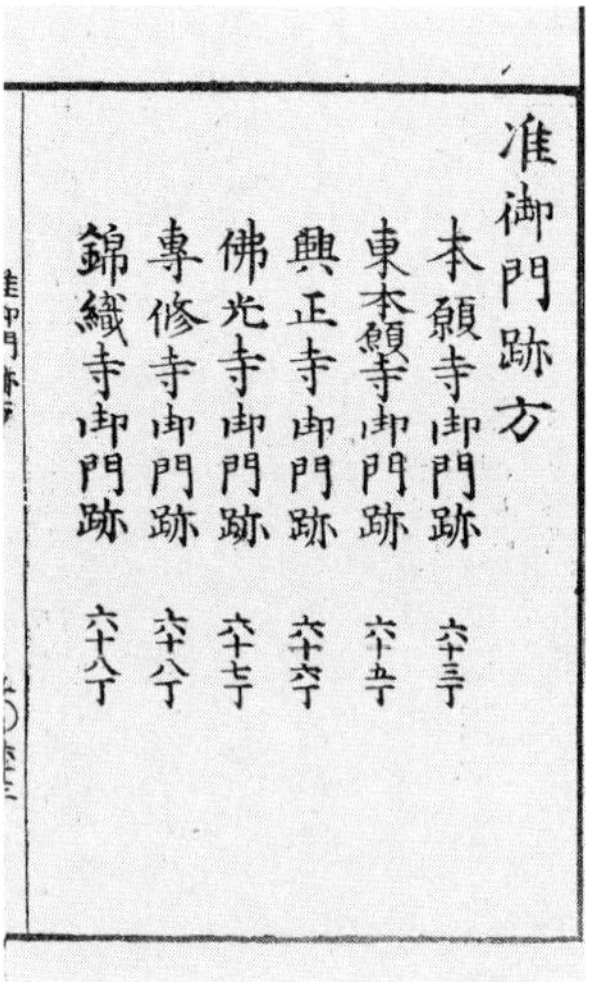

図4　『雲上明覧大全』（「准門跡」項の目次部分）、天保年間のもの。西本願寺発行。西本願寺を「本願寺」として最初に掲出。東本願寺の「東」の文字が大きい

訴えを却下されてしまったが、諦めることなく『万世雲上明鑑』版元で京都屈指の老舗本屋である出雲寺文治郎に強引に改訂を迫った。東本願寺も同様に出雲寺に働きかけたため、両寺の板挟みとなった出雲寺は、西本願寺に無断で東本願寺の末寺に板株を売却してしまい、これ以降、同書は東本願寺を先に掲出するようになった。西本願寺は当時危機的な財政状況であったにもかかわらず、それでも諦めずに文政九年正月には公家の系図などさまざまな板株を出雲寺より購入し、これらを元に新しく『万代雲上明鑑』を刊行し、自らの優位を示した。これは単年刊行に終わったものの、以後もより充実した公家鑑を開版すべくさまざまな板株を購入しつづけ、財政改革が行われた天保年間には『雲上明覧大全』と『雲上便覧大全』を開版し、幕末まで自らの優位を訴えつづけた。東本願寺も『雲上明鑑』以外にいくつかの地誌を出して対抗している。

注目すべきは、門末が東西本願寺の寺格の高さに関して、公家鑑のような一般に流布する名鑑で確認し、それを根拠として強烈な対抗意識を燃やしている点である。もちろん、東西の本願寺は寺格の上下を争い、以前から公家鑑に注意を払っていた。しかしこの訴えがあった翌年から、強引な手段で

公家鑑を直接蔵版し刊行することを目指して動きはじめた。つまり、門末の要求が本山を動かし、本山による公家鑑の刊行に至ったと考えてよい。教団の外で得た知識に対して本山に情報管理させようという、下が上を突き上げる現象が起きており、門末には帰属意識と共に強い主体性さえ感じられる。

三　京都出版界を構成する者

御用書林と教団

先に述べた西本願寺の御蔵版の管理において中心的役割を果たしたのは、京都の老舗書林（「書林」とは、格式のある本屋のこと）永田調兵衛である。屋号は文昌堂という。永田は『法要』開版の後、天明年間には西本願寺の自治区である寺内町に店舗を移し、同寺の御用書林となった。御蔵版本の製本業務や、他の聖教の出版トラブルの処理などを任される一方で、『商用緒雑記抄』（『未刊史料による日本出版文化』所収）によると、少なくとも幕末頃までには御境内書林講を結び、西本願寺の寺内町における書籍流通を掌握した。

御蔵版の管理は複雑であったものの恒常的に利益があることはもちろん、自らが板株を持つ本も、寺内町で売れれば本山へ参詣する人々や学林で学ぶ僧侶が購入するため、その利益はきわめて安定したものとなった。加えて、江戸中期までには困窮していた者が多かった京都の老舗にあって、格式を守りつづけることもできた。安政六年（一八五九）、西本願寺が御蔵版の『六要鈔』を再版する際、その調進を調兵衛に任せなかったことがあったが、これに対して永田は「御太切成御蔵板之事故、御仕込調進之儀、自然外方江被為仰付候而者、私義書林仲ヶ間江対シ外聞ニも」関わることだと嘆いている。御蔵版の管理によって、京都の出版界に高い地位を占めていたことがわかる（『小本六要鈔開版記録』龍谷大学大宮図書館所蔵）。

しかし、御用書林として表向きは本山に服従していたとしても、他宗他派も依用する坊刻本の版元であることは変わらないため、実際は自らの商品を売るため自律的に行動するのは当然であった。東本願寺の御用書林である丁子屋九郎右衛門もそうだが、彼らはそれぞれの寺内町に住む真宗の門徒で、御用書林として活動する一方で、今までどおり他派の書籍も刊行するばかりか、本山に反抗的な末寺の聖教蔵版を手助けした例もあり、一般の仏書屋と変わらない活動を続けている。本山も徹底した忠誠を求めた形跡はなく、周辺からの訴えがあった場合を除いてとくにとがめることはなかった。

経師屋の出版活動

ところで、版本の中で最も量が多い仏書のなかでも、とりわけ点数が多いのはいわゆる印刷されたお経（経典）、摺経（刊経ともいう）であり、そのうちでもとくに発行部数が多かったもののひとつが『浄土三部経』である。この経典は『大般若経』などに比べて分量が少なく、浄土宗や浄土真宗の僧が読経で用いるほか、真宗の門徒も自ら仏壇に備えるために必要とされたため、その需要が突出して高かったことに関係している。

実は、これらの出版は本屋も手がけることがあったものの、一般に流布していたものの多くは経師(きょうじ)屋(や)(または経師)という職人たちが刊行したものだった。経師屋は、紙や糊を扱う専門の職人で、寺院専属の者と民間の者とがおり、例えば興福寺が作った板木(主に奈良の興福寺で行われた印刷事業で、春日版という。その歴史は古く平安時代末期から行われていた)を中世には経師屋が手にしていた記録があるなど(内田 二〇一一)、江戸時代以前から摺経に関わっていた。彼らは自らの手で板木を作成できるだけでなく、印刷技術も持っていた。

江戸時代を通じて、彼らが本屋に摺経出版の莫大な需要を奪われなかったのは、右のような既得権益によるところが大きいと推測される。しかしそれに加えて、仏書の姿の多様さが大きな要因であった。例えば摺経は多く折本装(おりほんそう)という、料紙を糊で横に長くつなぎ合わせて蛇腹(じゃばら)に折った姿をしている(図5)。一般に製本に糊を用いる場合は技術を要する。江戸時代の一般的な版本は袋綴装(ふくろとじそう)という糸で綴じ合わせた冊子型で、これは数ある装訂方法の中でも最も技術が不要で、かつ画一的で美しく仕上げられる装訂であった。高い技術はコストがかかるため、できるだけそれを低く抑えて本を生産したい本屋にとっては袋綴装以外でなければならない書籍には進出しにくかった。

そもそも、仏書は伝統がある分その姿が多様である。折本の摺経の他、例えば、鎌倉時代や室町時代の写本、いわゆる古写本と呼ばれている仏書の多くが、粘葉装(でっちょうそう)という、料紙を糊で貼り合わせた冊子本である。聖典や供養のための各種経典、高僧の著書などは荘厳(しょうごん)(寺院などを美しく飾ること)のた

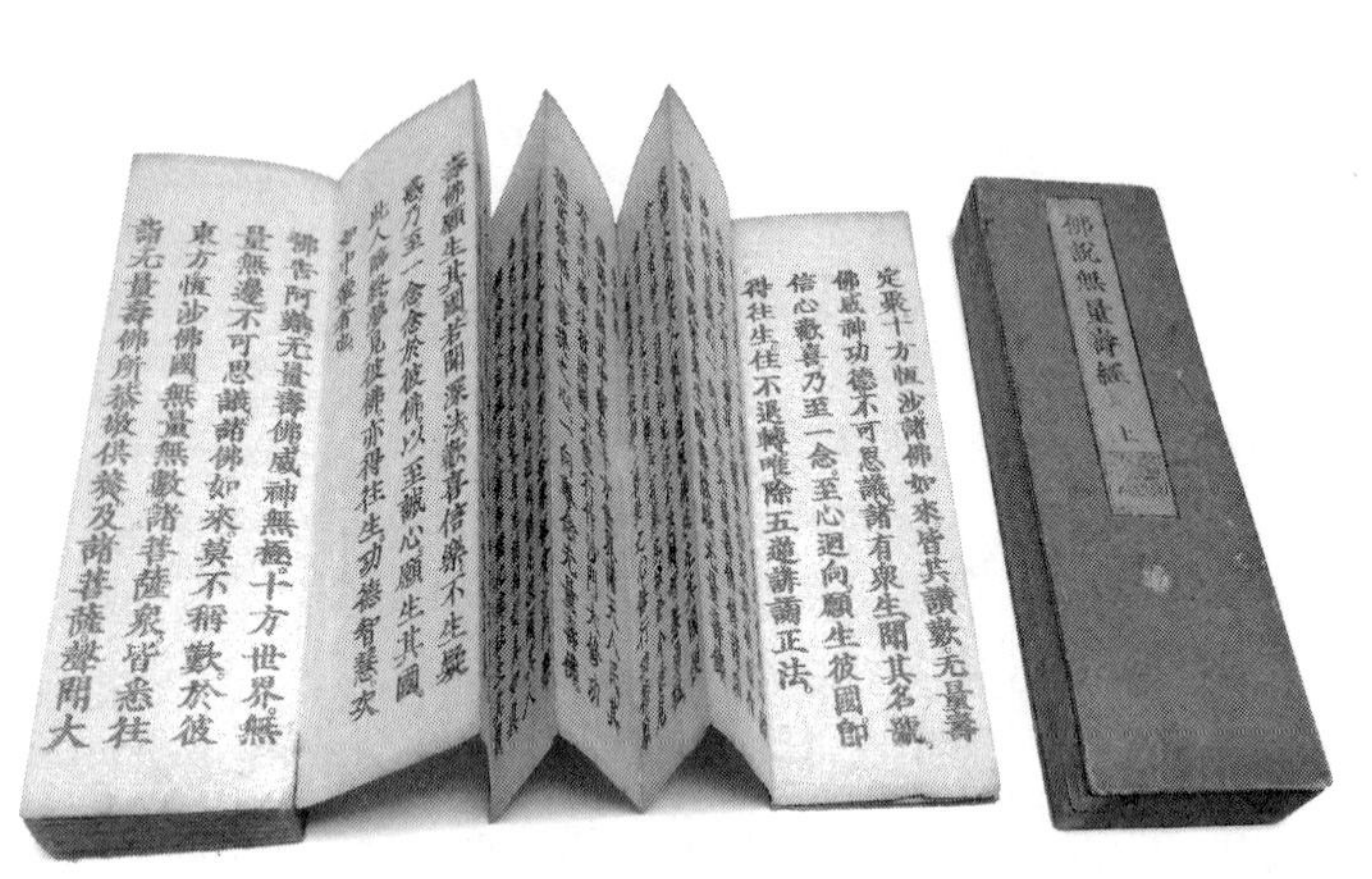

図5　『仏説阿弥陀経』（折本装）『浄土三部経』のひとつ。江戸後期刊。現代もこの装訂が多い。料紙には雲母（きら）に似せた粉が塗られ、光沢がある

めに美術的な加工を必要とする場合も多い。これらの製作には技術や美術的な素養が必要であった。江戸時代に入ると骨董商を兼ねた経師屋も多く、本屋が教えを請うほどに目が肥えていた（『京都書林行事上組諸證文標目』）。仏教が人々にとって身近になったこの時代には、これらの特殊な装訂を持つ仏書の需要も拡大した。特別な装訂で美しい加工を施した本は、寺院はもちろん一般の信徒でも仏壇の調度品などに必要不可欠であり、しかもより豪華なものが求められた。

したがって、摺経に限らず彼らにのみ量産できる仏書は多く、例えば西本願寺が文政九年（一八二六）に経師屋の鈴木肥後に発注した『正信偈和讃』はやはり糊を用いた装訂の書であるが、発注数は五万部に上っている（万波 二〇一二）。

『済帳標目』にも経師屋はよく登場する。やはり摺経をめぐる本屋とのトラブルが多い。しかし、彼らの出版活動は近代まで続いた。また、一般に本山から下付され

る経典などは高価で手続きも煩わしいので、彼らの出版活動は時に偽物の流布にも繋がったと予測され、教団が問題視してもよいように思われるが、教団も彼らのすべてを管理することはなかった。老舗の本屋や多くの寺院が存在する京都の出版界にあって、経師屋は強い存在感を保ちつづけた。彼らの活動は本屋と一部重複し、また寺院の指揮を受けることもあるものの、その多くはあくまで独立した集団であった。これもまた、京都の出版界の特徴といえよう。

京都の出版界は本屋だけで構成されていたわけではなく、教団や経師屋といった者たちも大いに活躍していた。彼らは協働と対立を繰り返しながらもあくまで独立しており、それぞれが目的や領分を持って出版に関わっていた。

そもそも、たったひとつの書物でさえ開版には多額の資金が必要となる。それを寺院が行うとき、その資金は募財がほとんどであろうから、それだけで一大事業となってしまう。多くの種類の書物を開版することなど不可能であった。江戸時代に登場した本屋たちは、各教団のニーズに応えて自らの資本で大量の本を生み出すという点で、教団にとって画期的であったはずである。近世の坊刻本の登場以降仏教はいかに変化したか。今日大量に伝存する仏書はそれを明らかにする最も優れた資料であり、さらなる考察が必要である。

本稿で紹介したものは、浄土真宗内部のごく一部の者たちに関わるに過ぎない。実際には各教団が、教団内部、教団と教団、教団と社会それぞれに関係を結んでいたはずであり、より多くの研究が行われなければならない。仏書研究の空隙が埋められていけば、仏教界全体の動向についてもより深い理解が可能となることはもちろん、江戸時代の出版史についてもなくてはならない成果となるだろう。

参考文献

内田啓一『日本仏教版画史論考』、法蔵館、二〇一一年
冠賢一『近世日蓮宗出版史研究』、平楽寺書店、一九八三年
後小路薫『勧化本の研究』、和泉書院、二〇一〇年
塩谷菊美『語られた親鸞』、法蔵館、二〇一一年
坂本勝成「田舎談林の成立と展開」『立正大学文学部論叢』四一号、一九七二年二月
佐々木求巳『真宗典籍刊行史稿　本編・補遺　伝久寺』、一九八八年
末木文美士編『民衆仏教の定着』（『新アジア仏教史　一三巻　日本Ⅲ』）、佼成出版社、二〇一〇年
藤堂祐範『浄土教版の研究』、大東出版社、一九三〇年
引野亮輔『近世宗教世界における普遍と特殊——真宗信仰を素材として』、法蔵館、二〇〇七年
本願寺史料研究所『本願寺史』第二巻、浄土真宗本願寺派宗務所、一九六八年
本多正道編『本願寺史料集成豊後国諸記』上巻所収、一九九四年
蒔田稲城『京阪書籍商史』、高尾彦四郎書店、一九六八年
万波寿子「御蔵版『真宗法要』の出版」、龍谷大学国文学会『国文學論叢』五二輯、二〇〇八年二月

万波寿子「西本願寺御蔵版の小本化」『書物・出版と社会変容』七号、二〇〇九年一〇月
万波寿子「『真宗法要』開版以後の御蔵版の状況」、龍谷大学国文学会『国文學論叢』五五輯、二〇一〇年二月
万波寿子「近世後期における公家鑑の出版」、近世文学会『近世文藝』九四号　二〇一一年七月
万波寿子「江戸時代の西本願寺と出版」、前田雅之編『アジア遊学』一五五号〈もう一つの古典知——前近代日本の知の可能性〉、二〇一二年一〇月
万波寿子「興正寺の聖教出版活動」『書物・出版と社会変容』一三号、二〇一二年一〇月
和田恭平〈近世初期刊本小考〉、富士昭雄編『江戸文学と出版メディア——近世前期小説を中心に』、笠間書院、二〇〇一年
『京都書林行事上組諸證文標目』、宗政五十緒・朝倉治彦編、ゆまに書房、一九七七年

5 平田国学と書物・出版

吉田麻子

一　国学者・平田篤胤のイメージ

平田篤胤の一門である「気吹舎(いぶきのや)」から出版された書物は、現代においてなお、和本を扱う古書店の棚に無造作に積まれていたり、図書館の貴重資料の中に大量に保管されていたりするのを、しばしば目にする。

なぜ、こんなにたくさんの板本が今でも残っているのだろうか。それは、いうまでもなく、ある時期にたくさん摺られたからである。ではなぜ、たくさん摺られたのか。これも答えは明白で、それだけの需要をあてこむことができたからである。

しかし、かつてはこのように多くの需要があり、大勢の人々に読まれたはずの平田篤胤は、現代にいたっては、たとえば荷田春満や賀茂真淵、本居宣長などといった代表的な国学者たちのなかで、おそらく一番イメージが悪い。仮に一言で表してみるならば、「変人」「狂人」、もう少しイデオロギッシュに表現すれば「国家主義」「皇国史観の元祖」、あるいは最近では、妖怪や奇談に興味を寄せた奇妙な国学者……。篤胤、と聞いて一般的にまず想起するのはおよそこんなところだろうか。

「狂信的変質者」篤胤

戦後まもなく、そんな篤胤に対するマイナス評価を、かなり鮮明に表したものとして、まずは和辻哲郎の以下の文章が有名である。

篤胤の神道説は、宣長の長所である古典の文学的研究と関係なく、宣長の最も弱い点、即ちその狂信的な神話の信仰をうけつぎ、それを狂信的な情熱によって拡大して行ったものである。それは当時の儒学者からは怪妄浮誕の説と認められて居り、国学者のうちでさえも奇説として斥けられていた。しかも篤胤はその狂信的な情熱の力で多くの弟子を獲得し、日本は万国の本である、日本の神話の神が宇宙の主宰神であるというような信仰をひろめて行った。この篤胤の性行にも、思想内容にも、極めて濃厚に変質者を思わせるものがあるが、変質者であることは狂信を伝播するには反って都合がよかったであろう。やがてこの狂信的国粋主義も勤王運動に結びつき、幕府倒壊の一つの力となったのではあるが、しかしそれは狂信であったがために、非常に大きい害悪の根として残ったのである。
（和辻哲郎『日本倫理思想史』。傍線は引用者）

ここには「狂信」という言葉が、六ぺんも繰り返されている。和辻の眼に篤胤は、よほど理解できない狂ったような信仰をもった変質者とうつったようである。和辻によれば、篤胤は本居宣長の「狂信的な神話の信仰」を受け継ぎ、さらなる情熱でそれを発展させ、周囲のまっとうな学者たちにすればまるで怪妄浮誕の奇説であったにもかかわらず、狂信的な変質者ならではのパワーをもってたくさんの門人を獲得し、後に（同じく狂信的要素をもった）勤王運動に結びついた。そして明治維新後も、狂信的であったからこそ、その思想が「害悪の根」となって、戦前の国家主義を用意することになった——、つまりはそういうことになろうか。

それでは平田篤胤という人は、たとえばどういうことを言うから、「狂信的国粋主義」で、戦前の国家主義を用意した変質者と言われるのであろうか。篤胤の主著である『霊能真柱（たまのみはしら）』を一部引用して、現代語訳してみよう。

古学を学ぶ者は、まず何よりも第一に大和心を固めなくてはならない。この固めが固くなくては、まことの道を知ることができないということは、わが宣長翁がねんごろに教えさとされたところである。この教えは、磐石の土台岩の上に突き立てた、いかめしい柱のように動くことのない教えである。ところで、その大和心を太く高く固めたく望むときには、何よりも人の死後の霊の行方、落ち着くところを知ることが第一である。〔霊の行方のことは、第十図のところの終わりの部分に詳しく述べてある。〕

さて、その霊の行方の落ち着くところを知るには、まず天(あめ)・地(つち)・泉(よみ)の三つの成りはじめ、またその形をくわしく考え、その天・地・泉を天・地・泉たらしめたもうた神の功をよく知り、わが日本国が万国の本の国であり、万事万物が万国にすぐれるわけ、さらにまた、畏れおおいわが天皇が万国の大君であることのまことのわけを十分に知って、かくて、霊の行方ははじめて知りうるものなのである。（参考『日本の名著　平田篤胤』）

ここには「大和心」からはじまって「わが日本国が万国の本の国」「（日本の）万事万物が万国にすぐれる」「わが天皇が万国の大君」など、確かに戦前の国家主義に通じるような文言が並んでいる。「天(あめ)・地(つち)・泉(よみ)」とは、日本神話の神々が生み出した「太陽・地球・月」のことである。このような宇宙が日本の神によって成立していること、また世界の中での日本の優位性をよく理解してこそ、日本人の霊魂の行方がはじめて明らかになるのだという、日本を中心とした世界観に独特の宗教性がこめられてもいる（ちなみに死後の霊魂は、大国主神が主宰している「幽冥界」へ赴くという）。また、ここには書かれていないが、篤胤は儒教や仏教などといった、他国を淵源とする思想や宗教を、かなり激しく批判する。日本の神々が織りなす宇宙論が真実であれば当然、儒仏の世界観は真実ではないということになるからである。

近代を経て現代を生きる我々にとっては、ずいぶんと前近代的・非合理的・迷信的な要素が濃厚であるようにみえる。また、戦前の国体観念につながる危険な要素をはらんでいるようにも感じられる。このような思想は、ある世代の人たちにとっては嫌悪感さえ湧いてくるものではないだろうか。和辻の「狂信的国粋主義」という評価に、深く頷く人も少なくないであろう。

民俗学の嚆矢

じつは、戦後しばらくたったある時期から、思想史研究においては、平田篤胤に対して和辻のようにストレートに「狂信的国粋主義者」というレッテルを貼ることをなるべくせずに、違う側面から評価するよう努力してきた。それは、歴史を見る目としては、あまりに「現代からの遡及的なものの見方」であるからである。つまり、明治期の神道国教政策も近代の国家神道も、関係のない時代に篤胤自身は生きていたのだし、そのような後世の歴史展開などもちろん知るよしもない。平田国学（篤胤の思想）とは、現代とは異なる時代環境の中で成立した思想である。だから、国家神道に通ずる面があるから駄目だとか、現代からみて荒唐無稽な思想だから取るに足らないとするのではなく、もっと別の立場からその思想に切り込んで理解し、評価し直さなければならない、という方向に研究の潮流が向かいはじめたのである。

ところが研究者の中にそのような再評価への意欲があったにもかかわらず、篤胤の一般的なイメージがそれほど変わらないのは、研究史上、それがあまりうまくいっていなかったからである。なぜうまくいかなかったのであろうか。

その原因の一つは、「平田篤胤の思想には近代の民俗学に通じるところがある」とした折口信夫の評価にのって、「篤胤の民俗学」を切り口とする方法にばかり頼りすぎたということがある。

篤胤の思想の特徴は、一言でいって「幽冥界」という独自の死後の世界にある。人は死んだ後に、われわれが生きる現世に同時に重なるように存在している幽冥界へ赴く。そこには人間の霊魂だけでなく、妖怪や天狗やさまざまな異界の住人たちが暮らしている。その「幽冥界」が実在する証拠であるとして、篤胤はしばしば市井の奇談や怪談を収集し研究していた。民間に伝わる妖怪譚や、不思議な伝承に着目し、時にはフィールドワークのように現地取材をおこなって研究する篤胤の姿勢に、折口は、民間信仰の中に日本の神の姿を追求する、民俗学の嚆矢をみたのである。

それからしばらく、「民俗学の嚆矢としての平田篤胤」は、一時期の妖怪ブームにのって研究者の間でもてはやされた。今でも「平田篤胤を研究している」というと、「篤胤といえば、天狗につれられた少年の話を書いたでしょう」というふうに話題にされることがしばしばあるくらいである。

しかし、いくら篤胤の奇談収集の一面をとりあげて再評価したとしても、「わが天皇が万国の大君」という言葉が消え去るわけではない。篤胤は「わが天皇が万国の大君」であると確かに述べる一方で、民間における奇談収集もするわけである。だから、この方法は皇国史観的篤胤像をくつがえす、というよりは、単にそこから眼をそらして見ないようにして、代わりに別の面を大きく評価しているだけである。

また、「民俗学の嚆矢」という言葉が裏に含んでいるのは、「篤胤は、日本神話だの霊魂だのにこだわった、前近代のきわめて非合理的な変質者で、近代からはまったく評価すべきところがないようにみえたけれども、じつは民俗学という近代の合理的な学問方法を用いていたのだから再評価すべきだ」という、結局は近代に絶対的価値をおいた上での評価にすぎない。

これは所詮、別の角度からの「遡及的なものの見方」であるから、この方法で、平田篤胤をもう一度、江戸後期という時代の中の思想家として捉えなおすことはできないのである。しかしある意味、このように「狂信的国粋主義」とうつる篤胤の文言から眼をそらして、別の側面を評価する以外に篤胤を捉えなおす方法が見つからない、というジレンマが長らく研究者の間にあったのは事実である。それくらい、篤胤が「狂信的国粋主義」でないとする証拠や切り口がみつからなかったのであり、また篤胤をそのように評することで、わたしたちが歴史把握の上で何を見失うのかも、はっきりとはしてこなかったのである。

草莽の国学

ところで、さきの和辻の文章をよく読んでみると、実はある点が非常にあいまいであることに気がつく。それは、狂信的な変質者である篤胤の思想を、当時の人々がなぜ支持したのか、という点である。和辻は「狂信的な情熱の力で多くの弟子を獲得し」たとするが、言うまでもなく、情熱の力だけでは一人の弟子も獲得できるはずがない。やはり当時の社会に生きる人々にとって何らかの魅力的な側面があったからこそ、多くの弟子が入門したのである。現代の我々からみると狂ったような迷信的思想であっても、同時代的にはそうではなく、人々が大きく共感する何かがあったからこそ、影響力をもったのである。

そのような視点から、篤胤の門人たちに注目してなされたのが「草莽の国学」という視角である。これは、地域の指導者でもある豪農たちが、みずから農民を指導し、その村落を再建するための思想として平田国学に傾倒し、また周囲に弘めていったことを明らかにするものである。このような方法と視角は、「近代からの遡及」とはまったく異なる歴史的事実を、私たちの前に確かに提示しうるものであった。

篤胤の思想には、本居宣長のそれにはない、庶民の日常に直接ひびくような、ある倫理的な側面がある。たとえば篤胤は、「もし人が隠れて悪いことをしていても、実は幽冥界の神がすぐそばでそれを見ている、そしてそのおこないによって長いスパンの中で子孫の繁栄やイエの禍福吉凶に影響が及ぶのだ」という。この世と表裏一体の幽冥界からはこちらの様子はお見通しである、だから人知れず悪事をすることができないのである。また、生前、すこぶる正直で善人だったにもかかわらず、まるで報われない人生を送った場合でも、死後の審判によって救済されることを説く。これは、善人も悪人も死ねばすべて汚く穢れた黄泉の国へ行くとした宣長との大きな違いである。神を意識することによって、われわれの日常生活を根拠のあるものとして、道徳的に平和に保っていく側面が、篤胤の思想にはあるのである。

また、篤胤のいう「神」とは、日本神話に現れる伝統的な神々だけでなく、幽冥界にいるような天狗や狐、さまざまな庶民信仰の対象となっている身近な神がすべて含まれている。村落に生きる指導者は、幽冥界にいるとされる身近な神々に実感を得ながら、そこにつながる日本神話の神々を学び、神を根拠として、自分たちの共同体としての生活を規律だった穏やかなものとして建て直していこうとした。いうなれば、そういう江戸後期の農村という共同体において、平田国学は彼らの心情にぴったりくる宗教思想としてあったということになる。これは、「狂信的情熱が篤胤の思想を弘めていった」という見方とはまったく異なる、当時の人々に則した具体的な歴史的事実であることが分かるであろう。

では、このような「草莽の国学」という歴史的事実は、「近代からの遡及」的な評価を完全にぬぐい去って、新しい平田篤胤像を描き出させたであろうか。答えはおそらく否、である。

なぜなら、地域再建のための思想として平田国学があったのは事実だとしても、それは歴史の中では（重要ではあるが）一部にすぎなかったからである。後に詳しく述べるが、平田国学の受容は、このような豪農層に限られたことではないし、その広がりは「草莽の国学」からはおよそ及びもつかないほどに広汎で、複雑な背景をはらみ、大きな歴史的趨勢と共にある。その事実を掘り起こさない限りは、平田国学が人々へと広がっていく本当の理由が分からない上に、篤胤の思想がどれほど壮大なスケールで構想され、またどんなに驚異的な読書量・知識量によって裏付けられていて、それゆえにさまざまな層の人々がその言説に納得させられたのだ、ということに想像が及ばないからである。

また「農村の地域再建」と一言でいっても、人々が庶民道徳や倫理を必要としていたのならば、他にいくらでもそれを満たすような思想や宗教はあっただろう。とりわけ平田国学でなければならない必然性はどこにあったのかも実は判然としないままである。

「草莽の国学」だけに着目し、「地域再建の思想」という言葉にばかりこだわって「篤胤の思想とは何だったのか」を考えようとした場合、その庶民的な現世倫理ばかりが強調されることとなる。そして、庶民が篤胤のそのような倫理性に共感したのであれば、篤胤の思想自体が、秩序の乱れてきた江戸後期の世を憂いて、封建的な社会体制を下から支え、世の中の秩序再建を目指すものだった、とさえ評されることにもなってくるのである。つまり、当時においても非常に保守的な思想だったということになる。そして、そのように天皇や日本の神を基軸として支配体制を下から支え、社会秩序を保とうとするような保守性と、儒教・仏教批判から生み出された排外主義・外国人への差別意識が、幕末の尊皇攘夷運動や、その後の、近代天皇制、国家主義へとつながってくるのだ、といった大まかな典型的図式が描かれてくることにもなるのだ。

このような図式によれば、篤胤は強引に非合理的な世界観を構築した保守的な思想家以外の何者でもなく、その評価はやはり「人間の頭脳が考えうるかぎりもっとも身勝手で独りよがりの議論」（安丸良夫『日本ナショナリズムの前夜』）ということになってしまう。和辻の「狂信的国粋主義」と大差ないとらえ方である。だが、この場合の「人間の頭脳」は、近代を通過した現代人の頭脳であることは言うまでもなかろう。歴史的事実を確かに踏まえたかにみえた研究も、またもや「遡及的なものの見方」に、いつの間にかはまってしまうのである。

どうすれば、私たちは凝り固まった枠組みを取り外すことができるのだろう。

二 書物と人的ネットワーク

書物というキーワード

「草莽の国学」には、当時の人々が篤胤の思想をどのように自分たちのものにしていったか、という時代に則した視角がたしかにあった。それは、従来の枠組みを完全に打ち砕くには至らなかったが、現代的な感性をもって高みからなされる評価から抜け出すためには、もういちど、時代の中での平田篤胤に寄り添うしか方法はなかろう。

そのために有効なキーワードは「書物」である。

平田篤胤には、百種類近い著述が残されている。篤胤の思想が、「書物」の形として存在していたからこそ、時代や地域を越えて広く人々に伝わってゆき、大きな社会的影響を及ぼすことにもなったのである。篤胤と、その思想に影響を受けた人々の間にあって、その双方をつなぐものは「書物」以外のなにものでもないのだ。

だから、「狂信的情熱の力」などという亡霊のように実体のない言葉ではなくて、具体的な書物の成立・出版過程や、本の伝播の仕方をきちんと追っていけば、当時の人々がどんなふうに篤胤の思想と接していったのか、そのありようが生き生きと分かるはずである。

たとえば、篤胤はたった一人で書物を著していたのであろうか。そんなことはあるまい。そこには、物事に取材し、他者に語り、意見や情報を交換する際に成立し展開する、豊かな人間関係が必ずあったはずである。著述執筆段階で展開したはずの人間関係は、そのまま一九世紀のある知性の様相を映し出しはしないだろうか。

また、成立し出版された本の流通経路を探っていけば、どの地域にいる、どんな身分の誰が、篤胤の影響を受けたのかが分かる。彼らはいかなる課題を背負う中で篤胤の思想を必要としたのだろう。それは従来の「草莽の国学」で定説となっていた「村落の再建」という課題だけだったのであろうか。

さらに、どのくらいたくさんの人々が篤胤の本を読んだのかは、その摺り立て部数から大体つかむことができる。大勢の人が、百種類以上ある書物の中でどれを選んで読んだのかも重要である。時代によって何の著書が一番売れたのか。さきにあげた『霊能真柱』か、または篤胤が集めた奇談なのか、あるいは、神道に基づいた祭祀を論じた本なのか。書物の需要に視点を投じれば、当時の人々が平田篤胤の思想のどんな側面を求めたのかを探る手だてとなる。

これに関連して、いつ、何が出版されたのかも大切な問題である。本や摺り物は、その時必要だと考える人がいたからこそ出版されたのではないか。それらが世に送りだされた背景には、どんな情熱が潜んでいたのであろう。資金は誰が出したのか。混沌とした社会情勢の中で、書物はどうやって全国的に売り弘められていったのか。

当時の人々は、どのように「書物」と向かい合ったのか。その向かい合い方を探ることで、高みから漠然と篤胤を見下ろすような遡及的視角に対する新しい突破口が、きっと見つかるはずである。

篤胤を育んだ知的ネットワーク

まずは、平田篤胤の書物がどのような人間関係の中で書かれたのかについて考えてみよう。

書物を著す篤胤の周囲には、つねに豊かな知的ネットワークが展開していた。ひとたびその著述を紐解けば一目瞭然となる、おそるべき篤胤の博学は、友人や弟子たちとのあいだにあった書物の貸し借りや、学術的情報・意見交換なしには、おそらく育まれることが難しかったであろう。

蔵書家で有職故実家である堤朝風（つつみあさかぜ）、同じく蔵書家・故実家で幕府の祐筆・屋代弘賢（やしろひろかた）、同じく有職故実家の栗原信充（くりはらのぶみつ）、和学講談所を統括していた塙忠宝（はなわただとみ）、上野寛永寺の用人・進藤隆明（しんどうたかあき）、地誌学者の間宮林蔵（まみやりんぞう）、考証家の狩谷棭斎（えきさい）、伴信友や小山田与清（おやまだともきよ）をはじめとする国学者たち、あるいは本居宣長の門人たち……。大勢の学友たちとのコミュニケーションはさまざまなジャンルや局面に及んだ。このように張り巡らされた、たくさんの友人たちとの繋がりは、篤胤の書物執筆には決して欠かせないものとなっていた。

そのネットワークは例えばロシアの蝦夷地接近の際、その対外危機に敏感に反応した篤胤が、情報収集を渇望した折にも最大限の威力を発揮している。『千島の白波』(篤胤著、一八一三年成)には、通常、一介の民間人には入手困難だったはずの第一級のロシア危機情報が掲載されている。これは、幕府の祐筆・屋代弘賢の協力によるものであった。また、関連する蝦夷地地図は、北方探検家であった最上徳内(もがみとくない)や近藤重蔵(こんどうじゅうぞう)の力を借りて作成された。篤胤は詳細な各種の地図を作るためにこの二人の探検家に直接問いただしている。おそらく彼らは、まだ無名であった篤胤の中に、単なる好奇心を超えた強い思想的な切実さを感じ取り、その学問の方向性に共感するところがあったからこそ、情報を提供したのではあるまいか。少なくとも、なぜその情報を得たいのかについて、彼らにまったく語らないでは済まなかったはずである。しかも篤胤の言うことにまるで説得力がなければ、このような協力関係は成立しなかったに違いない。つまりここで重要なのは、コミュニケーションの前提としてあったはずの、ある種の共鳴であり、関心の共有という事実である。

実際、篤胤のそばには、いつもその思想や学識に魅せられた人々が引き寄せられていた。その一人である鈴木朖(すずきあきら)は尾張名古屋の人。のちに、藩校明倫堂の教授にもなった知識人で、本居宣長の古くからの門人であった。篤胤との交流は、朖が篤胤の著書『鬼神新論(きしんしんろん)』に寄せた序文中に語られている。

先年、私は江戸にいて、平田篤胤君が同門(本居宣長門)の士であることを聞き、彼を訪ねて対面した。まるでずっと前から知り合いだったかのように親しみを感じ、ついにはお互いに行き来して交流するようになった。学問の全体のあらましを語り合ううち、話題は神人のことにまで及んだ。これについても概ね共感し、互いに異論はなかった。

ここで腺は、篤胤と仲良くなった理由を「話題が神と人のことに及んで、そこで互いの気持ちや考えが合った」と言っている。つまり腺は、篤胤の語る神に共感したわけである。

『鬼神新論』には、もう一人の宣長門人が序文を寄せている。藤井高尚である。高尚も本居宣長の高弟で、備中吉備津神社の神主。特に中古の物語など、和文注釈に造詣の深かった知識人である。高尚と篤胤とはかなり早い時期から交遊関係を結んでおり、文政期には江戸に出てきた高尚が、篤胤の家に百日あまりも滞在したこともあるくらいである。

その高尚は、

私自身が明けても暮れてもお仕え奉っている神の御上のことであるが、この『鬼神新論』で篤胤氏がしているほどには、神のことを考え明らかにすることはできなかったことは、恥ずかしいことで……云々

と序文の中で述べている。吉備津宮の神主であった高尚には、日々、神に仕えているという強い実感があった。だが自分が仕えている神のことを篤胤の方が詳しく解き明かせることに高尚は感心しているのである。

篤胤と当時の知識人たちとの交流の背後にある、このような共感の場を見逃してはならない。そこには、篤胤という人物がこの時代に突然生まれ出た変質者ではなく、むしろ他者とのつながりの中で育まれた鋭敏な感受性をもつ思想家であったことが物語られているからである。賑も高尚も篤胤の語るカミの世界にひきつけられており、学問的な交流はそこから始まっていることを忘れてはならない。

天狗小僧と博物学的関心

ちなみに、篤胤の語る神々そのものについてとはいかないまでも、同時代の知識人たちと篤胤との、ある種の関心の共有はいたるところに見てとれる。なかでも特に、折口信夫が着目した例の〝妖怪や奇談に対するアプローチ〟の場においては、それがたいそう顕著であった。

篤胤が、天狗小僧寅吉を家に呼んで幽冥界のあり方を取材した際にたくさんの知識人たちが寄り集まってきたというのは、有名なエピソードである。そもそも天狗小僧がいるという情報を篤胤にもたらしたのは屋代弘賢と随筆家の山崎美成（やまさきよししげ）であった。また狩谷棭斎や伴信友、荒木田末寿らといった名だたる学者たちが、寅吉の幽界エピソードを直接聞きにわざわざやってきた。現代では考えられないことではあるが、このような人々の行動は、おそらく単なるひやかしや遊びを超えた、ある種の強い知的関心によっている。つまり学者たちにとって、天狗が子供をさらって不思議な異世界に連れて行くことは現実に起こりえない話ではなく、その経験譚を記録しておきたいと思うのは、見たこともない花や石や貝殻をはじめて発見して記録するのと同種の、いわば博物学的関心に由来しているのであった。不思議なことが現実に起こり得るからこそ、天狗小僧の語る仙境をめぐって知性ある大人たちのあいだでその〝真偽〟が問題となり（現代では到底おこりえまい）、篤胤を「山師」と誹謗（ひぼう）する者が出たり、それをかばって篤胤側につく者がわざわざ来訪したりして、人々は右往左往することになるのである。

篤胤の本の執筆と出版は、このように、近代合理主義とは異なったところでの、特有の知的好奇心を共有する雰囲気の中でおこなわれてきた。人々は、篤胤の語る神々やコスモロジーに完全に納得・共感できない場合であっても、もっと底辺のところで重なり合い共有しているものがあった。それは、超自然的なものに対する実感であり、その「不思議」をきちんと自分の目で見据えたい、記録したい、（自分たちの生きる世界を知によって把握したい）という飽くなき欲求であった。

江戸時代ならではの出版文化の上に成立したこの知的土壌（超自然的なものを排除しないところでの博物学的関心）こそが、篤胤の思想が生みだされる必要条件の一つであり、またのちに平田国学の出版物が広汎に流布し、篤胤の思想が人々をとらえていく前段階として間違いなくあったのである。

三　篤胤の出版と思想の浸透

気吹舎（いぶきのや）の出版活動

同時代の学友たちとの豊かな知的交流の中で、書物を執筆し、門弟をとり、塾を運営しながら暮らしていた篤胤に、突如、幕府より出版禁止令と故郷秋田への退去命令が下ったのは、天保一一年(一八四〇)一二月のことである。篤胤六五歳のことであった。具体的に筆禍の対象となったのは、『大扶桑国考』という書物で、中国の起源が日本の神にあるということを、さまざまな漢籍を分析する中で立証していくというものであった。前年には蛮社の獄で渡辺崋山・高野長英らが処罰されており、ちょうど翌年には天保の改革がはじまろうとしていた。

ここに至るまで、篤胤の書物は気吹舎(平田一門)塾蔵板として実に二七年の長きにわたって出版されてきた。全体で百種類以上ある著述の中で、篤胤生前には二四種類(同じ本の改訂版も含む)が刊行されている。では、筆禍を被る以前、篤胤の書物はどのような方法で作られ、出版されてきたのであろうか。前節では、篤胤が周囲との知的な交流の中で互いに融け合いながら、思想を構築し書物を執筆していったことを述べたが、その様相を今度は篤胤の書物作成や出版過程に探ることにしよう。

ここに、篤胤生前に刊行された一冊の気吹舎蔵板本があるとする。和本に慣れた人にはおなじみの、やや味気ない薄縹色(うすはなだいろ)の表紙を開くと、必ずといっていいほど、序文執筆者や本文の校正者として門人たちの名前が掲載されている。

実はこれは、弟子たちが篤胤の著述作成に関わったり、または具体的に何らかの形で作業を手伝っていたことをあらわしている。たとえば時間のない篤胤に代わって原稿の校正・清書・改訂などを手伝い、ある時には篤胤に執筆場所を提供し、またある時には意見を書簡で述べる。そのように著述作成に関わった弟子にこそ、篤胤は序文などを書かせたと考えられる。また平田学の発展に功績があった門人や、専門分野で期待される門人にも序跋を書かせ、あるいは校正者としてあえてその名を板本に出すようにした。本にのる弟子たちの名は、篤胤のもとで彼らが学問修業した足跡なのであり、その一方で彼らが篤胤を支えた証しでもある。弟子たちもまた篤胤とのあいだに早くから学問的な空間を形成していたのである。

さて、篤胤は出版資金にはいつも窮していた。本居宣長のように本屋が門人にいて出版をサポートしてくれることも(篤胤生前には)なかった。そこで資金は有力な門人や友人たちからの借金および助成金でまかなわれた。それは、本を売って利益を得るという商売の段階にはほど遠い営みであった。だがそのことは逆からみれば、〝篤胤の本を出版するために助成金を出したり資金を貸す者が存在した〟ということでもある。助成金を少しずつ出したのは、篤胤の講釈を聴きに集まった受講者や門人たちであった。まとまった出版資金を貸してくれたのは、やはり裕福な門人たちが中心であったが、なかには先の屋代弘賢や進藤隆明らもいた。ここでもやはり、周囲の理解と協力なしには、篤胤は本を出すことができなかったのである。

さて、それら書籍の出版であるが、気吹舎はほとんど本屋を通さず、自分のところに彫師・摺師などの職人たちを呼んでおこなった。一般的にはそのような出版行程は書肆に一括して任せるのが普通だが、気吹舎塾ではずいぶんと徹底した自家出版の方法をとり、板木を塾で保持した。

このような塾内部でおこなう出版方法は、勝手に板本を作って秘めておく(外部に出さない)ことを可能とさせ、権力の網の目をうまくかいくぐるのに非常に有効であった。実際、気吹舎は、天保一一年に出版禁止令が下った直後には、筆禍の対象となった『大扶桑国考』の板木が没収される前に内々に摺り立てをし、手元に板本のストックを残している。また、篤胤が退去先の秋田で亡くなった後も、平田銕胤を中心とする気吹舎塾が、このような内部的な出版構造によって、こっそりと篤胤の著述を刊行し、いつ出版したのか分からぬよう年号をカモフラージュするなどして細々と書物を販売した。篤胤という主柱を失った平田塾は、つねに政治的な危険を意識し、借金を積もらせながら、なんとか本を作りつづけたのである。そこには、どうにかして篤胤の唱えた学問を書物によって弘めたいという、遺された銕胤や門人たちによる切実な思いがこもっていた。そして気吹舎ならではの特殊な出版構造と遺された者たちのひたむきな努力ゆえに、篤胤の思想をのせた書物は、決してその火を絶やすことなく、次第に多くの人々のもとへ渡って心をつかみはじめ、幕末維新期には日本各地にまで広がってゆくこととなるのである。

売り弘めの書肆

さて、本稿冒頭で、現代においてもなお気吹舎の板本は古書店の店先や図書館の文庫などで頻繁に目にすることができると述べたが、それは何も江戸（東京）に限った話ではない。旅先でふと立ち寄った地方の古書店でも気吹舎の板本はしばしば目にするし、東京に住む研究者は、わざわざ地方の文庫を訪ねることもある。つまり篤胤の本は、幕末維新期、気吹舎において次々と出版され大量に刷られただけでなく、全国へ伝播していき、それが現在までそれぞれの場所に少しずつ残存しているのではないだろうか。しかしそうだとすると、それらの本は一体、どうやって各地方で販売されたのであろうか。

まず考えられるのは、地方書肆（本屋）による売り弘めである。そこでいま仮に、最幕末の慶応二年（一八六六）正月から慶応三年一二月の約二年間のあいだ、気吹舎書籍の売り弘めに関わっていた一般書肆（平田の本以外も取り扱っている本屋）を列挙してみることにしよう。

江戸　紙屋徳八・須原屋・須原屋伊八・須原屋茂兵衛・嵩山房・山城屋佐兵衛・岡田屋嘉七・金花堂・雁金屋・播磨屋勝五郎・内野屋・和泉屋・和泉屋金右衛門・和泉屋金兵衛・和泉屋庄二郎・岡村屋・佐野屋・丁子屋平兵衛・藤岡屋桂治郎・三好屋伝兵衛
上野　三島屋文次郎（書肆かどうか未詳）
出羽　高堂屋彦兵衛
越後　高桑屋
下総　正文堂
駿河　砂張屋大石善右衛門・荒川源助
尾張　永楽屋東四郎
京都　出雲寺文次郎

気吹舎の板本は、先述のように天保一一年（一八四〇）一二月に出版禁止が下された後、しばらくはほとんど世に流布することはなくなっていた。しかし篤胤没後の嘉永二年（一八四九）一二月にその罪が御赦免となり（出版禁止令が解かれ）、次第に書物販売の裾野を拡大していくこととなる。そして、文久元年頃から入門者数とともに発行部数を格段に増加させる（万延元年＝一八六〇年が三四二四部だったのに対して、翌文久元年は六七三五部、さらに四年後の慶応元年には二万四一八〇部となる）。

よって、いうなれば右に列挙したのは平田国学の最盛期に書物を販売していた本屋であるということになる。確かに、江戸では須原屋をはじめとする名だたる書肆が大勢名を連ねている。また、いくつかの地方書肆たちが平田国学書の販売にたずさわっていたことも分かる。

だが、ここで書肆たちの点在する場所をよく見ると、これではずいぶんと偏った一部の地域にしか篤胤の本が行き渡らなかったことになりそうだ。平田国学の最盛期であるにもかかわらず、三都の一つである大坂に書物の販売拠点がない。京都も政治運動の中心地であったわりには一つしかない。また、『夜明け前』の舞台となった美濃や信州にも書物を取り次ぐところがない。

実は、この時期、篤胤の本を江戸から取り寄せていたのは地方の一般書肆だけではなかったのである。なんと、全国の門人や支援者たちがそれぞれ、江戸の気吹舎から書物をまとめて取り次いでいたのだ。この事実こそが幕末維新期の平田一門の大きな特徴の一つであり、また日本近世書物の社会史において類を見ないダイナミズムをうみだすこととなる。

勉強会で広がる書物

実際、篤胤の本は、どのくらい広範囲に伝播していたのであろうか。

江戸・陸奥・下野・上野・信濃・美濃・近江・出羽・越後・越前・常陸・下総・上総・武蔵・相模・甲斐・駿河・伊豆・遠江・三河・尾張・伊勢・京都・大坂・備前・備中・備後・石見・紀伊・讃岐・豊後・筑前・肥前・薩摩……。

これは先ほどの書肆たちとほぼ同じ時期（慶応二年〜同三年）に、平田家から篤胤の思想書を大量購入した人物（門人や支援者）のいる地域である。

彼らは、一回の書籍購入金額が数両からときには数十両におよび、地域によっては百両を超えることさえあった（一両を仮に現在の六〜七万円程度としても、相当な金額である）。ではなぜ、そんなにたくさんの篤胤の著述を、地方にいながら江戸から取り寄せる必要があったのであろうか。

その理由の一つには、このころ、平田門人たちのほとんどが、自分たちの暮らす地域において平田国学を学ぶための勉強会を立ち上げていた、ということがある。書籍が諸地域で大量購入されていたわけは、勉強会で使用するためのテキストとして、代表者がまとめて篤胤の著書を購入していたことにあった。

普通、「幕末維新」といえば政治的な動きばかりが取りざたされる。特に平田篤胤の門人については、足利将軍を逆賊としその木像の首を賀茂川に晒したいわゆる「京都足利等持院事件」や、激しい廃仏毀釈運動などのイメージも強いであろう。このような後の門人たちによるラディカルな政治行動が、篤胤自身についての「狂信的国粋主義」的イメージをより強固にしているともいえる。われわれのような近代的な感性からは、宗教性を背景にした暴力的な行為は、理知や知性からは遠く離れたものである、と理解されるからである。

ところが実際は、そういったラディカルな政治運動と併行して、あるいはそれを大きく包み込むようにして、当時の人々は平田篤胤の「書物」と向かい合い、これからの自分の人生や国家のあり方を自分の頭で考えるために、自主的に勉強会を立ち上げていたのである。

もちろん、政治運動に参加した平田門の若者たちのなかには、逸脱行為に及ぶ者もあっただろう。未曾有の混沌とした社会情勢の中でやみくもにエネルギーを注がずにはいられない場面もあったに違いない。ただし、もっと広く当時の人々のあり方に目を転じれば、そこには平田篤胤の「書物」をめぐる静かで熱い情熱に裏づけられた多くの人々の学知が、確かに展開していたのである。

門人たちによる主体的な出版と売り弘め

彼らは次第に周囲の仲間たちだけでなく、地域の一般読者にむけて本や摺物を売りはじめる。出版についても同じである。何ひとつ商売上の利益が得られないにもかかわらず、資金を集め次々と篤胤の著述を出版し世に送りだしていく。篤胤の思想を広めるために、自主的に「書物」と向かい合い、時代や地域を超えた啓蒙・布教を目指して動きはじめたのである。

このような主体的な書物出版・販売流布への貢献という点においては、門人・岩崎長世こそが、まさにその代表格であるといってよい。岩崎は信州飯田で国学指導をおこなう傍ら、他の門人たちと協力しつつ、篤胤の主著である『古史伝』(全三七巻)の上木助成運動をたちあげ、下伊那(南信州)・中津川(美濃)あるいは甲州の平田門人たちから資金出資者を募って、とうとう出版を実現させるのである。

飯田で平田の書物取次所をも兼ねていた岩崎は、さらに、別の門人に飯田での取次を任せ、自分は京都へ移り、同じく門人の池村久兵衛と一緒に大規模な書物取次をはじめる。さらに慶応期には大坂にて書物を販売するようになる。岩崎が慶応二年から三年に江戸の気吹舎から取り寄せた書物は、一年間に八〇両から一〇〇両を超えている。まさに、幕末の平田国学書物出版の中枢にいた人物である。岩崎は、みずからこのような平田国学の啓蒙と、書物・出版に関わる活動に自分の人生をかけていったのであるが、他にも、気吹舎書籍を出版し、時間的にも空間的にも広がりをもってそれを伝えていくことこそが、自分たちの責務だと考えた門人たちがいた。

たとえば、甲州の門人・田中貞吉は、気吹舎の平田鉄胤に向けて「平田国学の書物取次所という看板を出して、本を売り弘めてもよいか」と許可を求める手紙を出している。もちろん、鉄胤が頼んだわけではなく、田中にとって本を売ることは、篤胤の打ち立てた道が弘まる楽しみ(あるいは希望)が伴う行為であった。

信州佐久郡小諸の商家であった掛川(大和屋)吉兵衛も、気吹舎出版を支えた一人である。吉兵衛は、本を作るための紙を仕入れて気吹舎へ卸し、書物を取り次ぎ、さらに出版費用を助成した。気吹舎は紙の代金をなかなか支払うことができず、結果的に吉兵衛はつねに気吹舎に金を貸している状態であったが、それでも進んで取次ぎを行い、当地域の平田国学浸透に貢献していた。

幕末維新期とは、このようにして全国に勉強会が立ち上げられ、そこで平田国学を学んだ者が、啓蒙的な意識をもって本の出版や売り弘めをおこなうという、類を見ない共鳴の連鎖がおこっていった時期でもあったのである。

それでは、このようにして日本全国に広がった読者たち、あるいはそれに一役かった門人や支援者たちは、みながみな篤胤の思想に体よく染まってしまうほどに浅はかだったのだろうか。

全国に広がった平田門人や地域の代表者、その周りに集った読者たちの身分はさまざまである。もちろん「草莽の国学」で注目された名主や庄屋などの「豪農」もいたが、他にも「豪商」や「神職」あるいは「武士」も少なくなかった。そして、彼らにはそれぞれ、すでに馴染んでいたり、身につけてきた学問があった。武士であれば藩校で儒学を学んでいる。武士でなくとも、儒学的な学問傾向の強い土地柄であれば、子供の頃から四書五経くらいは修練し身につけていることも多かった。医者や薬師であれば、蘭学や漢学に精通している場合が多かったし、易(えき)に詳しい者もいた。また地方の商家の隠居なら、和歌を学びながら仏教に傾倒していたりする。

平田国学は、そのような学問的背景をもつ人々の間に分け入り広がっていくのである。それは裏返せば、「無知で浅はかな前近代の人々が、秩序維持の保守思想にとびついたのでは決してない」ということでもある。自分たちが今まで勉強し、身につけ、信じてきた学問を超える新しい思想として平田国学が登場し、その理論に深く納得させられたからこそ、人々はそれを選び取ったのである。

しかもそのように学問的背景を有する人々が納得した、ということは、篤胤の思想が単純な排外主義ではない、ということの証明にもなるであろう。たとえば、秋田藩では漢学をがっちりと身につけた上級藩士が平田門に入門しているが、平田国学の核心がもし儒学を一切「夷狄の学問」として拒絶するような排外主義にあったのなら、彼らはそのような思想に心底共感し入門するなどということがあるだろうか。むしろ、漢学をはじめとする広いジャンルにわたる厖大な篤胤の学識こそが、知性のある人々を納得させ、惹きつけていく理由である、と考える方が自然であろう。

四 新しい平田篤胤像をもとめて

篤胤の著述はどのくらいたくさん人々の間に流布したのであろうか。

平田家の蔵板物で、刊行時から明治五年（一八七二）までに最も多く摺り立てされたのは『毎朝神拝詞記』という著述である。これは、篤胤の考えるところの「日々、実際に拝すべき神々と祈りの詞」が書かれたものであるが、文化一三年（一八一六）から何度も再版されて明治五年までに約一万四千部が摺り立てされた。もちろん、刊行時から六〇年あまりの年月に摺られたトータル数ではあるが、当時の人口を鑑みても相当な部数ではないだろうか。この他に総数で一万部以上を摺り立てた書物は四種類あり、数百冊から数千冊売り上げた著述は三〇種類以上ある。もっとも、平田篤胤の門人帳に名前の挙がっている人物だけでも明治初期までに約四千人にのぼっており、その影響の大きさを測り知ることができる。

もし平田篤胤の思想が「人間の頭脳が考えうるかぎりもっとも身勝手で独りよがりの議論」であるのならば、このように書物を購入し、それに共感した江戸後期の大勢の人々はみな、まったくの考えなしだということになってしまうだろう。だが、「書物」に向かい合う人々の具体的なありようをみてみると、どうやら事態はそう単純ではなさそうだ、ということが分かってきた。彼らの多くは、決して篤胤の「狂信的情熱」に無自覚にからめとられたのではなく、それぞれの学問的背景をもちながら、新しく立ち現れた平田国学の理論に納得し、選び取っていった。それは知識人を説得するだけの深い学識が篤胤の中にあったということでもあるし、篤胤の思想が排外主義を核心とするものではないということでもあった。また、当時の人々は自分たちの意志によって平田国学の勉強会を立ち上げて、書物を読みながら思考を深め、啓蒙的な意志をもって書物を全国へと広めていった。それは保守的な思想で秩序維持を目指したのではなく、現実社会を相対化しうる新しく魅力的な思想として平田国学を捉えたからではないのだろうか。

では、具体的に平田篤胤の思想のどんなところに人々は共感して、このように大きな影響力をもったのであろうか。

さきほど「事態はそう単純ではない」といったが、これだけ広汎に、しかもさまざまな地域や立場や身分の人々に影響を与えたとなると、ひとからげにその答えを出すことは難しい。刻々と変化する時代状況によって、篤胤の著述の中でも売れる対象が推移してくることも考慮に入れねばならない。地域によっても、また身分や立場によっても、はたまた時期によっても、人々が抱えている具体的な問題はさまざまであろう。

ただ、もう少し大きくとらえてみるならば、武士は武士、商人は商人、農民は農民、宗教者は宗教者として、それぞれがそれぞれの立場から、「狂信的」でも「保守的」でもない新しい平田篤胤の言説の中に、強く共鳴する何らかのにおいを嗅ぎ取ったということは事実である。そして、彼らが自分たちに相応しい思想として何をどう嗅ぎ取ったのかを考えていくためには、平田篤胤の「書物」そのものを「近代からの遡及的な視野」をぬぐいさった眼で、もういちどきちんと読み直すしかない。新しい平田篤胤像を描き出すことは、江戸後期から幕末維新のしかるべき学知のあり方を、そして庶民の精神的ないとなみを考え直すために重要な礎になるに違いない。

参考文献

市村咸人『伊那尊皇思想史』、下伊那郡国民精神作興会、一九二九年
伊東多三郎『草莽の国学』、羽田書店、一九四五年
折口信夫「平田国学の伝統」『折口信夫全集』第二〇巻、中央公論社、一九五六年

遠藤潤『近世社会と平田国学』、ぺりかん社、二〇〇八年
平田篤胤『仙境異聞・勝五郎再生記聞』、子安宣邦校注、岩波文庫、二〇〇〇年
前田勉『近世神道と国学』、ぺりかん社、二〇〇二年
宮地正人「伊吹廼舎と四千の門弟たち」、『別冊太陽　知のネットワークの先覚者・平田篤胤』、平凡社、二〇〇四年
宮地正人「下伊那の国学」『飯田市歴史研究所　年報③』、二〇〇五年
宮地正人『歴史のなかの「夜明け前」――平田国学の幕末維新』、吉川弘文館、二〇一五年
安丸良夫『日本ナショナリズムの前夜』、朝日新聞社、一九七七年
安丸良夫『近代天皇像の形成』、岩波書店、一九九二年
吉田麻子『知の共鳴――平田篤胤をめぐる書物の社会史』、ぺりかん社、二〇一二年
渡辺金造『平田篤胤研究』、鳳出版、一九七八年
和辻哲郎『日本倫理思想史』、岩波書店、一九七二年
『日本の名著　平田篤胤』、中央公論社、一九七二年
『別冊太陽　知のネットワークの先覚者・平田篤胤』、平凡社、二〇〇四年
『明治維新と平田国学』、国立歴史民俗博物館、二〇〇四年

6 地図・絵図の出版と政治文化の変容

杉本史子

一 近世社会と地図・絵図出版——本稿のねらいと構成

出版されたものの意味を問うためには、何が出版されなかったのかを語る必要がある。特に、口頭と手書きによるコミュニケーションに高い価値が置かれていた歴史段階にあっては。本稿では、出版図の背後に存在した手書き図という大きな領野を意識しつつ、手書き図と出版図が、それぞれ独自の性格と機能を持っていたことに注目する。出版図は手書き図の単なる複製ではなかった。各集団に情報が分有され、社会全体での情報共有の発想を欠いていた近世日本（一六世紀末—一九世紀前半）のなかで、地図・絵図が出版されることがどのような政治性をもっていたのか、近世～幕末の支配層や知識人たちが、出版されたものの意味と機能を発見し、模索していく過程を明らかにする。

地球的世界の形成、『地図化された社会』、新しい海洋の登場

具体的な議論に入る前に、本稿に関わる、この時代の世界史的意味について、概述しておこう。一六世紀以降、地球の広い範囲が経済圏として互いに結びつき、「地球的世界」が形成された（山口 一九九三）。狭い共同体を超えた交流の間に生きるというこの状況は、人々に、異なる事象や社会の動きを、一枚の図のうえで共時的に理解する必要性を自覚させた。それまで、口頭や文字で表現されていた分野が、図として表現されるようになった。この時期、世界のなかでいくつかの社会が、さまざまなレベルで多様な地図を使用する「地図化された社会（マップド・ソサエティ）」に突入した。日本列島もそのひとつであった。世界観を表現する世界図、日本図、支配のための地方図（国絵図）・領地図・村絵図、都市管理の図、治水の図、移動するための街道図・河川図・航路図、建築のための図面、土地や水についての権利を第三者に主張するための図、境界の裁定を周知させるための図、災害や戦乱など出来事をしらせるための図、学者たちが歴史地理研究の成果を現した図、楽しむための観光図など、さまざまな場面で地図が活用される時代が出現したのである（杉本他編 二〇一一、Wigen, Sugimoto, Karacas ed., 2016）。

一方で近世の後半は、こんにちの多くの社会ではごくあたりまえの、経度・緯度の交点で地球上のすべての地点を表示するという発想が実効性をもったものとして世界全体を覆い尽くしていく道程のなかにあった。経度・緯度のアイデアは古代から存在したが、経度の計測は長い間世界の海洋航海の

課題だった。後述する、近世日本でベストセラーとなった長久保赤水による出版日本図も、緯線は引かれていたが経度を記述することはできなかった。そのなかで、イギリスは、一七六〇年代に、クロノメータ（精巧なゼンマイ時計）と月距法（月と太陽や恒星との角距離に注目する経度計算法）を使った経度測定法を確立する。それは地球の三分の一を占める広大な太平洋を、経緯度データとそれに基づく海の地図（海図）によって把握することを可能にした。従来「未踏の空間」であった海洋が、この技術と知識を共有した西欧列強にとっての「既知の場所」として外部から把握されることになった（石橋二〇一〇）。国境さえも、従来の地形・ランドマークに加え、経緯度を基準に決めることが可能になった。そして、蒸気船の登場が、海洋支配のうえで決定的な意味をもった。蒸気船は、帆船とは異なり、向かい風や凪といった風の状態や潮流に左右されることなく目的地に到達できる。ハリスが言うように、スチーム（蒸気）の利用によって「世界の情勢が一変」し、遠方に懸け隔たった国々も「ごく手近のよう」になった（『ハリス日本滞在記（下）』）のである。第四節で言及するように、この動きは、鯨や毛皮への希求に裏打ちされた欧米諸国による巨大な潮流となり、やがて太平洋の北辺に位置する日本近海へと及んでくることになる。

出版図の時代、新たな日本図の登場

第二節では、出版図が広い層の人々の世界の見方を変えていったことを、主に日本図について、手書き図と比較しながら述べていきたい。近世の手書き図の多くは支配層が特定の目的のために村などに作らせ提出させたものであった。限られた人間関係のなかで作成され限られた状況の中で使用された。権利の主張や裁定のための地図・絵図も基本的には出版されることはなく、特定の集団や個人の手元に置かれ、大切に保管された。これに対し、出版図は、基本的には、本屋で売るために作られ、不特定多数の人がそれを使うことが想定されていた。出版図は手書き図に比べ開かれた情報媒体であり、それ自体が自律した情報単位として機能する必要があった。手書き図は固有の図名を持たないことも多かったが、出版図には多くは商品名としてのタイトルが付けられていた（中野 二〇一二）。また、凡例などその図についての説明的機能をもつ記述が意識的に付加される場合が多かった。京都大学地理学教室による『地図出版の四百年――京都・日本・世界』は、豊富な図版とこれまでにない充実した解説を備えた、このような出版図についての優れた概説書である（金田・上杉執筆 二〇〇七）。

第三節では、このような民間主体の出版図に対して、幕府がどのように検閲を行っていったかを述べる。幕府の出版統制は、基本的には各地の町政に属する事項として捉えられており、その地の町奉行の権限において行われていた（山本 二〇一〇）。本稿での記述は、江戸における出版検閲にほぼ限定される。幕府は一八世紀、検閲を民間の同業者団体に任せていたが、一九世紀になると支配組織による直接検閲へと本格的に踏み出した。特に検閲のうえで大きな役割を果たしたのは、林家―学問所、天文方、蕃書調所（のち洋書調所・開成所と名称を変えていった）、漢方医学館、西洋医学所といった、幕府の専門機関であった。

一九世紀以降、これらの幕府専門機関は自ら出版物を刊行していくようになる（福井 一九八五）。

それは、従来の、口頭と手書きによる禁令と民間出版情報の制限という発想から官制出版事業へという、政治のありかたの大きな転換を意味していた。これらの専門機関は、本来的には、幕政を支えるシンクタンクであり幕臣の教育機関であったが、とくに開成所に見られるように、実際には、諸藩の藩士や民間知識人に依拠していた(宮崎 一九八四)。そこに集まった身分を超えた知と技術を共通項とする専門家集団は、軍事組織を基礎とし主従制と武士のイエにより構成された「幕藩体制」と呼ばれる支配体制とは異質な発想をも獲得していく。彼らは、知の集積と分配、社会への公開をめぐって独自な動きを見せはじめる。第四節では、幕末における官版(以下、当時の用語に従い「官板」と記す)日本図の出版の過程が、実は、その当時の激動の政治・外交情勢やこのような知をめぐるせめぎ合いと不可分のかたちで展開した、政治文化の変容を物語るものであったことを描き出す。この過程のなかで、「日本」を代表する権力が対外的に領土を表明するという、それまでなかったタイプの日本図が出現した。これに伴い、国内の民間出版日本図に対してもそれまでとは全く異なった検閲が行われるようになる。この重大な転換は、幕閣のなかからではなく、開成所の技術者・知識人によって提起されていったのである。

二　手書き図と出版文化

地図と絵図

本稿全体にかかわる論点として確認しておかなければならないことがある。それは、地図と絵図という言葉である。地図史のなかでは、「絵図」という用語は、「地図」とは異なり、「一定の時代性を有し、それにともなう各種の限定性を有するかたちで成立・使用された」ものであり、近代以前の地図類を包括的に表現するにはふさわしくないととらえる見解がある（金田・上杉 二〇一二）。しかし、時代性と限界を背負ったのは、「絵図」だけではない。「地図」もまた同様である。動態的な歴史のなかで、言葉に込められた意味も変化していく。「地図」だけが時代の制約を超越して空間表現を表す正式の用語として使われつづけてきたのではない。

「地図」は八世紀から、「絵図」は一〇世紀から、日本での用例が確認されている。中世から近世にかけて空間の図的表現について最も一般的に使われたのは「絵図」という言葉であった。たとえば、江戸幕府の「老中職務定則」（一六三四年）中に老中の職務のひとつとして「諸国絵図（しょこくえず）の事」が挙げられている（従来の地図史では「もろもろの国絵図（くにえず）のこと」と誤読されてきた）。一七世紀の日本の為政者たちに、「絵図」という言葉が劣った図表現を意味するという意識は存在してはいなかった。

実は、空間の図的表現についてのもっとも一般的な用語として「地図」を使うという、こんにちにつながる状況は、一八世紀の洋学摂取の動向のなかで、オランダで発達した図表現、すなわち当時の日本列島の人々にとっては新奇な図的表現を表すために、「地図」という言葉に新しい意味を込めたことに始まる。おそらく、「絵図」に比べれば一般的ではなかった「地図」という言葉が、新しい意味を付与するのに好都合であったと思われる。そして、近代の学校教育で「地図」が採用されたことにより、こんにちの用法が一般化した（海野 一九九八）。

国絵図と日本図——手書き図と出版図

近世の出版文化の中では、日本列島に住む人々が自分たちの属する空間について描いた多様な図像が流通していた。まず、古代—中世以来の流れを引く日本図（たとえば後出、図3＝慶長一二年（一六〇七）版『拾芥抄』に収録された「大日本国図」、図4＝「大日本地震之図」個人蔵）が出版物として流布するようになった。これらは、中世日本でよく描かれた、シンプルな、ウロコスタイルとも呼びたくなるような描写スタイルをもった日本図に由来していた。ウロコのひとつひとつが国を表していた。このスタイルをもった日本図は行基が作ったという伝承により「行基図」と総称されている。行基図の基本は、山城国をとりまく求心的なウロコの集合体であり、全体としての「日本」の境界線をしめすという発想は希薄である。各ウロコから古代の中心地山城国へと租税を運ぶための道が描き込まれているものもあり、もともとは古代国家の官用図に由来するものであったと考えられる。これに旅行や和

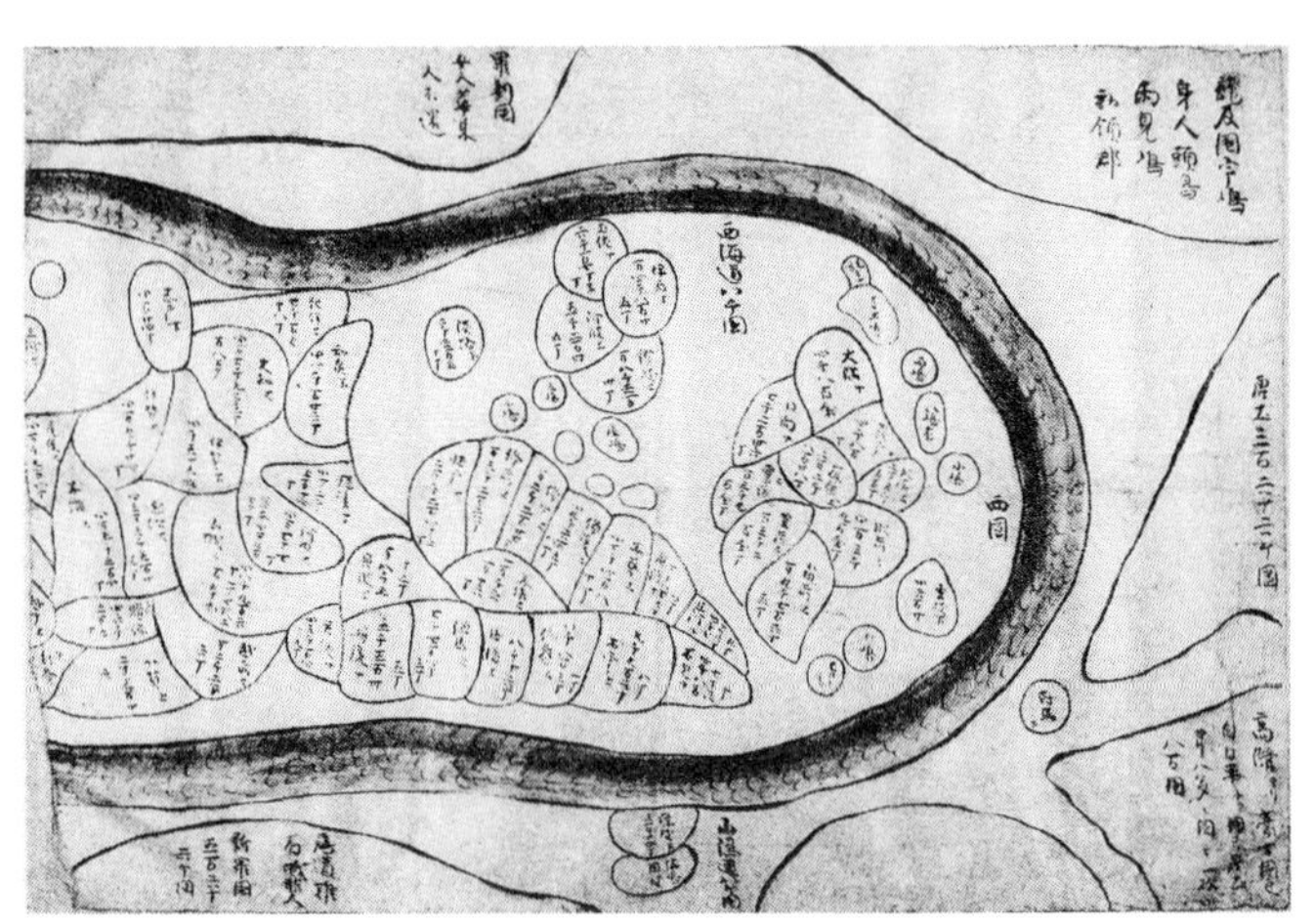

図１　『日本図』
金沢文庫蔵

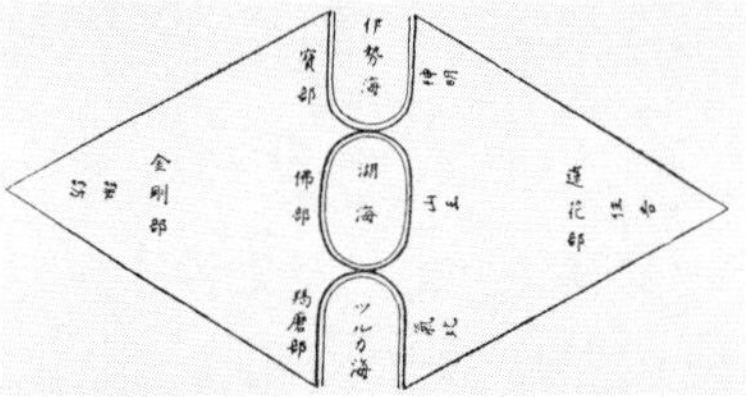

図２　『渓嵐拾葉集』
所引『行基菩薩記』

図４　『大日本地震之図』
個人蔵

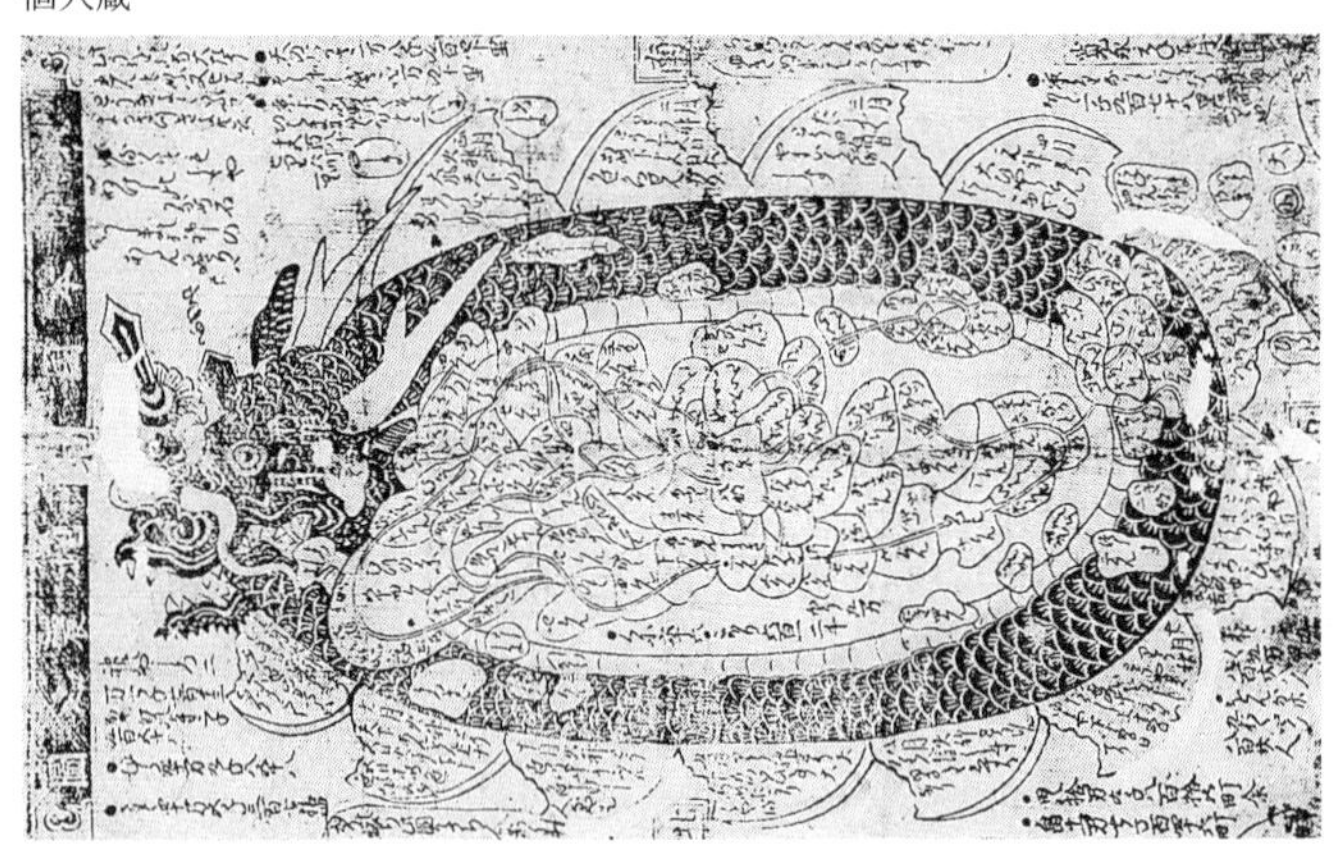

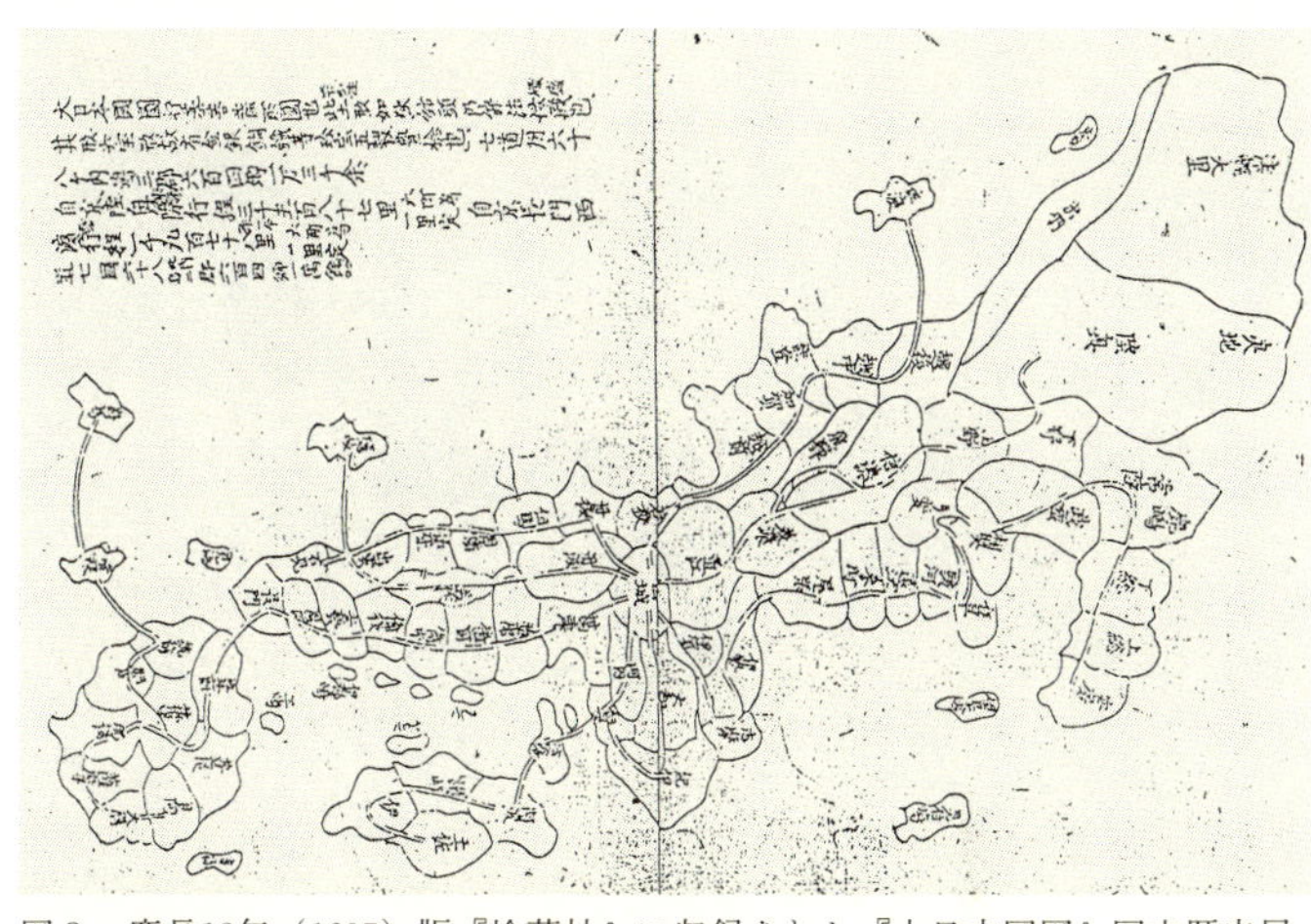

図3　慶長12年（1607）版『拾芥抄』に収録された『大日本国図』国立歴史民俗博物館蔵

歌の歌枕を記入したものや、また、ウロコの集合体を龍が取り巻いているものもある（図1『日本図』金沢文庫蔵）。密教系の、仏具のかたちを模して「日本」を表すものもあった（図2『渓嵐拾葉集』所引『行基菩薩記』）。これらは、中世においては、主に京都の貴族や寺社の知識人の間で知られていた（村井二〇一四）。

近世にはより具体的な輪郭をもった日本図も作成されるようになる。この種の出版日本図は、近世初期のポルトラーノ海図の情報や、幕府が作った日本図の情報を取り入れたと考えられている。近世の徳川幕府は、支配下の空間や社会を表す国別の地方図（国絵図）や日本図を作成した。国とは、古代国家の行政区画にその淵源をもち、山の尾根や海といった自然地形を境界にしていた。古代国家が実質的に崩壊したのちも、ひとつの国を治めることが伝統的な権威に連なる日本の正式の支配者の一員となるとい

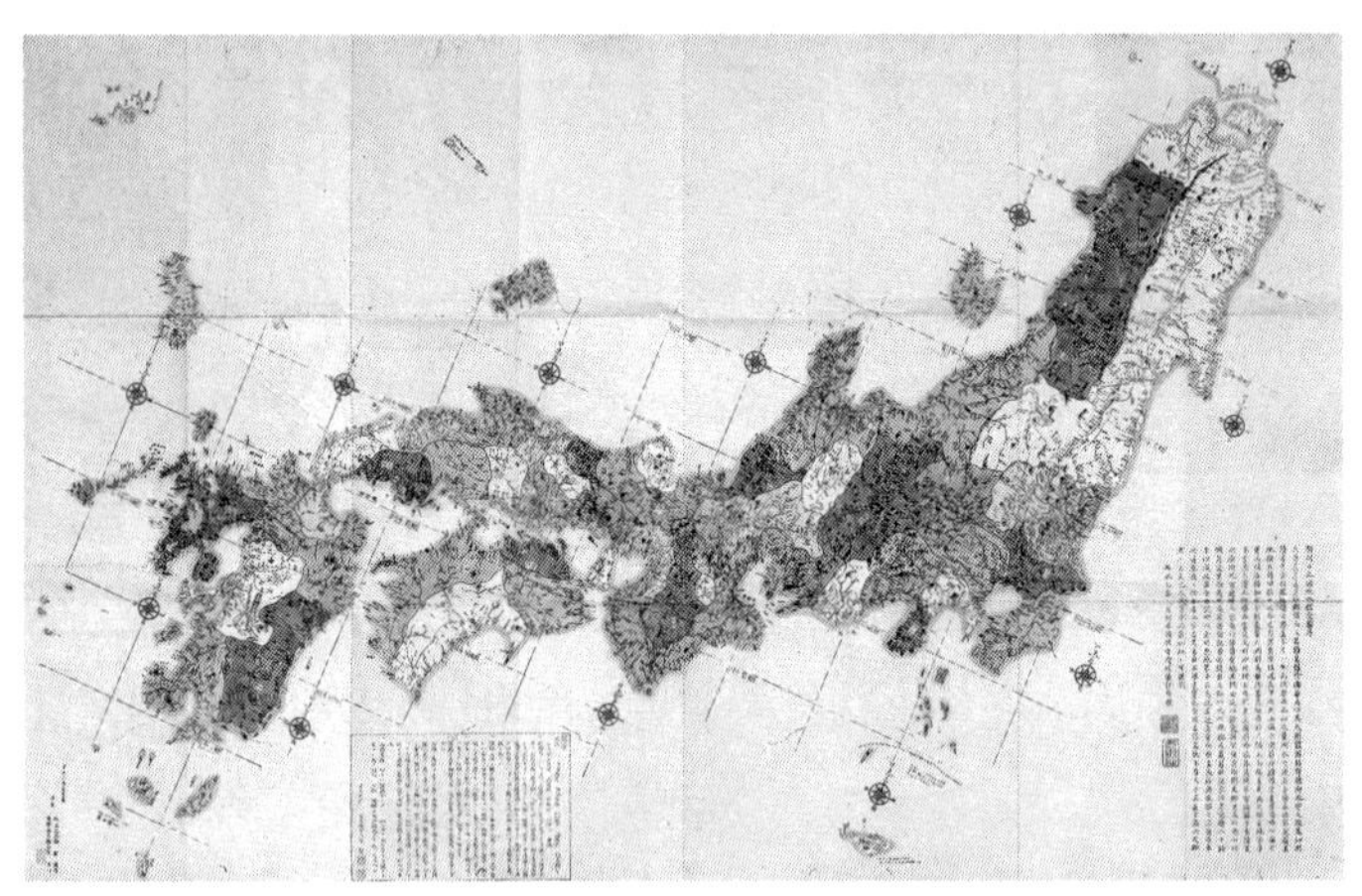

図5　長久保赤水『改正日本輿地路程全図』（赤水図）神戸市立博物館蔵。Photo: Kobe City Museum / DNPartcom

う観念が生きつづけていた。武家による権力は、国に代わる統一的な中央—地方システムを作り出すことはなかった。徳川幕府は、全国の大名等に命じてこの国ごとの巨大な手書き地図を作成させ提出させた。国絵図は、それを命じる将軍と、それを提出する大名の、権威と権力の象徴であった。徳川綱吉治世下には、全国の国絵図を集成して元禄日本図が作られた。また徳川吉宗は、この元禄日本図を修正させて享保日本図を作らせた（杉本他編 二〇一一）。これらの国絵図や日本図は手書きであり、将軍が見たり、幕府内で使用するための物であった。社会に対して、幕府が国土の基本図を提示するという発想は存在していなかった。

一方、前述したように、特に近世後期、「地図」という言葉が、日本列島外からの文化に対する開かれた感性のなかで使われていた。近世の民間知識人森幸安（一七〇一—没年不明。京都の香具（こうぐ）商の家に生まれる）が、従来の地図を「絵図」に過ぎないと批判し、「地の理」

を全うした「地図」を作るべきだと主張したことは、こうした一八世紀の一断面を示している。ここで幸安が「地図」と言っているのは、三角測量を使って空間を数理的に把握表現した近代的地図では、もちろん、ない。幸安は、まず現地を自分で巡視し、第二に、先行する「歴史書・説話・公家の日記・物語・地誌・法律書など」を引用し、第三に現地の人々からの「聞問」を行った。そして、彼は、その地点の地球上における位置（緯度）を意識していた（辻垣・森 二〇〇三）。

森幸安のもっていた視点、すなわち「日本」を、それを超える世界のなかに置いて捉える見方を広く人々に知らしめたのは、民間出版図のひとつ、水戸の富農出身の地理学者長久保赤水が作成し刊行した『改正日本輿地路程全図』（図5、本図は第三版。なお初版は安永八年＝一七七九年。以下、赤水図と略称する）であった。赤水図は、不正確ながら、緯線とそれに直交する線（前述したように、経度は記されていない）のマトリックスのなかに置いて「日本」を描いていた。

三　出版検閲の展開

間接検閲から直接検閲へ

前述したように、幕府は当初、出版検閲を基本的には民間の同業者集団に委ねていた。享保七年（一七二二）一一月、次の内容を、仲間で吟味し違犯がないようにするようにという江戸町触が出された。その内容とは、①今後の新版書物について猥りなる儀・異説を入れることの禁止、②今まであり きたりの出版物のうちの好色本類は絶板にすること、③人の家筋・先祖のこと等相違のことを新作の 書物に書き世上に流布させることの停止、④新板の物には作者・板元の実名を奥書きさせること、⑤ 徳川家康（「権現様」）のことはもちろん徳川家（「御当家」）のことは、板行・書本とも今後無用のこと、 であった。同令は翌年大坂・京都にも触れられた。これに基づき書物問屋仲間が検閲を行うことにな った。さらに、寛政二年（一七九〇）には地本問屋仲間による検閲が開始された。

天保以前も町政機構が新規出版を検査する動きや、天文方や学問所に諮問することは部分的にはみ られたが、天保一二年（一八四一）同業組合・仲間解散の措置がとられたことから、町奉行所は直接 検閲の体制を本格化させた。出版申請された新刊本の書冊は、基本的に昌平坂学問所により出版の可 否が検討された（『大日本近世史料　市中取締類集』一八―二三。以下『市中』と略記する）。しかし、この学 問所に集中した検閲体制の結果、「遊戯の品・卑劣の物」に至るまで学問所の「御免」あるいは「官 許」と表題に冠して売買する事態が生じ、その見直しが図られることとなる（『市中』一八―二三）。天 保一三年七月五日には、医書を蔵板にしたい場合は、医学館へ草稿を提出するように老中水野忠邦か ら大目付・目付に達せられた（『幕末御触書集成』五、四七一二）。

天保一四年一〇月五日、町年寄館市右衛門は、次のように、「書物」と「草書本類」の区別につい て答申した（『市中』一八―二九。傍線は、杉本による）。

「書物」に含まれるもの、

暦書・天文書、阿蘭陀書籍翻訳物、国書・歌書類、神仏医書、和漢儒書、算法地方の書、易書、古人伝記類、国郡絵図の類、公用に拘わる書、

「草書本類」に含まれるもの、

和漢絵本・軍書の類、戯作物、絵入狂歌類、すべて手本・往来物等の類、絵本・名所の類、一枚摺絵図の類、絵草紙の類、一枚絵

天保一四年一〇月一三日、書物のうち、狂歌・発句・怪談・遊話類、香・茶・挿花・碁・将棋・包丁料理等の書冊は、本屋から草稿を館に提出し、書物掛名主が下改（したあらため）を行ったうえ、学問所の判断によらず町奉行所承認印を草稿に押すことにする旨が、若年寄指示により町年寄から書物掛名主に達せられた（『市中』一八—一二三・一二七、『天保撰要類集』二六二—六、国立国会図書館蔵）。また、同二三日、草書本類のうち、和漢絵本軍書類の全くの草双紙、ありきたりの手本・往来物の類、絵本・名所類、絵草紙・一枚絵、一枚摺絵図類のうち一通りの道中記や江戸絵図の類は、絵草紙掛名主限り検閲を行うことを、南町奉行の指図により絵草紙掛名主に言い渡した。ただし、一枚摺絵図であっても、国図や格別細密なものは、掛名主から伺いをだすこととされた（『市中』一八—五六）。また学問所改分も、「官

許」「御免」を称することは禁じられた（『市中』一八―二八）。その後、検閲に関わる専門機関の担当はなんどか組み替えられた。弘化二年（一八四五）七月、新板書物につき、去る天保一三年に触れたうち、天文暦算・蘭書翻訳・世界絵図・蘭方医書類を蔵板にしたい輩は、天文暦算・世界絵図は天文方に、蘭書翻訳・蘭方医書は天文方山路弥左衛門へ草稿を提出するように（老中阿部正弘より大目付に達す、『幕末御触書集成』五、四七二二）との指示がだされた。そして、検閲体制の中に蕃書調所が登場し徐々にその担当範囲を拡大させていくことになる。安政三年（一八五六）六月、新たに開板しようとする蕃書・翻訳書類は、すべて蕃書調所の検閲を受けさせることになった（老中阿部正弘より三奉行に達す、『幕末御触書集成』五、四七二八）。また、万延元年（一八六〇）閏三月二四日には、天文暦算等出版については、天文暦等は天文方へ草稿差出、世界絵図・蘭書翻訳・蘭方医書等は蕃書調所へ草稿差出と指示された（『新訂増補国史大系　第五〇巻　続徳川実紀　第三編』）。

こうして出版図は、世界絵図は天文方（万延元年以降は蕃書調所担当）、国図は学問所、ありきたりの江戸図などは絵草紙掛名主手限の検閲にというように、検閲分掌システムに組み込まれていった。

こうした体制で行われた検閲は、しかし、依然として、出版図の内容まで踏み込んで統一した規格を定めるものではなかった。前述したように、民間出版物のなかでは、何世紀も伝えられてきたさまざまな図像に由来する日本図が流布していた。嘉永二年（一八四九）弓頭戸田忠偲家来鈴木彦四郎増訂・書物問屋仮組平野屋平助出願の『大日本国輿地路程全図』の検討のなかで、南町奉行自身は次のような意見を表明していた。「これまで日本の地図印行不許可はなかった。すでに一枚摺の品やそのほか雑書の類にも掲載されており、異同はあるが、世上で売買され新規の義ではない」「これまで彫刻を許可した地図と同様の品を今般に限り不許可とすれば、偏頗の取り計らいに（世上が）疑惑いたし、奉行所の体裁にもかかわる」。一八四〇年代ですら、幕府町奉行は日本図の内容自体について官としての統一を目ざしてはいなかった。

これに対して、幕府天文方は、嘉永二年（一八四九）八月、赤水図（図5）のような日本図、すなわち天の経緯度（「天度の経緯」）を地図の度（「地度」）として表示しそのなかに国郡を書き入れた図こそが正式の出版日本図であるという見解を披瀝している。

元来輿地図を仕立てるには、正式・略式などの定格がある。たとえば安永・弘化度「新刻日本輿地路程全図」などのように、精粗は差し置き、天度の経緯を地度に写し、そのうちに国郡の形態を書き載せたものを、まずは正式と致し、その他ありきたりの地図類はみな略式である。

同月、町奉行は、町年寄から出願人に「東西経度・南北緯度の両線を削除して彫刻するよう」下達させた（以上、『市中』二一一―二九五）。町奉行は、経緯度のなかに正確に位置づけられた日本を求めるのではなく、逆に、経緯度を削除してありきたりの略式日本図にすることで出版を許可したのである。

既刊日本図への再検閲

しかし、元治元年（一八六四）三月、日本図についての検閲上、従来の方針を大きく転換させる提案が、開成所から出された。開成所頭取と同御用掛林家等は、同年三月付けで、次のような上申書を提出し、日本図については既刊分も含め再検閲したいという意思を伝えた（『続通信全覧』類輯之部　文書門　地図　日本輿地図検査一件、外務省外交史料館蔵）。

日本図（「日本輿地図類」）の出版については、年来天文方にて検閲を行ってきたが、嘉永二年中の指令もあり、開成所で検閲（「見改」(みあらため)）するようになった。しかるところ、当節においては外国御交際は以前とも変化し、宇内・万国にも影響するようになったので（「宇内・万国にも差し響き候儀につき」）、御国所轄の分は辺海島岐(ママ)寸尺の地に至るまで縮張延置等巨細に取調べ置かないでは、後来御国体の罹(かか)りとなる儀がないともいえず、深く心配しているので、何卒(なにとぞ)検閲を済ませて、上梓になっている分をもなおまた再検閲するようにしたいと存じたてまつる。右しかるべきならばその筋に早速仰せ渡しくださるべきである。よってこの段上申する。以上

子三月

林大学頭（昇、御儒者、開成所御用掛）

林式部少輔（晃、西丸留守居）

開成所頭取

これをうけて、三月二一日には、老中井上正直・板倉勝静より町奉行に対し、「日本輿地図類」を再検閲するので、開板されている分等も、開成所に提出して検閲をうけるように、市中本屋に触れるようにとの指令が出された。また、大目付・目付を通して幕臣・大名領にも同趣旨の触がだされた。同五月には、開成所はさらに、次のように検閲方法についての伺を出し、翌年三月「伺い通り」という幕府回答を取り付けた。

一「日本全図」と唱えている絵図類は、樺太島・小笠原島そのほか、御国附属の島々は残らず書き入れなくては、開板差し止めは勿論だが、略図・切絵図などの類は、紙の狭小に付き、小笠原島または蝦夷地一円書き入れていなくても、そのわけを掲出していれば、開板を許可してよいか。

一御国地ならびに島々共、経緯度のことは、以後開板を伺うとき訂正し、誤謬などは訂正させるようにすべきと考えられる。

一琉球国のことは、先頃大久保忠寛（文久元年八月蕃書調所頭取再任、文久三年六月外国奉行に転役）が伺ったとおり、治界に朱線をいれ、両属の符号をいれるようにすべきか。

一「地球全図」など、漢土・西洋厚図のまま翻刻したものも、小笠原島等、御国附属の符号・着色など書き入れがないか、そのほか不都合の事がみられれば、開板は停止すべき。もっとも品によって、その時に伺うようにすべきと考える。

一このたび地図類はいずれも再検閲（「再　改」）になるので、これまで検閲済の証として調印してきたが右は証にはならずかつ混乱が生じるので、この度の地図改めの証印を別にあつらえたいと考える。

これにより、日本全図、翻訳世界図とも、これまでになかった検閲方針が決められた。すなわち、①日本に所属する範囲が適切に表示されているか（カラフト・小笠原など日本（「御国地」）付属の島々を残らず記入しているか）、②日本と島々の位置が正しく経緯度のなかに位置づけられているか、③琉球国に治界線・日中両属符号がはいっているか、④中国製・西洋製図の翻刻図も小笠原島などに所属符号・着色に不都合があれば出版停止を検討すること。そして新刊分だけでなく、既刊分をもその検閲対象とすることとなった。

このような大転換はなぜ起こったのか。大きな影響を与えたと考えられるのが、次節で取り扱う官板図の刊行であった。

四　官板日本図の刊行

文久元年伊能忠敬実測図の官板彫刻を命ず

文久元年（一八六一）八月、老中安藤信行の書取（かきとり）により、「伊能勘解由（かげゆ）（忠敬）が著述した実測地図」の官板彫刻が命じられた。命じられたのは、当時、世界地図や蘭書の翻訳を行い、出版検閲にも関わっていた蕃書調所であった（『続通信全覧』類輯之部 警衛門 蝦夷地開墾幷警衛一件附録 雑 蝦夷地図一件、外務省外交史料館蔵）。

この官板図は最終的には『官板実測日本地図』として出版された。同図は、その存在については従来から地図史研究のなかで知られていた。しかし、その言及のされ方は、江戸幕府下で伊能忠敬の測量の成果が活用された数少ない例であるという点にあり、『官板実測日本地図』全体や、その刊行背景についてはほとんど注目されてこなかった。その原因について、同図についてもっとも詳細な検討を行った高木崇世芝は、近代地図作成に影響を与えた形跡がないこと、「現存数が多く、ごくありふれた図と見なされている」ことを挙げている（高木崇世芝 二〇〇一―〇二）。しかし、地図を社会や政治から切り離し科学発達史の文脈でのみ評価する、このような従来の研究視角は再考される必要がある。中央政府がその支配領域の地図を出版するという行為は、国土地理院から地形図などが刊行・公開されている現代日本では違和感なくとらえられるであろう。しかし、これまで述べてきたように近世の政治文化のなかでは、この発想は異質なものだった。なぜ、幕府は、自ら日本図の刊行を決定したのか。『官板実測日本地図』は、以下述べるように、近世から近代へと政治文化が変化するなかでこそ生まれた出版図であった。最終的には『官板実測日本地図』として出版されたが、その過程では、どのような内容として出版すべきかをめぐって厳しい議論と検討が重ねられた。以下本章では、検討過程も含めて記述するときには、『実測図』という仮称を使用することにしたい。

海岸線測量としてスタートした伊能忠敬の全国測量

ここで、この時官板彫刻を命じられた「伊能勘解由(忠敬)が著述した実測地図」についてもう少し説明を加えておく必要があるだろう。下総国佐原村の名主伊能忠敬が、隠居した後、幕府の許可を得て一七年の歳月をかけて自ら測量隊を率いて日本全国を測量して歩いたこと、その成果は、彼の死後手書きの最終版『大日本沿海輿地全図』(図6)および『輿地実測録』としてまとめられ文政四年(一八二一)幕府に提出されたことは、こんにちの日本ではよく知られている(以下、幕府への上程図を総称して「伊能図」と標記する)。

伊能図は、一般には、初めての本格的実測日本図として理解されることが多い。しかし、同図の骨格は、海岸線と主要街道についての記述・描写であり、「日本図」という言い方が、「日本」の領域を面としてとらえることを意味しているならば、その意味では伊能図は「日本図」ではなかった。寛政一二年(一八〇〇)忠敬に測量を許可した当時の幕閣は、当初は、忠敬に蝦夷地に派遣する船舶に乗り込ませて方位測量をさせることを企図していた。これに対し、忠敬の師である幕府天文方の高橋至時(よしとき)は、忠敬が海上測量はできないことを述べたため、海上測量は天文方堀田仁助(すでに一七九九年、宮古湾から厚岸沖を測量)に任せ、忠敬には陸上からの海岸測量を許可したのである。横山伊徳はこのような経過を踏まえて「海岸線測量図としての伊能図」と表現している。この幕府の海岸測量は、英・露による日本海岸測量への対抗措置であった(横山 二〇〇一)。

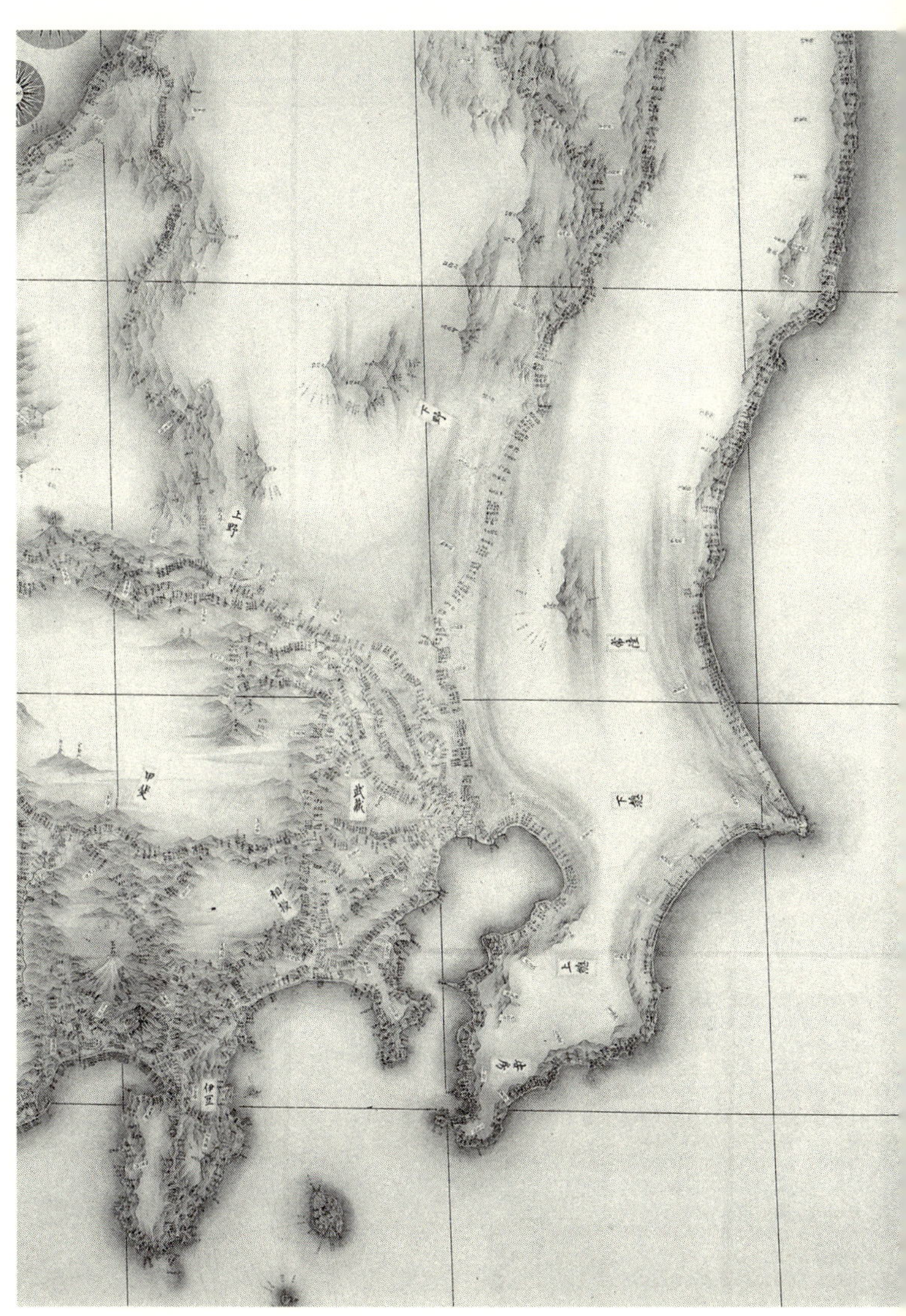

図６　『大日本沿海輿地全図』（中図）東京国立博物館蔵

国内的にも、日本沿岸に大型船舶・軍艦が行き交うための政治的条件が整っていた。すでに、嘉永六年（一八五三）幕府は大名の大船建造を許可、文久元年（一八六一）六月には、百姓・町人への大船製造と外国船購入を許可していた。さらに、この翌年文久二年七月には、大名の軍艦での参勤・帰国が許可され、条約締結国への艦船注文方法も通達される（『続徳川実紀 第四編』）。大型船舶・軍艦が座礁することなく沿岸を安全に航行するには、水深や海底・潮の状況を記した海図が不可欠であった。このような状況のなか、伊能図は海図あるいはその基図として使用された。嘉永二年（一八四九）、幕府は、海岸に領地のある諸藩に、一村ごとに海岸の距離・水深などを記した絵図の提出を命じたが、萩藩は伊能図の写図を参照した（川村、一九九九）。万延元年（一八六〇）一二月二六日、外国掛目付は、「御国周海警衛」「水陸遠近里程等取調」のため、「御国測量図」（伊能図）を写し取り手元におきたいと上申し、文久元年二月、再度、上記目的のため、軍艦奉行同様、蕃書調所出役絵図引きに書写させたいと上申している（『開成所事務』、東京大学史料編纂所蔵）。また、文久三年に行われた約二〇〇年ぶりの将軍家茂の上洛は、当初海路軍艦で上洛することが計画されていた。同正月、大番頭内田正徳・軍艦奉行木村喜毅は、上洛が済むまで伊能図の貸与を願い出ている（『旧記雑』、東京大学史料編纂所蔵）。このほか、伊能大図の海岸線に砲台・陣屋・水深を記入した、江戸湾海防図の存在（早大図書館他）も指摘されている（鈴木 二〇一三）。

実は、幕府が伊能図の刊行に踏み切ったのも、英・蘭から、伊能図を海図の基図として使用することを打診されたことを契機としていた。文久元年七月一九日、英国特派全権公使オールコックは、

「日本海岸の図三枚」の写を入手したいと幕府に要請した。これは、日本近海の本格的測量を命じられていた測量船アクテオン号の艦長ウォードの希望によるものだった。幕府は、沿岸調査と海岸上陸を含むこの調査航海を、日本側役人の同乗と日本の旗の掲揚を条件として許可した。幕府は、英船による測量について諸外国にも通達し英以外の測量を抑制する意向をもっていた（『大日本古文書 幕末外交関係文書』五二―一〇〇）。ウォードは、アクテオン号に同乗してきた外国奉行支配荒木済三郎、軍艦教授方福岡金吾・塚原銀八郎らの幕府役人が持参していた独自の地図が、航海情報は含まないが非常に正確なものであり、それを使用すれば海岸線地図作成の時間を節約できると判断したのだ（ビーズリ 二〇〇〇、横山 二〇〇一）。当時、英国の七つの海への制海権確立に伴い、出版海図の世界的規模での作成・頒布体制が形成されていた（横山、二〇〇一）。一八二三年以降英国海図は全世界の商船に販売され、英国水路部は一貫して海事国間での海図情報共有化を提唱してきた（菊池、二〇〇七）。ウォードは、伊能大図・中図のうち一部を借り受けて測量した水深や暗礁を書き入れたいと希望していた。しかし、幕府は、大・中図は江戸城炎上（安政六年＝一八五九年本丸炎上）の際に焼失したとして、老中安藤信行指示により、二二日、教授方・目付方が立ち会い、小図をウォードに貸し渡した。ウォードは、自分たちが上陸して測量ができなかった瀬戸内海などについて、伊能図の経度測定の誤差をクロノメータによる測量により修正し、測深データを付加した小縮尺の海図を作成した。その測量成果は、英国海軍本部海図二八七五号「瀬戸内」（一八六二年）、海図二三四七号「日本及び朝鮮の一部」（一八六三年）として刊行された（横山 二〇〇一、金窪 一九九八）。また、八月一一日、蘭国総領事デ・

ウィットは、日本近海航行のために「日本国の諸島・諸岬の位置を正しく測定した図面が必要」だとして、英国海軍と同様、オランダ海軍のためにも印刷した図(刻図)を贈ってほしいと要請した。当時の慣行に従いデ・ウィットは、印刷された沿海測量図を贈呈してほしいと要請したのだ。これに対しては、一七日、老中久世広周・同安藤信行名で、「我国沿海測量図は英国に貸したため、余図がない。航海便利のため、彫刻するよう関係筋に命じたので、できあがり次第贈呈する」と回答した。

文久元年八月、外国立会役々、外国奉行は、伊能図は精細緻密なため今後英・蘭のみならず外国からおいおい渡し方を依頼されるであろうこと、国内においても軍艦操練所はもちろん、諸国商船など近海渡航の者まで進路の遠近や暗礁の有無が精しく分かれば「艱険覆没」の憂いもなく運行・輸送が可能となる、早々開版となるようにしたいと答申していた。伊能図の刊行はこうした状況の中で決断された。

「日本」の空間はどこまでか

しかし、伊能図を官による出版物として刊行することは、刊行図が別の文脈からの視線にさらされるようになることをも意味していた。

蕃書調所の絵図書写担当者は、版木を作るために伊能図を写している過程でこの図の大きな問題点に気づいた(以下本項については、『続通信全覧』類輯之部 文書門 地図 日本実測地図増補一件、外務省外交史料館蔵による。従来の研究では、東京大学史料編纂蔵『旧記雑』が使用されてきたが、『続通信全覧』の記事の方が良質の書写と判断した）。次に示すのは、文久元年（一八六一）九月、蕃書調所頭取と外国掛目付が幕府に宛てて出した伺書の内容である。

実測図官板被　仰付、板下絵図追々写方仕罷在候処、右絵図面に者、蝦夷北地之分四十六度を限り、東南之方者クナシリ島迄にて、其余無之、殊に口蝦夷之方海岸而已地名有之、内地山野之名者一切不相見、且又琉球島・無人島等も無之、右者此度彫刻出来之上者、夷人江も御渡可相成哉之趣、左候得者、向来若御不都合之儀も出来仕間敷哉之旨、絵図写し之者共申聞候、尤之次第にも被存候間、右之分世上有触れ候絵図夫々取集補入為仕可申哉否、早々御下知有之候処［様カ］仕度、右御聞済相成候はゝ、蝦夷地名見合にも仕度候間、前田健助差上候地図御下ヶ相成候様仕度奉存候、右之趣浅野一学へも申談、此段奉伺候、以上、

酉
九月

大久保伊勢守（忠寛、蕃書調所頭取）
古賀謹一郎（増、蕃書調所頭取）
妻木田宮（頼矩、外国掛目付）

この伺書の内容は次の通りであった。「蕃書調所の絵図写担当者から以下のような疑問が出されている。伊能図がカバーしているのは、「蝦夷北地」（カラフト）は四六度まで、千島列島はクナシリ島まで、琉球も、無人島（小笠原諸島）も、描かれていない。また、口蝦夷地について地名が書き入れ

られているのは海岸部のみであり、内陸の山野の名は記入がない。（木版）彫刻ができたならば（印刷した地図を）「夷人」にも渡すはずなので、今後不都合を生じないか。このような指摘は尤もと思われるので、伊能図に、世上にありふれた絵図を取り集めて補足すべきがどうか、早急に下知いただきたい。また右ご了承いただけるならば、蝦夷地名の資料としたいので、前田健助（夏蔭）提出の地図を下付いただきたい。右の趣旨は浅野一学（長年、外国掛目付）にも相談し、お伺い申し上げる」。前田健助は幕府から命じられ『蝦夷志料』編纂に当たっていた。蕃書調所の伺は、官板図は「日本」のあるべき領域を表現する図として刊行されるべきであり、蝦夷地の内部も空白ではなく地名で充填されているべきであるという発想に基づいていた。

蕃書調所からの伺いに対し、出版内容についての幕府諸役の見解は割れた。勘定所からは「世上にありふれた図面で補ったのでは、もし実測と違っていては、伊能図を出版する意味がない。実測していないところを除くのは、西洋では普通なので、属島などを書き入れなくても不都合とは言えない」という見解が出された。一方、外国掛大目付・目付よりは「世上に旧来伝播している地図は実測とは言い難いので、近来外国人が持ってきた地図のうちから精しいものを選び、地名などは、箱館奉行所の地図と前田健助の調査を見合わせ、外国人が名づけた地名などは一切用いないという方針で、補足すべきだ」との答申が出された。このように、勘定奉行所の見解は、実測図としての価値を重視したものだった。これに対して、外国掛大目付・目付答申は、基本的には蕃書調所の発想に沿い、しかし、領域補足は国際的に通用する地図で行う一方、外国人命名の地名は用いずという見解を提出したのだ。

これをうけた文久元年十月付けの外国奉行評議は、この当時日本（「御国」）に附属している領域についての理解を示し、勘定奉行評議に異議を唱えるものだった。

外国奉行評議
書面並[幷]勘定奉行・同吟味役評議之趣共、一覧勘弁仕候処、［中略］素よりクナシリ・エトロフ共全島、北蝦夷地も五十度迄者、当今も全く御付属に御座候、無人島之儀者、古来より御付属之趣に申伝へ、此程水野筑後守［忠徳、外国奉行、小笠原島開拓御用］御用被仰付、取調罷在候、竹嶋之儀も同様御付属と申伝候処、元録[禄]年間朝鮮国江御付与相成候由に有之、琉球国之儀者、御国幷清国江服従仕候段、外国人も粗弁へ居候趣も相聞候に付、全く御省に相成候而、後来御不都合之儀難計に付、猶勘弁仕候処、右琉球国・竹嶋幷蝦夷地エトロフ島以来[東カ]之島々、同北地五十度以北ハ、絵図着色仕置候ハヽ、御辞柄も相立可申、且測量行届不申候島島迄、補入致候て者、実測原図まて不信用に可相成との儀、無謂儀に者無御座候得共、勘解由撰図迚も必相違無之と者難計、各国図とも最前者概略に而、近年精密に至り候儀に付、悉く不信用之儀も有之間敷、右島々当今御省キニ相成候得者、後年外国より恣に開拓致候節、御辞柄相立兼、蚕食之辞柄に屈し候よりも補入いたし、御開拓御盛業相成候方可然奉存候間、前文島々補入いたし、都而伺之通り被仰渡可然奉存候、越中守［大久保忠寛、文久元年十月外国奉行に転任］相除、私共評議仕、此段申上候、

水野筑後守［忠徳、外国奉行］
松平石見守［康直、外国奉行］
鳥居越前守［忠善、外国奉行］
津田近江守［正路、外国奉行］
竹本隼人正［正明、外国奉行］
一色山城守［直温、外国奉行］

酉十月

右によれば、この当時、外国奉行の理解する日本付属地の範囲は、次のとおりであった。クナシリ・エトロフ全島、北蝦夷地（カラフト）五〇度まで、無人島（小笠原諸島）は古来付属地と伝承しており、このほど水野忠徳に開拓御用が命じられた。竹島は古来付属地であったが元禄年間朝鮮国に御付与になった。琉球国は日本と清国に服従していることは外国人も粗々わきまえている。なお、ここでいう竹島とは、こんにち所属が問題となっている竹島とは別の島で、現在は鬱陵島と呼ばれている。現在の竹島は、日本からみると鬱陵島に航行する途中の小島であり、当時は鬱陵島に比べ産物の乏しい利用価値の少ない島として考えられていた（池内 二〇一二）。

そして、琉球国、竹島、「夷地エトロフ島以来［東カ］之島々」、カラフト五〇度以北は、絵図面に着色したならば、御口実（「御辞柄」）もたつはずだとの意見をだし、勘定奉行の意見については、以下の通り批判した。測量不行き届きの島々まで補い入れては実測原図まで不信用になるとの意見は理由のないことではないが、伊能撰の図も必ず間違いがないとは言えないだろう。各国の図も近年になって精密と成ったのであるから、皆不信用にもならないであろう。右島々を今省いては、後来、外国から恣に開拓する時、御口実がたちかねて蚕食の口実に屈するよりも、補い入れ、開拓の御盛業となるようにすべきである。

結局、文久元年(一八六一)一一月に示された幕府指示は、次の通りであった。

書面伺之通相心得、尤琉球・小笠原島幷蝦夷地エトロフより東之島々且同所北地五十度より北之方者、絵図面着色いたし、近来外国人持渡之内精詳之図相撰、地名者箱館奉行取調候絵図幷前田健助取調候品見合、外国人より名付之地名等者一切不相用方と取極、補入候様可致、

①蕃書調所の伺の通り心得ること、②もっとも、琉球、小笠原島、エトロフより東の島々、カラフト五〇度より北については絵図に着色せよ。③外国製の精細図を撰び、地名は、箱館奉行所の絵図、前田健助の調査を参考にし、外国人命名の地名は一切使用せず、伊能図に補足するように。この幕府決定は、次の三点を明確化したものだった。すなわち、第一に、伊能図そのままではなく、日本に属する範囲を表現するよう描写範囲を補充すべきこと、第二に、特定の領域について着色すること、第三に、外国製精細図を参照するが、地名は外国人命名の地名を使用しないこと。

第二点の着色指示については、前述した外国奉行の理解においても、次段落に記す当時の状況から

も、「日本外」と考えられていたエトロフより東およびカラフト五〇度より北を、琉球・小笠原とともに着色せよという内容であり、着色により国土の範囲を表示するという発想を前提にしている我々にとっては、一見理解しがたい指示内容といわざるを得ない。実はこの着色指示は、この文久元年一一月という時期、国際的には日本の周縁が確定してはいなかったことに対する幕府の苦肉の策だった。国際的には「日本」領として認知されていない領域については、『実測図』には掲載するが、着色を施して他の日本の領域とは異なることを示すよう、幕府は指示したのである。

千島列島については、安政元年（一八五四）の日露和親条約で、エトロフは日本領、ウルップ以北はロシア領と合意されていたが、カラフトについては日本の北緯五〇度分界案が容れられず、日露人雑居状態となっていた。小笠原諸島は、捕鯨や太平洋交易のための英米船の寄港地となっていた。文政一〇年（一八二七）の英国領宣言、嘉永六年（一八五三）米国使節ペリーによる敷地購入などの動きがあった。文久元年三月の外国掛大目付・目付評議書では、前年出版された英国製地図に小笠原が英国所領の色分けに組み入れられており、「一日も御安心あい成り難し」と指摘していた（『大日本古文書　幕末外国関係文書』五一―八〇）。文久元年九月一九日には、外国奉行水野忠徳を小笠原島開拓御用掛に任じ、同一二月一九日、水野以下一〇〇名を超える一団が派遣される。この時、外国人島民から服従の誓書を提出させ、さらに、翌年八丈島の島民を移住させた。しかし、文久二年二月オールコックがこれに抗議し、日本の移民は九ヶ月で中止されることになる（安岡　二〇〇二）。琉球については、安政元年（一八五四）四月、老中阿部正弘宛、林大学頭昇・西丸留守居海防掛筒井政憲連名上申書では、琉球国について表だってはどこの属国というべきかとの諮問に対し、「唐国」は父の如く、日本は母の如き意味なので、押立申す時は、「唐土の属国」と申すべきと思われると述べていた（東京大学史料編纂所『維新史料綱要』データベース所収史料）。この時期、幕府首脳部は、薩摩藩の意見を受け入れ、琉球王国をいわゆる「鎖国」制から切り離し、仏英との修好・貿易を黙認する方針をとっていた（『沖縄県史　各論編　第四巻』）。琉球国は、安政元年にはペリーと修好条約を、安政二年には仏艦隊司令官ゲランと和親条約を、安政六年（一八五九）にはオランダのドンケル・クルチウスと和親条約を調印するなど、各現地責任者と独自に条約を締結した。しかし、文久二年（一八六二）閏八月には老中は、英国代理公使ニールに、琉球国は「我国の所属」であると同時に、「唐土へも通信」してきたと伝えた（前掲『維新史料稿要』データベース）。オランダ・フランスは条約の批准を見送った（横山　一九九六、高木不二　二〇〇九）。前述したように（第三節）、元治元年（一八六四）、老中は、刊行日本図に掲載する琉球国には両属の符号をいれるという開成所の見解を承認する。

地図の色分けは国境の証拠たり得るか

その一方、日露の国境談判では、地図の色分けが国境の証拠たりえるかという点についての論争が展開した。文久二年（一八六二）八月二日、ペテルスブルクの予備宮殿において行われた、仏蘭西英吉利其外外国御用正使竹内保徳（勘定奉行・外国奉行兼帯）・同副使松平康直（神奈川奉行・外国奉行兼帯）・同前京極朗（目付）等と、ロシア外務省アジア局長ニコライ・イグナチエフとの交渉を記した対話書によって、その様子をみてみよう（以下本項の記述・史料引用は『続通信全覧』類輯之部 警衛門 辺彊分界 樺太分界幷警衛一件、外務省外交史料館蔵による）。この境界談判では、カラフト上の北緯五〇度を主張する日本側は、一八五四年プチャーチンが下田に難破したとき所持していた絵図面では、カラフトに「我国」の色分けがなされていたこと、ペテルスブルクの草木園にある「地球の図面」にもカラフトが色分けされている例をあげ、島上境界の論拠として主張した。これに対して、ロシア側は次のように反論した。

①ロンドンなどで刊行している絵図面には、満州を自国の領地として色分けしているものもある。これをもってシナに絵図の談判をするならば、シナはさだめし驚くであろう。絵図の色分けは、証拠としてあてにはならない（龍動抔ニ而刊行いたし候絵図面ニ者、満州之地を以自国之領分ニ色分相成以自国之領分ニ色分相成候品も有之候間、右絵図を以て支那江致談判候ハヽ、同国おゐて者定而驚き候儀ニ可有之候間、右絵図面色分之儀者、決而当てにハ不相成候）。

②絵図面は、刊行主体の存意によっていかようにも色分けが可能である。けっして当てにはならない。もしこれをしっかりとした口実となるとして、私から刊行者に頼んで江戸の半分をロシアの色分けにしたならば、カラフトくらいの得失では済まなくなる（右絵図面之儀者、刊行いたし候もの之存意次第、如何様ニも色分致出来候儀ニ付、決而当てに者相成不申、若右者聢と之辞柄ニも相成候儀ニ而、私ゟ刊行いたし候もの江相頼、江戸半分魯西亜之色分にいたし候ハヽ、半島位之得失ニ者無之候）。

③航海など絵図面として要用の要素は、地形などの研究であり、もとより色分けには無関係である

（航海其外絵図面要用之儀ハ地形など研究いたし候訳ニ而、素ゟ色分ニ拘り候儀ニ者無之）。

④絵図面の色分けは、航海者がその島を訪れたときに、そこにいる人民に「どこの（国に属する）人か」と尋ねたところ、「日本から来た者で日本人だ」と答えたので、（その情報に基づき地図作成者が）その地も日本地として色分けしたのであろう。つまるところ、人と土地の区別を行っていない故だ（絵図面色分之儀者、全く航海いたし候もの彼島江罷越候節、其人民江いつれ之人ニ候哉と相尋候処、御国ゟ罷越居候ものにて日本人と相答候ニ付、其地も矢張日本地と相心得色分ケいたし候儀ニ可有之候間、右者畢竟、人と土地と之差別無之故ニ有之候）。

このように、ロシア側は、地図の色分けについては各出版者の恣意によって左右され、また地図作成が往々にして航海者からの伝聞情報に頼っているという問題があること、すなわち、地図色分けについての国際的に承認されたルールは存在せず、境界判断の材料とはならないという主張を行ったのである。日本側はこれらの諸点を論破できなかった。この談判によっても境界画定は合意されず、現地での談判に持ち越された。

カラフト問題と分界非表示の決定

『実測図』は文久元年（一八六一）幕府指示に基づき、「高名の諸図」ならびにオランダ・イギリス・ドイツ出版の地図を参照しながら補足作業が行われた。文久三年正月に外国奉行が入手した「魯西亜献貢の絵図類」を、洋書調所（蕃書調所が改名）が参照したところ、カラフトの位置が著しく相違していることが判明した。このため、文久三年一〇月付けで、開成所（洋書調所が改名）頭取と当時洋書調所御用掛に任じられていた御儒者林昇らの連名で伺書が提出されている（倉沢 一九八三）。さらに文久三年一二月、元治元年（一八六四）正月、同メンバーから「カラフトについての下知が間に合わないならば、カラフト地図は除き、内地全図ならびに琉球・小笠原島・蝦夷地図などを、望みの者に渡し、代料を納めさせるようにしたい」との伺書が提出されたが、幕府の判断は示されなかった。元治元年九月には、同メンバーから「元来地図の儀は、実地緊要の品柄。もとより精細が明らかになくてならないところ、これまで世間ありふれたものは疎漏多く信用できない、のみならず僅かな差が千里の謬となるのは言うまでもなく、品により「不容易・不都合」もできるので、畢竟この訳をもって先般実測地図を官板に命じられたのであろう。なにとぞすみやかに世上一般の実用になるようにしたい」「最前伺ったとおり、カラフト地図は除き、その余の図面は当御場所において摺りたてさせ、望みの者に渡し、寛（ひろ）く世上の用になるようにしたい」との伺書がだされた。この開成所の、『実測図』の迅速な刊行・一般頒布を求める動きに対して、幕府は、ようやく、「カラフト島より（地図に）加えて、分界領分などは摺りたてない。売り渡し方は、書肆に渡すのは見合わせ、開成所に願い出たところに御払い下げになるように取りはからう」ようにとの判断を示した（以上の経過は、前掲『続通信全覧』類輯之部 文書門 地図 日本実測地図一件、東京大学史料編纂所において公開中の「維新史料綱要」データベース所引史料による）。このように、『実測図』出版については、開成所側から何度も伺が出され、幕府に対応を迫っていくという過程を辿ったのである。

以上から明らかなように、『実測図』刊行のための開成所・幕府の検討は、単なる伊能図刊行計画ではなかった。この過程で、箱館奉行に蓄積された諸地図の見直しも企図された。文久元年十月、箱館奉行に蓄積されてきた箱館・蝦夷地の地図類を、蕃書調所頭取古賀増・同大久保忠寛に渡し、同所において校合させたいという願いが、箱館奉行兼外国奉行津田正路・箱館奉行糟屋義明から提出されている（前掲『続通信全覧』蝦夷地図一件）。

『官板実測日本地図』

『官板実測日本地図』の刊行開始時期については、これまでのところ明確には特定しえていない。文久二年（一八六二）八月にフランス公使に一部贈呈された「日本地図半成の分」とは、半分完成した『実測図』であった可能性が高い。元治元年（一八六四）の時点で、陸軍所・軍艦操練所・目付方などには、数十枚印刷して渡されていた（以上、前掲『続通信全覧』日本実測地図一件）。

現存する『官板実測日本地図』には刊記は印刷されていないため、刊行時期の手がかりとなるのは、主に刊行印である。現存する図の中には、慶応元年（一八六五）まで開成所で使用されていた刊行印（開成所小印）が確認できるものが存在する。そのひとつ東京大学総合研究博物館保管『官板実測日本地図』は、次の四枚からなり、表紙に貼られた題箋に次のようなタイトルが摺られている。

（1）「畿内　東海　東山　北陸」（外郭寸法二二二三×一五一〇ミリメートル　図7⑥）
（2）「山陰　山陽　南海　西海」（外郭寸法八七〇×一三七〇ミリメートル）

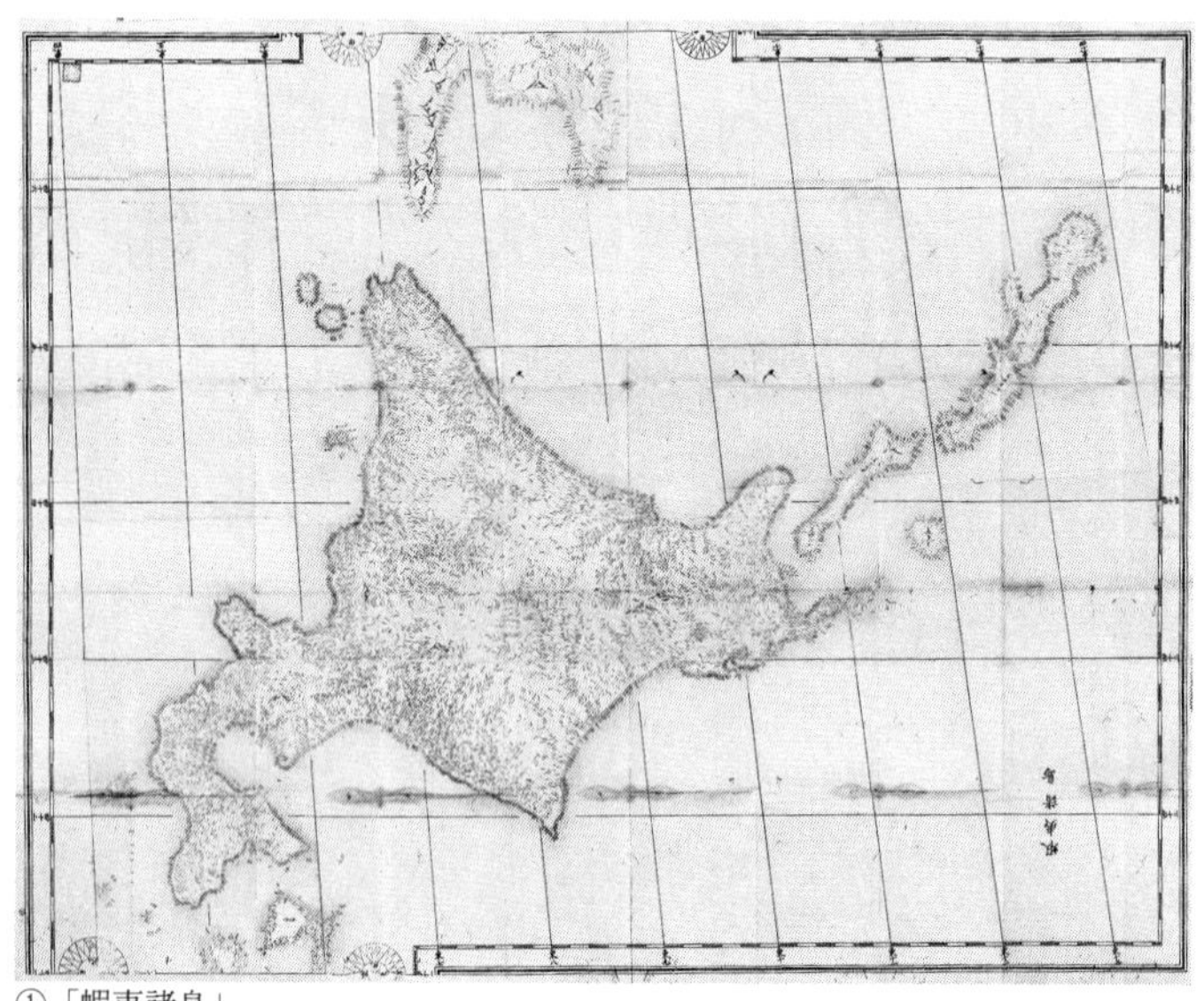

①「蝦夷諸島」

④「北蝦夷」北緯50度付近

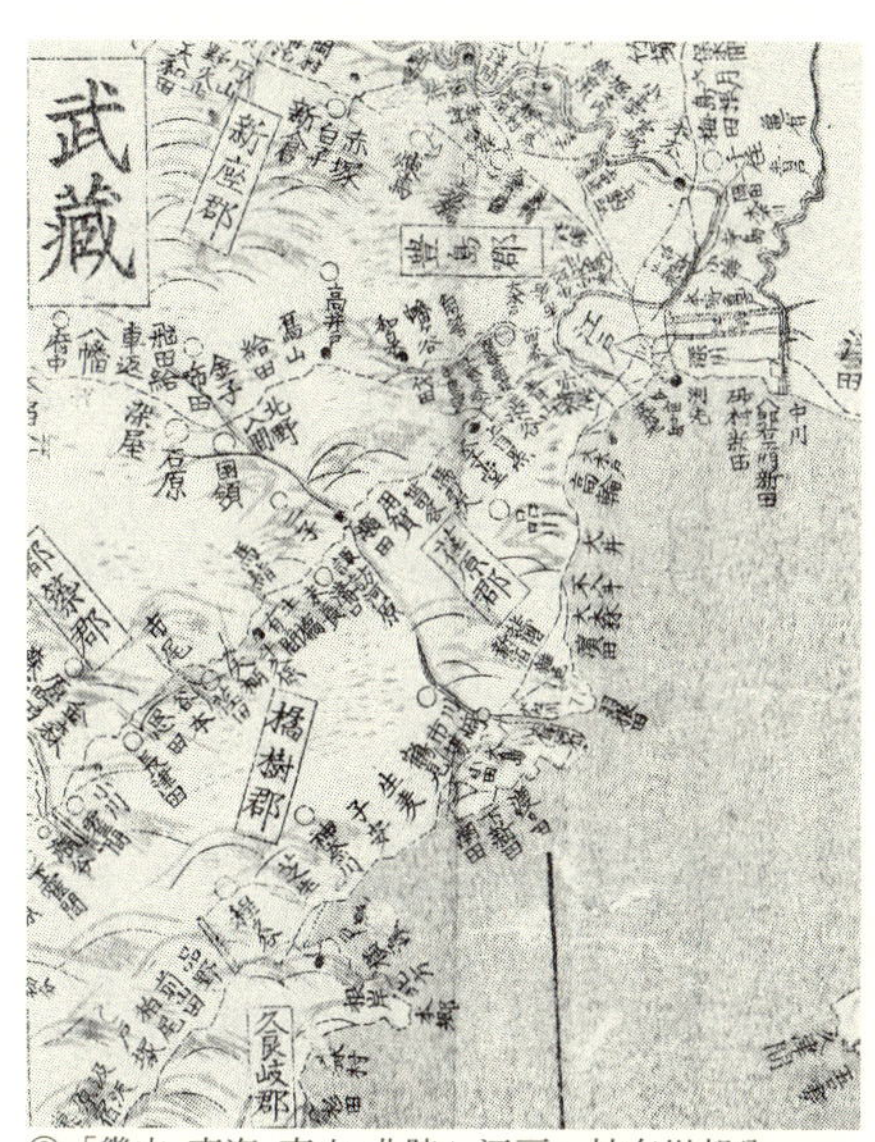

⑥「畿内 東海 東山 北陸」江戸〜神奈川部分

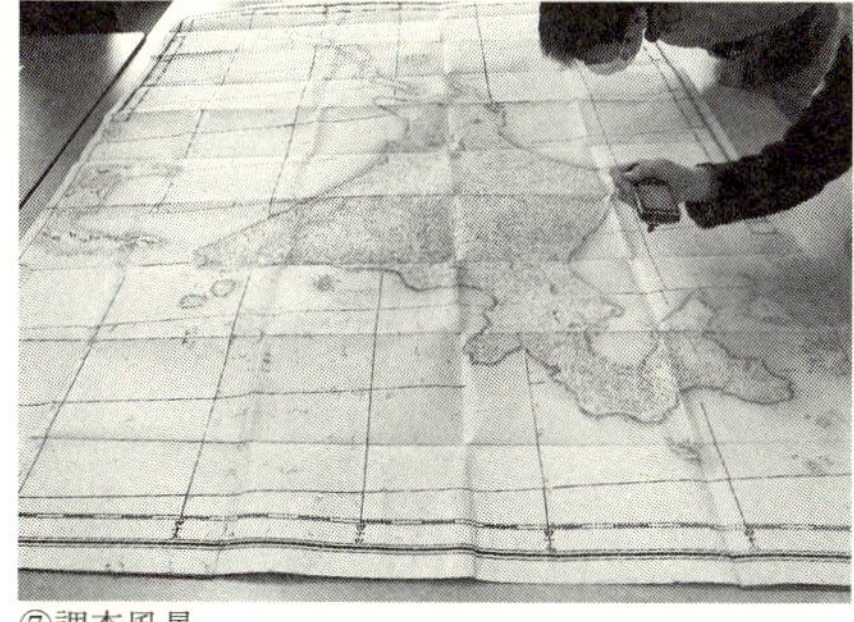

⑦調査風景

図7 『官板実測日本地図』（慶応元年以前刊行、東京大学総合研究博物館保管）
「蝦夷諸島」（7①）の料紙は、経度2度ごとに斜めに摺られた経線に沿って斜めに切られた紙を、貼り継ぐという凝った作りとなっている。経度「東五」を「四」に直すなど、張紙と手書きによる修正がみられる（7②）。

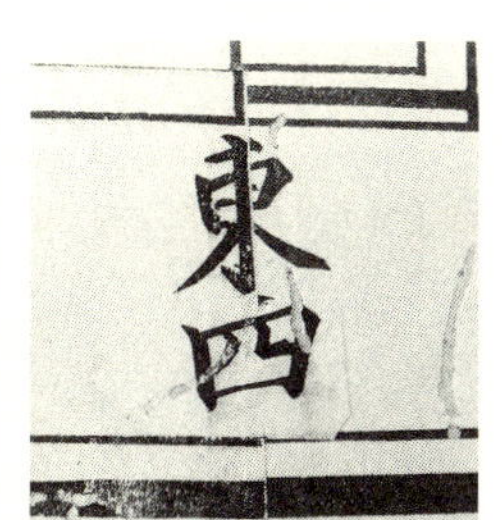

②「蝦夷諸島」経度修正部分

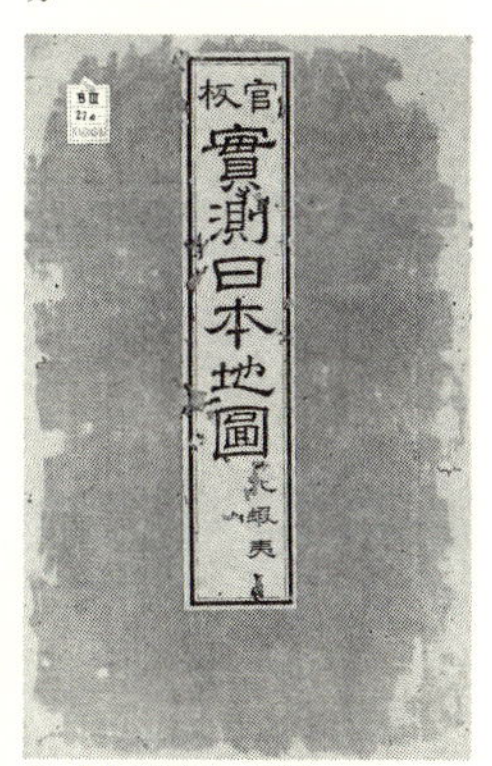

③「北蝦夷」表紙

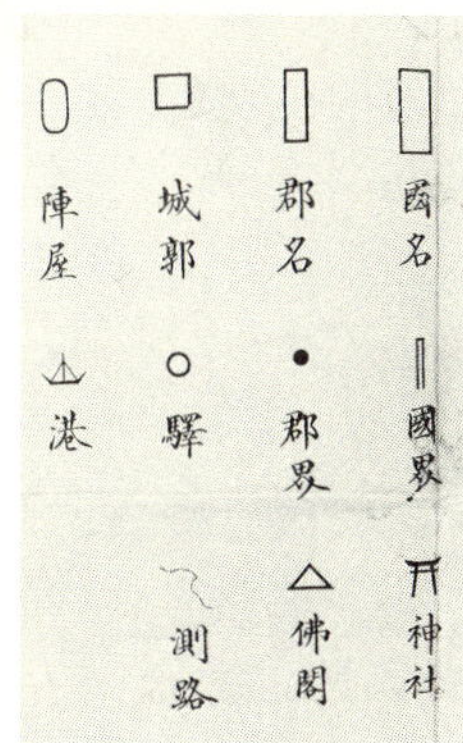

⑤凡例

（3）「蝦夷諸島」（北海道、カラフト島南端、千島列島の内エトロフ以南、外郭寸法一五一五×一九四〇ミリメートル　図7①・⑦）

（4）「北蝦夷」（カラフト島、外郭寸法二〇一四×七九三ミリメートル　図7③④）

（1）には、凡例（図7⑤）と付図「小笠原群島総図」が、（2）には付図「琉球諸島総図」も掲載されている。いずれも、長辺二メートル内外の大型図である。図中のタイトルや凡例に従うと、南が上となる。図中には経緯線が引かれている。経度は、京都に経度ゼロ（中度）を置き、そこから「東一」「東二」……、「西一」「西二」……と表示されている。三色の淡い色刷りだが、当時高度に発達していた多色刷り木版画である錦絵を思わせる印刷技術が生かされている。陸上は薄墨色で山形などを下刷りした上に、墨色で、名山・国名・地名などを印刷するという手の込んだ二色木版刷りになっている。また、沿岸から海中にかけて美しい青色のぼかしが印刷されている。境界線や着色による領域区分はみられない。

淡々と領域を描写したに過ぎないようにみえる本図だが、注意深く観察すると、「北蝦夷」、「蝦夷諸島」（図7①）、小笠原群島、琉球諸島には、図中に内題のかたちでそれぞれの名称が記されていることがわかる。伊能小図には図中にこういった名称は記載されていないので、これは『実測図』検討の中で、意識して付加されたものと考えられる。この記載により、「日本」は、A名称を必要としない自明な領域と、B名称を必要とする領域とに描き分けられていることになる。文久二年（一八六二）日露国境談判での色分け評議を経て、文久元年に幕府が着色を指示した領域への着色は断念され、すべてBとして表示されたのである。

外交の表舞台へ——パリ万国博覧会・欧州歴訪

そして『官板実測地図』は、最後の将軍慶喜による積極外交の中で、西欧諸国にむけた幕府の顔として使用された。慶応元年(一八六五)、駐日仏蘭西公使ロッシュ(Léon Roches,一八六四年着任—一八六八年五月帰国)は、幕府にパリ万国博覧会への出展を要請し、慶応二年二月には、勘定所・外国方・目付が出典品の収集を分担することになった(森 一九九三)。同年七月第二次長州征伐の渦中に将軍家茂が死去したが、新たに将軍職を襲職した慶喜は、実弟徳川昭武を将軍名代として派遣することとした。この万国博覧会に、勘定奉行小栗忠順・外国奉行らは、ロッシュが要請した日本図(「御国図」)として、すでに摺りたてた『官板実測日本地図』のうちから鮮明のものをえらんで箱などを特に入念に仕立てたものを五部出品したいと上申書を出した(慶応二年正月二三日)。その理由として、「英国測量船に写図をお渡しになったこともあり、彼らも精微の段を称讃していたので、出品してしかるべきだ」と述べている(『続通信全覧』類輯之部 修好門 徳川民部大輔欧行一件附録十、外務省外交史料館蔵)。

当時の「日本」の現実は、中央権力としての幕府のありかたが朝廷・諸侯以下諸階層から問い直され、誰が国内政治のヘゲモニーを握るかについて予断を許さない状況にあった。パリ万博とそれに伴う外交は、幕府にとっては欧米に対しての中央政権としてのアピールの舞台であり、それに対して政治秩序を問い直そうとする諸勢力にとってのアリーナでもあった。その開場の日、薩摩藩は琉球国を統括する立場で参列し、幕府側の抗議にもかかわらず、幕府の「日本大君政府」とならんで、薩摩藩は「薩摩太守政府」、佐賀藩は「肥前太守政府」と表示して展示を行った。西暦一八六七年四月二六日（和暦三月二二日）のパリの新聞『リベルテ』は、幕府と薩摩藩の同格な立場を強調した論説を掲載した（犬塚 二〇〇二、國 二〇一〇）。一方、仏皇帝ナポレオン三世への謁見に成功した昭武に対して、薩摩藩の使節は、英・仏からは公式使節としては遇されず、薩摩藩の希求したベルギー国王謁見は実現しないという結果に終わった（高木、二〇〇一）。

一八六七年に開催された同博覧会に幕府から出品された地図・絵図類は、慶応三年二月に博覧会掛・外国奉行が提出した「博覧会出品目録」によれば次の通りである（前掲『続通信全覧』徳川民部大輔欧行一件附録二三）。

実測日本図	一部
同	同
同	同
同	同
同	同
江戸図	一枚

富士見十三州図　一枚
関八州図　壱枚
輿地便覧　二帖
沿革図説　弐帖
銅板細図　弐部
国郡全図　弐冊
校正日本図　壱冊

これらがどういった内容の地図であったかをすべてここで明らかにすることはできないが、まず冒頭に、『官板実測日本地図』が五部（前述したように、四枚で一部となっている）、一部ずつ書き上げられ、それに幕府の基盤となる『江戸図』が続き、そして、上空から真下に見下ろした富士山——当時としては異例の地形表現であった——とその周辺を描いた『富士見十三州図』、さらに『関八州図』が続く。次に、日本全体に関わるものとして、国別の国図を集成した地図帳(『日本輿地便覧』、『国郡全図』)や、日本の中央政権が日本列島上に支配を伸張していく過程を地図として図示した一種の歴史地図帳(『沿革図説』)が用意されたのである。このように、パリ万国博覧会に幕府から出品された地図・絵図類は、幕府を支える歴史と空間を表す諸刊行図であった。『官板実測日本地図』は、その筆頭として、西欧諸国に誇りうる日本図として特別仕様に仕立てられ、出品された。

さらに、『官板実測日本地図』は、「外国人あい望み候品につき」(慶応三年正月九日、外国奉行上申)、昭武から諸外国の要人に贈る土産としても展示品とは別に一五部用意された。パリ万博開催国フランスのナポレオン三世や、開催と同じ一八六七年に修好通商条約の仮条約を結んだイタリア皇太子など、欧州各国首脳に贈られたのである(前掲『続通信全覧』徳川民部大輔欧行一件附録、および類輯之部 礼儀門 謁見 徳川民部大輔各国帝王へ謁見)。

『官板実測日本地図』の刊行は、計測され経緯度をもった図として表現されうる海洋にとり囲まれた地球という新しい世界認識を前提としていた。出版という行為を通じて、政治権力が世界や社会に対してこのような世界のなかで領土を視覚的に表現するという、それまでの日本の中央権力が持たなかった発想を帯びていった。ここに開成所という存在が大きな役割を果たし、彼らは出版検閲のあり方に対しても問い直しを行いはじめた。この過程を具体的に見てきた我々は、その過程における幕府側の模索が、現代の我々には一見理解不能ともいえる対応も含んで展開していたことを目の当たりにしてきた。このことは、視覚化された国家の姿を、西欧社会をも視野に入れて公開するという行為が、当時の人々にとってはいかに新規な政治文化であったかを雄弁に物語っている（杉本 二〇一五）。新政府は、早くも明治三年（一八七〇）、この図を大学南校から出版することになる。

参考文献

池内敏『竹島問題とは何か』、名古屋大学出版会、二〇一二年
石橋悠人『経度の発見と大英帝国』、三重大学出版会、二〇一〇年
犬塚孝明「パリ万国博覧会と薩摩外交――「プロパガンダ」の外交戦略」、犬塚孝明編『新薩摩学1 世界の中の「さつま」』、南方新社、二〇〇二年
海野一隆「絵図」『CD-ROM版 世界大百科事典』、日立デジタル平凡社、一九九八年
金窪敏知「世界測量史における伊能図」『伊能図に学ぶ』、朝倉書店、一九九八年
川村博忠「幕府命令で作成された嘉永年間の沿岸浅深絵図」『地図』二七号、日本国際地図学会、一九九九年
菊池真一「幕末から明治初年にかけての日本近海英国海図」『海洋情報部研究』四三号、海上保安庁、二〇〇七年
金田章裕・上杉和央執筆『地図出版の四百年――京都・日本・世界』、京都大学大学院文学研究科地理学教

室・京都大学総合博物館編、ナカニシヤ出版、二〇〇七年
金田章裕・上杉和央『日本地図史』、吉川弘文館、二〇一二年
國雄行『博覧会と明治の日本』、吉川弘文館、二〇一〇年
倉沢剛『幕末教育史の研究 1』、吉川弘文館、一九八三年
櫻井豪人「開成所刊行」の朱印と開成所刊行物」『汲古』第三五号 一九九九年
杉本史子「国絵図」『週刊朝日百科 三一』、朝日新聞社、二〇一四年
杉本史子「新たな海洋把握と「日本」の創出――開成所と幕末維新」『日本史研究』六三四号、二〇一五年
杉本史子、礒永和貴、小野寺淳、ロナルド・トビ、中野等、平井松午編『絵図学入門』、東京大学出版会、二〇一一年
鈴木純子「幕府海軍から海軍水路部へ――赤門書庫旧蔵地図に残る初期海図の軌跡」『東京大学史料編纂所研究紀要』二三号、二〇一三年
高木崇世芝「『官板実測日本地図』論考――その編纂過程と図の内容・種類（一）―（三）」『伊能忠敬研究』二七―二九号、二〇〇一―〇二年
高木不二「慶応期薩摩における経済・外交路線と国家構想――五代友厚のベルギー商社計画をめぐって」、明治維新史学会『明治維新の新視角』、高城書店、二〇〇一年
辻垣晃一・森洋久編『森幸安の描いた地図』、国際日本文化研究センター、二〇〇三年
中野等「標題・文字情報・年代・作製主体」、杉本史子、礒永和貴、小野寺淳、ロナルド・トビ、中野等、平井松午編『絵図学入門』、東京大学出版会、二〇一一年
ビーズリ、W・G「衝突から協調へ――日本領海における英国海軍の測量活動」、木畑洋一ほか編『日英交

流史1』、東京大学出版会、二〇〇〇年
平松義郎「近世法」『岩波講座日本歴史 一一 近世3』、岩波書店、一九六七年
福井保『江戸幕府刊行物』、雄松堂出版、一九八五年
宮崎ふみ子「幕末における幕府の洋学振興政策――開成所の発展を中心に」『講座 日本教育史 第二巻』、第一法規出版、一九八四年
村井章介「「日本」の自画像」『岩波講座 日本の思想 第三巻』、岩波書店、二〇一四年
森仁史「一八六七年パリ万国博覧会における「日本」」『戸定論叢』三号、一九九三年
安岡昭男「幕末・明治前期の対アジア交渉」『明治維新史研究 明治維新とアジア』、吉川弘文館、二〇〇一年
山口啓二『鎖国と開国』、岩波書店、一九九三年
山本秀樹『江戸時代三都出版法大概――文学史・出版史のために』、岡山大学文学部研究叢書二九、岡山大学文学部、二〇一〇年
横山伊徳「日本の開国と琉球」『新しい近世史2 国家と対外関係』、新人物往来社、一九九六年
横山伊徳「一九世紀日本近海測量について」、黒田日出男、メアリ・エリザベス・ベリ、杉本史子『地図と絵図の政治文化史』、東京大学出版会、二〇〇一年
Wigen, Kären, Sugimoto Fumiko, Karacas, Cary ed., *Cartographic Japan*, Univercity Press of Chikago, 2015.
『沖縄県史 各論編 第四巻』、二〇〇五年
『新訂増補国史大系 続徳川紀』、吉川弘文館
『大日本近世史料 市中取締類集 一八』、東京大学史料編纂所編、東京大学出版会、一九八八年

『大日本古文書　幕末外交関係文書』五二―一〇〇、東京大学史料編纂所編、東京大学出版会、二〇一三年
『幕末御触書集成』五、石井良助・服藤弘司編、岩波書店、一九九四年
『ハリス日本滞在記（下）』、坂田精一訳、岩波文庫、一九五八年

7 明治初期の学校と教科書出版

稲岡 勝

一 明治初期の小学校と教科書

田中義廉編『小学読本』の衝撃

「このころの初等教育は、今日のように子供の知能に応じて組み立てられたものではなく、教科書なども、［中略］いきなり「凡そ地球上の人種は五つに分かれたり、亜細亜人種、欧羅巴人種、馬来人種、亜弗利加人種、亜米利加人種是なり」という文句で始まっている読本を、いろはやアイウエオもろくに覚えきらないうちに教えるのだから、乱暴なものであった。これには、田中義廉編、那珂通高校とあるが、アメリカのウィルソンのリーダーの翻訳で、明治十年代の末ごろまではまだそれを用

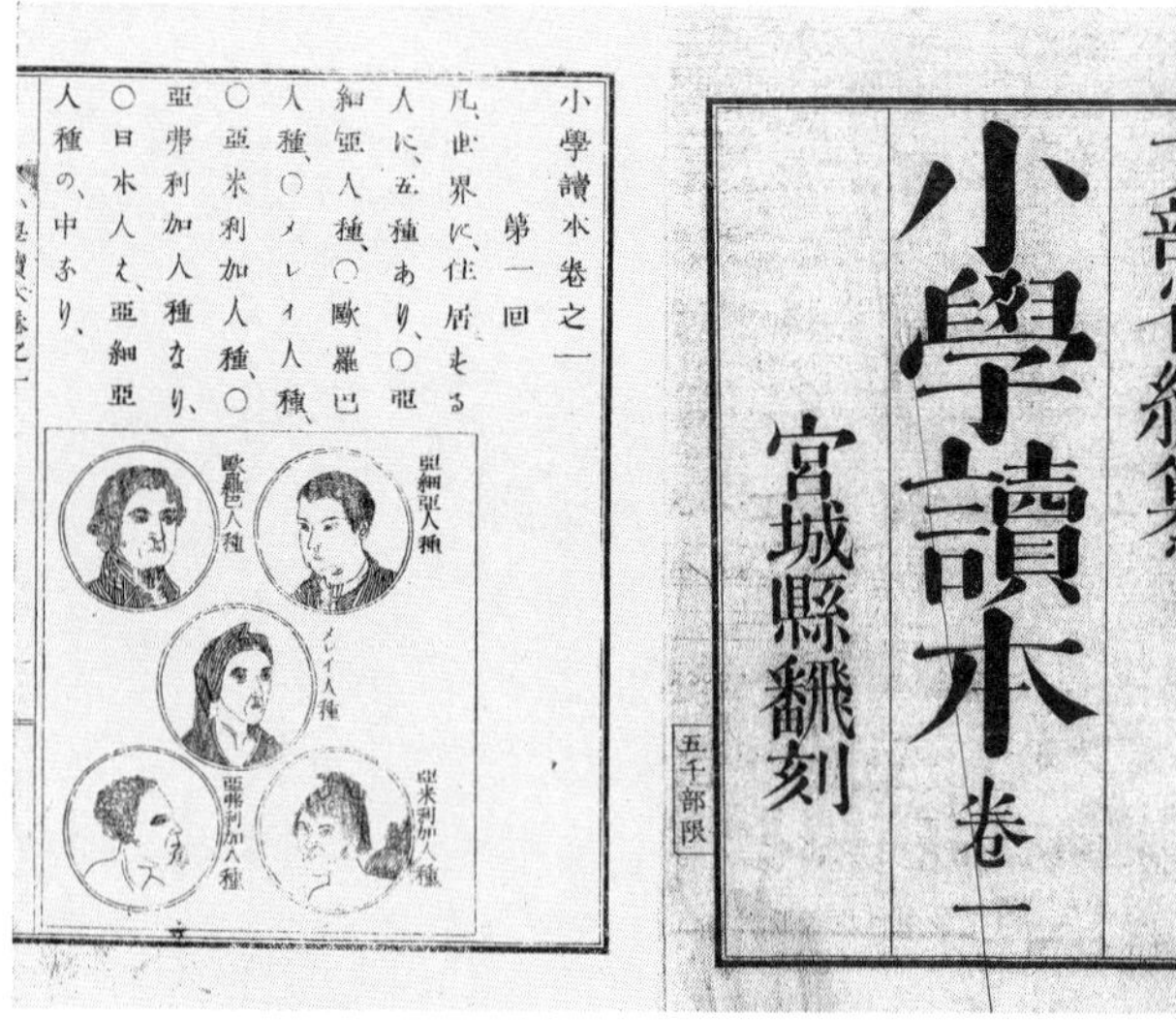
文部省編纂
小學讀本 巻一
宮城縣飜刻
五千部限

小學讀本巻之一
第一回
凡世界に住居する人に五種あり○亞細亞人種○歐羅巴人種○メレイ人種○亞米利加人種○亞弗利加人種なり○日本人は亞細亞人種の中なり

図1　田中義廉編『小学読本』巻一の見返と巻頭。五人種分類はドイツのブルメンバッハのもの（鳥居龍蔵 1953より）

いていたので、「凡そ地球上の人種は」という言葉は、酒屋や魚屋の小僧までがそれを囀っていた」（長谷川 一九五〇）。

徳島市内の裕福な商家に生まれた鳥居龍蔵も同じことを語っている。彼もまた『小学読本』冒頭の一文に異様な感銘を受けた一人で、「私が今日不肖ながら、人類学を専門とするようになつたのは、知らず識らずの間に、この小学読本五人種の記事の影響と考えられる」と述べ、「日本において早くこの世界の五人種の記事を小学読本の巻頭に取入れたのは、実に卓見であつた」とされた（鳥居 一九五三）。

開巻驚奇（開けてビックリ）の『小学読本』（図1）を少し読み進めると、次のような一節に出会う。かつての身分的拘束から解放された四民が皆等しく小学校に入ること、そしてそこで学習することの意味が説かれる。

「人の務めは種々にて、士農工商とも皆別々の学文あり、されども幼年のとき習ふべき学文はみな同じことなり、これを一般の学文といふ○この学文を習はざれば、何れの業をも学ぶこと能はず、故に人は六七歳に至れば、皆小学校に入りて一般の学文を習ふべし○小学校は士農工商とも皆習ふべき学文を教ふる所なり」(『小学読本』巻之一　三丁裏)。

『小学読本』はアメリカのウィルソン・リーダーを田中義廉が訳したもの。田中は信州飯田出身、洋学を修め草創期の海軍学校で活躍し次いで文部省に転じ教科書編纂に従事した。しかし編纂を急ぎすぎた咎が出て東京師範学校彫刻の小学読本や日本地誌略には誤りが目立ち、各府県や諸新聞から多数の疑問や苦情が寄せられた。そこで文部省は明治七年(一八七四)七月これを改正して旧版を毀したが、それは上記二書のほか「英史及掛図、日本支那西洋史略、物理階梯、小学地理初歩の類」に及んだ。改正版は完璧とは言えないが旧版に比べれば「其誤謬を改正せる所多し庶[こひねがは]くは読む者改正の本に拠りて既に毀[こぼ]ちし旧版を購[あがな]ふこと勿[な]かれと云ふ者は文部省報告課中の埴原経徳なり」(投書、『郵便報知新聞』明治八年八月一三日)。

文部省教科書の編書担当官の言うことだから間違いはないであろう。例えば小学読本五人種の記述、長谷川如是閑は改正版の文章を引用して述べたのに対し、図1で示した方は旧版の一節である。この微妙な差異に読者は気づかれただろうか。

学制頒布と小学校の設置

近代の学校教育は明治五年の学制に始まると言われるが、その高い理想とは裏腹に現実はかけ離れたものであった。全国に小学校の設置が実施されるが、その実情は地域によって千差万別であった。教員も校舎も教具や教科書もすべて乏しい時期の、いく人かの当事者――学事担当者、小学校教員、小学生徒――の回想から当時の実相を窺ってみよう。

〈松山の学区取締・内藤鳴雪〉

俳人として知られる鳴雪は弘化四年（一八四七）代々松山藩士の家に生まれた。学制が頒布されると旧藩で学政専任の職にあったので学区取締を命ぜられ、小学校設置などの事務にあたることになった。学区取締とは受持ち学区内の学務に関する事務一切を担当する者で、多くの場合その土地の名望家が選任された。「是迄に例のない小学校といふものを創設するのだから、中々困難であつた」。学問の習慣がある士族子弟の場合は問題もなかったが、「それも町家となり、更に郡部の農家となると、僅に習字を教へる寺小屋位の外学問をさせるといふ例がないので、全く余計の干渉をして農商業の妨げをすると思ひ、随分不平を述べた。それを大区や小区の役員と共に私は説諭を加へて、是非とも学制の如く小学校を創設し児童を就学せしめねばならぬのだから、骨が折れる訳なのだ。［中略］それから学課や教科書も別に出来て居なかつたから、私は自分で拵へて、此頃出来ていた福沢物の、究理（ママ）図解、地学事始、世界国尽し（ママ）、とか其他文部省出版の単語篇連語篇とかを間に合せに用ゐた」（内藤一九二二)。

〈新保磐次「三十年前の田舎の学校」〉

新保磐次は安政三年(一八五六)越後国の一宮弥彦神社祠官の家に生まれた。父新保西水は著名な学者でその薫陶を受けて育った。磐次は父の門人から懇請されて漁村と下田ばかりの貧区に小学校を創設し運営する。当時の田舎はまだ「小学校は夷人の指図で切支丹を教える処だ」と言って子弟の入学を嫌う者が多く、したがって月謝はもちろん、組合各村から経費を快く出さない時代であった。

「往つて見ると新潟県庁から配付された教科書の見本と云ふ参考書とが少しあるばかりだ。其の書籍は単語篇、智慧の環、智慧のいとぐち、日本図画、世界国尽、地方往来、農業往来、世界商売往来、学問のすすめ、天変地異、修身訓蒙、西洋衣食住、西洋事情、博物新編、気海観瀾広義、筆算訓蒙等であつた。[中略]近傍の寺の一部分を借受けて生徒を集めたが、扨困つたことには教科書が見本一部だけしか無い。よし沢山あつても、生徒銘々に新規の本を買へと云つたら、それこそ大変すぐに切支丹排斥運動が起こる。そこで吾輩は各組の読方教科書各二部ずつ字体明瞭に写本して、下級の児童までも銘々其日の過程の処を「しきうつし」させた。是が書取の稽古にもなり、多少習字にもなり、後に一冊の本となるのだから、皆が至極喜んだ。

それから掛図などは吾輩自ら厚紙や絵具などを買つて来て拵へる。授業の手伝をした優等生の賞与なども(矢張り半紙五帖主義ではあつたが)吾輩の自腹を切る。斯ういう風であるから授業生等も真実に骨を折る、学校時間後には生徒等が吾輩の寓所へ寄つて来て勉強の邪魔もすれば手元の用も足して呉る。生徒の父兄も切支丹の考へを一洗して昔風の師弟の関係よりは一層親密和楽の間柄であつた」（新保 一九〇二）。

〈塩原金之助（夏目漱石）と市ヶ谷学校〉

「南向きの部屋であつた。明かるい方を脊中にした三十人許りの小供が、黒い頭を揃へて、塗板（ぬりばん）を眺めてゐると、廊下から先生が這入つて来た」。先生は貧相で爺むさく垢だらけの着物を着ているので、みなから馬鹿にされていた。「先生はやがて、白墨を取て、黒板に記元節と大きく書いた。小供はみんな黒い頭を机の上に押し附けるやうにして、作文を書き出した」。先生が部屋を出て行くと「後から三番目の机の中程にゐた小供が、席を立つて先生の洋卓（テーブル）の傍へ来て、先生の使つた白墨を取つて、塗板に書いてある記元節の記の字へ棒を引いて、其の傍へ新しく紀と肉太に書いた。外の小供は笑ひもせずに驚いて見てゐた」。やがて教室に戻った先生は塗板に気がつき、「「誰か記を紀と直した様だが、記と書いても好いんですよ」と云つて又一同を見廻した。一同は黙つてゐた。／記を紀と直したものは自分である。明治四十二年の今日でも、それを思ひ出すと下等な心持がしてならない。さうして、あれが爺むさい福田先生でなくつて、みんなの怖がつてゐた校長先生であればよかつたと思はない事はない」（「紀元節」『永日小品』）。

恐らくこの小品は市谷柳町にあった市ヶ谷学校での思い出であろう。教場の机が三人掛けであることは同級の遊び友達篠本二郎の記憶（篠本 一九三五）とも一致する。二人して両側から成績抜群の美少女を苛めたりしたが、この女生徒の姉は算術を受持つ二〇歳ばかりの色の白い病弱な人であった。市ヶ谷学校は明治七年三月二三日第三中学区第四番公立小学として設立、生徒数男六四、女三〇人。前身は市谷山伏町二に漢学者島崎栄貞等が開いた私塾「育幼舎」であったが、府の勧奨で区内幼童学所に改制、同所教師になった島崎は東京府の講習を済ませて教員資格を得、その結果郷学校から公立学校に申請し許可となったもの。明治八年四月一日、そこは生徒の増加で手狭になり市谷柳町十六に移転（『新宿区教育百年史』）、この校舎に金之助や篠本二郎、才色すぐれた鈴木のお松さん、喜いちゃんこと桑原喜市（『硝子戸の中』三十一、三十二）などは通ったのである。

東京府の小学校政策は他の府県とは著しく異なり、民意をくんで無理な公立小学校の増設を避け、旧寺子屋・家塾を私立小学校として認可する方針をとった。これに対し他府県では実施の当初から寺子屋や私塾を厳しく抑制し、民費負担による公立小学校設立を強行することが多かった（小木 一九八〇）。岐阜県や山梨県では有志有力者の寄付金によって擬洋風校舎の小学校が数多く建てられた。ただ長谷川如是閑が自らの経験を述べたように、公立私立の学校格差は歴然としていて、公立は上層庶民の、私立は下層庶民の通う学校という社会通念が成立していた。樋口一葉『たけくらべ』は不夜城吉原と大音寺前の狭い地域に暮らす子供集団をいきいきと描いた名作であるが、そこにも学校の格差が対立のたねとなっていた。裕福な正太郎はただ一人公立学校に通学し、そのゆえに貧しい乱暴者の

図2　山田行元著『千葉師範学校書牘』の「題言」中の挿絵。授業の仕方を説く、第二図は復習の場面

長吉やその子分たちから憎まれる。彼らはオルガンもない「私立の寝ぼけ生徒」とばかにされていたのである（前田 一九七八）。

学級教授法と教科書

漱石と一つ違いの内田魯庵は公立の育英小学校（前身は松前学校）に学び、初めに福沢諭吉『世界国尽』を授けられたが「ウヰルソンのリーダーの翻訳の読本と変つたのは夫から一年ばかり後だつた。其頃の小学教科書は大抵西洋の教科書の翻訳だつたから今のと違つて世界的で、歴史や理化学の階梯は読本で教へられた」（内田 一九二七）。

学制によって欧米の制度を手本に小学校が設置され、授業の仕方も欧米風に学級単位の一斉教授の方法が行われた。新しい学級教授法普及のため多くの教授書が出版されたが、なかには一斉教授の実際を示す絵図（図2）を載せているものも多い（海後・仲　一九七九）。例えば鮮斎永濯画「小学入門教授図解」（明治一〇年）などはよく目にする錦絵である。しかし寺子屋や私塾の個別教授になれた世代から見ると、一斉教授の現場はなにか異質で奇妙なものに映ったかもしれない。河鍋暁斎はそれを「暁斎楽画第三号　化々学校［ばけばけ］」と戯画化した。

ともかく教科書は教室での一斉教授に必備の道具となった。そればかりか時には筆墨紙（半紙）などと並んで学業優等賞の賞品にもなった。金之助少年は「勧善訓蒙だの輿地誌略だのを抱いて喜びの余り飛んで宅へ帰つた昔を思ひ出した。ご褒美をもらう前の晩夢に見た蒼い龍と白い虎の事も思ひ出した」（『道草』三十一）。『勧善訓蒙』は児童の心得を説いた仏人ボンスの著書を箕作麟祥が訳述した修身書。『輿地誌略』は内田正雄纂輯、世界地理を大陸ごとに詳説したものだが、世界各地の風景風俗を描いた挿絵が豊富にあるせいか大ベストセラーになった。教科書にはこのほかに何があったのだろうか。またどのように作られ生徒の手に届いたのだろうか。次節ではそれを具体的に見て行こう。

二　明治初期教科書出版の実相

文部省と官板翻刻教科書

日本の近代化は政府の主導で進められたが、教育も例外ではなかった。文部省は明治五年（一八七二）九月小学教則で教科を年級別に配当し、教授する内容と使用すべき標準教科用書を例示した。前節で新保磐次が新潟県配付の教科書の見本として挙げた書籍類はまさにその一例である。福沢本などのあるのが面白い。また直轄の師範学校を設置して教員の養成を急ぎ、そこでの教育経験を基に新たに『小学教則』を編成し、同時に編輯局を設けて教則に準拠した教科書づくりを始めた。その速やかな普及をはかるために一方では直営の製本所で印刷製本して、希望する府県に有償で払い下げた。これはあくまでも模範を示すための出版物だから、全国の需要数には到底足りるはずがない。そこで他方では文部省・師範学校の官板教科書の翻刻（原本と同一本文の図書を出版すること）を府県に許可する方策をとった。明治六年五月地方官（府県）に学校入用のためなら必要部数を限って翻刻することを許可した。図1に「宮城県飜刻、五千部限」とあるのは、県名と発行部数の明記が翻刻の許可条件だからである。滑稽なことも起こった。文部省蔵版でないものまで翻刻を願い出る府県が続出したらしく、あわてて翻刻してもよい「反刻可差許書目」一九点（その後追加九点）を周知する一幕もあった。

明治六年末段階での「文部省蔵版書籍府県翻刻之数」によると、全国府県の翻刻希望冊数は驚いたことに三一一万冊（『文部省雑誌』二二号、明治七年一一月）に及んだ。無論この膨大な数値は実際に出版された発行数とは限らないが、ともかく今までにはなかった教科書出版という巨大市場が新たに誕生したことになる。全国的な発行部数調査はこれ一回で途絶えたが、文部省は年々蔵版書目を増やしまた翻刻の許可条件を緩和しているから、発行部数が激増していくことは容易に想像できよう。明治八年六月ついに文部省は「当省蔵版ノ書籍ハ自今悉皆翻刻差許候条尋常出版ノ手続ヲ以テ可願出」

（第九号布達）と、同省蔵版教科書はすべて誰でも翻刻してよいことになった。そこまでして官版教科書の速やかな普及を図ろうとしていた。また実際に印刷製本を請負った民間書肆の成長を誘発して、彼らがより優れた教科書の作り手になることを暗々裏に期待もしたのである。

『文部省年報』第三―第六（明治八―一一年）には各年の「小学教科書一覧表」があり、その年に文部省と民間書肆がどんな教科書を発行したのかがわかる。これを見ると、①文部省蔵版教科書のうち同省製本所が製造した教科書に限っては実部数（原刷ノ数）の表示があり推計の参考になる。例えば前述の田中義廉『小学読本』四冊の場合、明治八年一万一〇〇〇部、明治九年一万一四〇〇部、明治一〇年一二四〇部、明治一一年四七七一部となっている。明治一〇年以降原刷の部数減が顕著なのは、模範を示すことに徹する文部省の政策によるもの。残念なことに各府県や民間書肆が翻刻、発行した教科書の実部数は把握出来ないため統計数値には出ないが、膨大な数量にのぼることは誰にもわかることであろう。②年々教科書のタイトル数は増えているが、民間書肆の比重が次第に大きくなる。文部省は編纂した教科書の使用を全国の学校に強制する意図のないこと、また用いるべき教科書がほぼ具備されたら編纂事業に再び従事することはないと明言し（「文部省報告課編纂書籍取扱心得」明治八年七月三一日）、民業の補完に徹する立場を堅持していた。

以上の経緯は文部省製本所で仕事に従事した板木師たちも実感していて、例えば竹口瀧三郎は「四五年前マテハ該省ノ書籍類翻刻ナラサリシヲ以テ事業尤繁盛ナリシカ爾後翻刻ノ禁解ケ」（『東京名工鑑 乾』、一八七九年）と、文部省が蔵版教科書の翻刻を許可してからは仕事量が大幅に減ったと嘆いている。また文部省蔵版図書の板木類は明治九年二月師範学校に交付され、そこで必要部数のみ印刷製本したが、この事業も縮小したらしく四七種の板木は入札により売却された(『郵便報知新聞』明治九年五月二四日四面)。

もっとも片山淳吉編纂『改正増補物理階梯』は右の例外。誤謬や文章を刪正のうえ明治九年二月に刊行されたが、その板木は早くも四月には文部省から当人に下げ渡されて片山の蔵版となった。彼の板木を使用して印刷製本し発兌(はっだ)を請負ったのは錦森閣森屋治兵衛で、シッカリと新聞広告も出して抜目がなかった(牧野 二〇〇二)。

府県の教科書出版——群馬県の実例を中心に

官板(文部省、師範学校蔵版)教科書は全国的な課業書不足のなかで、その内容と体裁について模範を示すこと、また翻刻を許可して広く普及させることに主眼があった。ただ各地方の土地民情に適さない一面があるのも事実で、それを補ったのが府県の教科書出版である。各地の特殊事情に応じた教則の制定に従い独自の教科書の編集と出版に意欲を見せはじめた。

府県の蔵版教科書は、(い)官板教科書のカバーしきれない分野、(ろ)各地方管内の風土物件を編成した地理、地誌類、(は)書家を得れば出版の容易な習字本、などに特色があり、執筆編集には学務課職員や府県立師範学校教員などが多く起用された。これについては体系的とは言えないが、各自治体の教育史や市史類に学事文書を使った記述や史料の紹介がある。個別論文では埼玉県、東京府の場合（稲岡 一九八六、一九九九）、宮城県の例（渡辺 一九九〇）、筑摩県のケース（鈴木 二〇〇二）、長野県の例（中央大学FLP鈴木ゼミ 二〇一二）などがある。各府県の実情はまだまだ未開拓と言ってよく、かつて渡辺慎也が宮城県の実態を克明に追究した例にならってさらに深めていく必要があると思う。

木戸麟『修身説約』ができるまで

『修身説約』については関茂「『修身説約』の編さんと使用」（一九七二）、群馬県総合教育センター『修身説約――明治期の教科書調査』（二〇〇三年）があるが、いずれも教育史の見地から内容構成の分析を主にしたもの。ここでは群馬県文書館蔵「学務課考績録」と木戸麟の履歴書に拠りながら『修身説約』の編集出版過程をたどり、併せて書物の特色や関わった人物について述べてみたい。

著者木戸麟は嘉永元年（一八四八）土佐中村の豪商吸田屋に生まれた。神風連事件で殺害された熊本県令安岡良亮は親戚にあたる。医者を志し大坂などで修業して地元で開業、維新後は陸軍の軍医に任官。明治一〇年四月縁あって群馬県庁に入り、楫取素彦県令の特命で『修身説約』の編纂に専念することになった（丸山 一九七八）。

明治一〇年一〇月「小学修身教科書目下適切ノ書ナキヲ以テ修身斉家ノ事跡ヲ纂［アツ］メ小学読本ニ換用セントシ修身説約ノ稿ヲ起ス」。

明治一一年七月「客歳中着手起稿セシ修身説約脱稿浄書写文部省へ出シ上木着手ニ付木戸麟出京ノ儀上請版下及剞劂等実情調査セシメ其効竣［オワ］ル」。

明治一一年九月　明治天皇の東北巡幸に際し、群馬県師範学校において授業の演習や生徒の図画作文など一〇項目が天覧に供され、「修身説約　全部草稿一〇冊、女子修身訓　全部二冊」も栄に浴す。阿部弘国編『女子修身訓』上下（群馬県師範学校蔵版、明治一一年七月刊）は「小学女児の為に修身の大意を識らしめんとして」編まれ発行済み、一方「修身説約ハ本県ニテ編纂スルモノ故天覧ニ供へ」たが未だ出来ず、「全部草稿一〇冊」で代えた。また県当局は同時に次の「修身書編纂大意」を起草し、この趣旨は『修身説約』巻頭の県令楫取素彦の序文に生かされる。

「当県該書ヲ編纂シ教科ノ一書ニ具フル旨趣ハ／元来小学ノ生徒動〔ヤヤ〕モスレバ読書算筆ノ末技ニ走／リ修身斉家ノ基本ヲ欠クヲ覚フ故ニ皇漢洋ノ書／籍ヨリ緊要ノ言行ヲ抄〔ウツ〕シ図画ヲ挿ミ読ムモノヲシ／テ自ラ感奮修身ノ裨補タラシメンコトヲ欲ス依テ該／書編纂ノ概要ヲ録シ以テ上聞ス／明治十一年九月　群馬県」（「明治十一年御巡幸一件書類第五課」）。

明治一一年一一月「修身説約製本出来ノ分本月ヨリ漸次納本」。

同書の起稿開始は厳密には木戸麟が「専勤を申付」られた明治一〇年一〇月一五日以降のこと。約九ヶ月後に脱稿すると清書し、明治一一年七月八日木戸自身が上京して文部省に検閲を伺出、それが済むと版下及び剞劂等の実情調査にかかる。具体的には本文と挿絵の版下書きをする書家や絵師、それを板木に彫刻（剞劂）する職人の選定等に関し目のきく出版者を探して発注すること。金港堂の原亮三郎に白羽の矢が立ち出版実務一切を委任した。地元書肆にはまだ請け負う力がなかったようだ。それから金港堂による本造りの作業が始まるが、九月の天皇巡行時には間にあわず、稿本が天覧に供された。じつは近年その天覧本かもしれない写本が群馬大学附属図書館で発見された。長い間知られずにいたのは不思議であるが、堂々たる筆跡の『修身説約』稿本一〇冊はほぼ版本と同じ内容と編成で、字句の誤りには訂正指示の貼紙があり、挿絵の入るべき箇所は枠取りにして表示するなど完成寸前の草稿のようである。原稿が完成すると清書、即ち書家と絵師による版下書きとなる。版下書きとは薄紙に濃い墨で清書したもので、これを板木に裏返しに貼り付け字や絵を残して板を浚って(さら)いく(剞劂または彫刻)のである。摺師がその板木に墨を塗り紙をあてて印刷する。ようやく一一月には印刷製本が済み、順次版本が完成して納本の運びとなる。一二月七日木戸麟は「編纂尽力成功ニ付別紙目録(金三十五円)之通下賜候事」と当時では高額の功労金を賜り、編纂出版事務は一段落した。

はるか後年のことになるが、金港堂夫人原礼子は昔を回想して、「此時に編纂したのが、我国修身書の最も始めでございます、是を編纂する時は、随分骨の折れたものでした[中略]二人ながら酒乱でして、家に招いたり、お茶屋に連れたりして、機嫌を取り〳〵、一年半もかゝつて、漸くに出来たのです」(「原礼子女史」『名媛の学生時代』、読売新聞社、一九〇七年)と述べている。

教科書の書体と挿絵および課業書の「字引」「問答書」類

教科書研究では内容分析を専ら(もっぱ)にしているが、明治の木版刷教科書の場合その特性を考えると、書体と挿絵についても目配りが必要である。本を手にした子供たちの目に最初に映るのは字の形、本文に添えられた挿絵であり、視覚的なインパクトは無視できないはずである。金港堂の『修身説約』

『小学修身書』が驚異的に売れたのは内容だけでなく、書家（巻菱譚と松井甲太郎）と絵師（河鍋暁斎）に人を得たことも大きな要因と思われる。稚拙な挿絵の多い教科書にあって河鍋暁斎の奔放な画力は抜群であり、よく本文の理解を助けたことであろう。これが縁となって暁斎はこののち金港堂から贔屓を受ける。『暁斎絵日記』複製版（暁斎記念館、一九八五年）を見ると金港堂から注文を受けたり、下谷龍泉寺の別荘に呼ばれて席画を披露したり、若主人（長男亮一郎）より中元を貰ったりと親密な関係が続いたようである。

『修身説約』の版下書きは前半の第一〜五を巻菱譚（まきりょうたん）・挿絵鮮斎永濯（せんさいえいたく）、後半の第六〜一〇を松井甲太郎・挿絵猩々暁斎が分担した。おそらく作業能率を上げるため半分に分けて同時並行して進めたのであろう。巻菱譚は幕末の唐様の三名筆・巻菱湖（りょうこ）について長く書を学び、維新後は私塾の書学教館で大勢の門人を教え、また書学教館名義で習字教科書や書道手本類を数多く刊行もしている。

松井甲太郎は沼津兵学校書記方から天朝御雇で神奈川県属のち文部省十等出仕。書家として高名な関雪江の義弟（妻の妹婿）（樋口 二〇〇七）。「平田流を善くし、一行数十字を楷書で一筆に書いたといふ練達の人。一字一字観ると左程巧いとは思へないが仕上りは実に美しく整っている」（木村 一九八〇）。つまり字配りが正整ということで、例えば『烈祖成績』二〇巻（東京剞劂四氏刊行）の版下書きはその極致を示す出来栄えである。

課業書には今日でも虎の巻や問題集など関連の出版物がつきものであるが、それは当時も同じで、難読語や固有名詞に読み方と字義をつけた「字引」「字解」「要解」類や、教室での設問と応答例を示

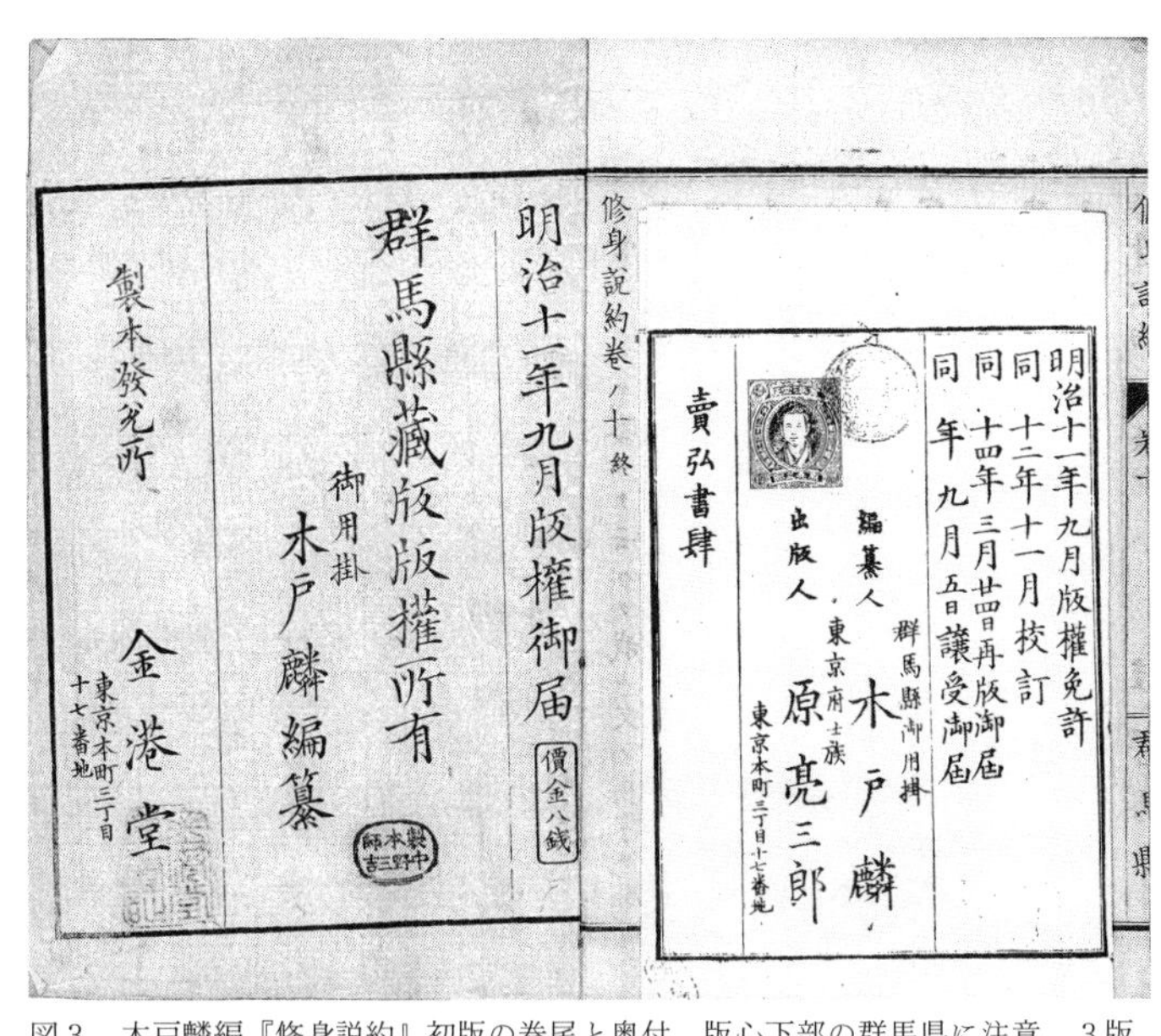
修身説約巻ノ十　終

明治十一年九月版權御届

群馬縣藏版版權所有

御用掛　木戸麟編纂

製本發兌所　金港堂　東京本町三丁目十七番地

價金八錢

明治十一年九月版權免許
同　十二年十一月校訂
同　十四年三月廿四日再版御届
同　年九月五日譲受御届

編纂人　群馬縣御用掛　木戸麟
出版人　東京府士族　原亮三郎　東京本町三丁目十七番地

賣弘書肆

図３　木戸麟編『修身説約』初版の巻尾と奥付。版心下部の群馬県に注意、３版から（譲渡以後）は「金港堂」になる。参考に再版の奥付（右）を縮小して示した

す「問答書」などがある。著編者が関わった場合はともかく、いい加減なお手軽出版も多く、一儲けを狙う輩は跡を絶たなかった。金港堂は手回しよく木戸麟に依頼して『修身説約読例』（明治一二年、中本一〇巻九冊）、『修身説約問答方』上下（明治一三年、半紙本二冊）を出版し、大いに潤ったようだ。

　明治一四年（一八八一）は金港堂にとって強運の歳になった。群馬県は好評の『修身説約』を再版（明治一四年三月）するが、九月には何故か金港堂に譲渡（図3）した。初版の完売で編纂・出版に要した費用の回収が済み、県当局はもはや用済みとして御用書肆金港堂に譲与したのか、あるいは県上層部の特別の贔屓なのか理由は不明である。また群馬県師範

学校蔵版の阿部弘国編『女子修身訓』二冊も金港堂に求版され、初版を飾った県令の題字「法心玉映」などを省いて九月に刊行された。次に述べる木戸麟編『小学修身書』の刊行もこの年に始まる。いずれの書籍も金港堂のドル箱になるのだから、群馬県の措置は異例の恩沢と言うべきだろう。

木戸麟編『小学修身書』

「弊店曾テ木戸氏編纂ノ修身説約小学修身書等ヲ出版シ府県ノ学校之ヲ教科書トナシ弊店ニ於テ既ニ数百万部ヲ発売セリ［後略］」（金港堂「新刻小学校教科用書稟告」『時事新報』明治一六年一〇月一三日六面）。広告の文面を額面通りに受け取る必要はないが、数百万部は必ずしも誇大な数字ではなさそうである。『修身説約』は群馬県から版権を譲り受けて以来版を重ねて七版（明治一六年四月九日）を数え、一方『小学修身書』はさらに破格の売れ行きで、初版（明治一四年六月二二日版権免許、同七月出版）から短時日の間に一四版（明治一七年一一月一七日）を記録した。ことに一四年一一月（再版）から一二月（三、四版）にかけては三回も新たに板を起こす繁忙ぶりである。この異例の事態に「今般木版摺立の職人多人数入用に付望ある者は直ちに本店に来りて問合せありたし」（『読売新聞』明治一四年一一月二二日四面）と摺師急募の広告を打っている。おそらく金港堂の作業場では多勢の職人が昼夜兼行で立ち働く光景が見られたことであろう。

また全国各地からの需要には分版で応じた。「小学生徒購求便利を謀り左の各府県下に於て製本発売所を設け尚一層廉価を以て発売す」として「大坂（利見又吉郎）、仙台（伊勢安右衛門）、名古屋

（鬼頭平兵衛）、高松（梶原虎三郎）、松山（牧正篤）」の書店が製本所になった（『時事新報』明治一五年四月一日四面）。

なぜ『小学修身書』はこれほどまでに売れたのだろうか。その要因は、一つは内容が時流に合ったこと、もう一つは教科書政策が統制の方向に踏み出したことに関係があると思う。

同書は教学聖旨に基づく文部省の修身教科書改変の動向を見てから編纂刊行された。初等科三学年・中等科三学年の各学年に二巻（前・後期）ずつを宛て全一二冊。格言名句と道徳的訓戒、日常生活の軌範、東西の例話などをとり合わせ、各学年の生徒の発達に対応した工夫に特色があり、また文字や表現を簡素にして生徒の理解を容易にした（海後 一九六二）。初等科三学年の六冊には河鍋暁斎の挿絵が入っている（山口・及川 一九八六）。

改正教育令の公布（明治一三年一二月）はさらに大きな影響を与えた。それまでの所謂自由教育令（明治一二年九月）は教育の権限を地方に移譲し、強制をゆるめて地方の自由に任せた。その結果は学制実施以後の初等教育の成果を後退させ、就学の停滞を招き、教育の現場からは同令に対する不満と批判が噴出した。それにこたえて改正教育令は国家の統制を強化したものである。各府県は文部省の定めた基準（「小学校教則綱領」）に従い、小学校教則や教科書、就学の督促、教員の資格免許、学校の管理運営などに詳細な規定を設けて管内に実施した。これまで地方によってまちまちの教育は、教則綱領以降統一化の流れが加速して全国に及んでいった。教科書も示された教授要旨に従い、学年別に配当された内容と程度によって編集され、これは近代教科書成立史上画期的な意味を持つ（海後・仲一九七九）。また文部省は教科書取調掛を設けてその調査を始め、不適当と認定した教科書の使用を禁止した。一四年五月各府県に使用教科書の報告を指示（開申制度）、一六年認可制度の実施と統制を強化し、一九年の検定教科書時代を迎えるのである。

各府県の教則に平準化が進行すれば、各地で採用される教科書も同一化の方向に傾くのは必然であろう。おそらく『小学修身書』の驚異的な売高はこの流れと無関係ではない。この傾向がさらに進むと教科書肆間の格差はいっそう拡大し、豊富な資本と設備を擁し生産性の高い大手の出版者と、その受皿（売捌所）になる書肆とに二極分化していく。二〇年代にはさらに極端になって集中が進み、四大教科書会社（金港堂、集英堂、普及会、文学社）の寡占化時代になる。

亀谷行『修身児訓』――民間書肆の教科書出版

民間書肆の発行した教科書は数多くある。甲府の内藤伝右衛門や埼玉鴻巣の長島為一郎などは文部省や県蔵版教科書の翻刻を請負って力をたくわえ、やがて独自の各科教科書類の出版を手掛けるようになった。ここでは漢学者亀谷行（かめやぎょう）の出版物をとりあげる。省軒亀谷行は天保九年（一八三八）対馬厳原（いずはら）の裕福な捕鯨業の家に生まれ、幼い時から学問を好む。二四歳で藩を致仕、家督も譲って日田の咸宜園をはじめ諸国を遊学して漢詩文を学ぶ。維新後、岩倉具視の知遇を得て官途についたが明治六年辞官。上野不忍池畔に家塾を開き、傍ら光風社を起こして著述を出版して生活の資とした。

「右ハ和漢洋簡短の格言を集め修身適用の書也　石川治兵衛」（『郵便報知新聞』明治一四年一月一〇日

図4　亀谷行『修身児訓』の分版（浪華文会）奥付（左）、「亀谷氏／出版記」と漉の入った別紙（右）

四面）は、至って素朴な『修身児訓』の出版広告であるが、全一〇冊で各巻は徳目ごとの章に分け、関連する格言・嘉言・道徳に関する名句や訓話を集めたもの。明治天皇の聖旨をうけて文部省は修身教育の基本方針を全面的に転換し、従来の西洋の翻訳修身書から和漢の道徳、特に儒教による道徳教材に改変することにしたが、この書は同省の意向に従い東洋道徳思想により編纂したことは明白で、例話の多くは中国の典籍から引いている（海後 一九六二）。

広く普及したことは地方の出版者に分版（次節で詳述）を許可した事実からもうかがえる。管見では、岡山の弘文北舎（大島勝海）、大坂の浪華文会（日柳政愬）、東京の中近堂（中島精一）、新潟長岡の巣枝堂（目黒十郎）、和歌山製本所（平井文助）、京都製本所（亀谷の直轄か、奥付に「此ノ製本ハ浪花文会トノ条約ニヨリ大阪府教科用ニ発売ヲナス可カラズ」とある）などがある。いずれも奥付には濃緑色の証紙「亀谷検査之印」が貼付され分版者の消印（図4左）がある。分版契約を結んだ証で、亀谷行は分版料と引き換えに製本部数分の証紙を与え貼付させたのであろう。この証紙のないものは当然偽版である。この書はさらに念を入れて「亀谷氏／出版記」と漉（すかし）の入った別紙（図4右）を挿んで真版の証明（「以此紙為証」）ともしている。そうした偽版防止策を講じてもなお偽版を企てる者は後を絶たず、浅草の書肆瀬山佐吉とその連累者は『修身児訓』偽造の廉で出版条例違反（偽版）だけでなく刑事罰（光風社印の偽造及び使用）も重科された（稲岡 一九九二）。出版者は自らの刊行物に容易に真似されない仕掛けや工夫をして偽版対抗策としたが、文部省も一四年五月同省出版の書籍には見返に編集局の印紙（証紙）を貼用して発行し、これのないものはすべて偽刻と認定すると通達した。

また「追々府県御採用に付便利の為め直段改定」として『修身児訓』五冊七五銭を四一銭五厘に値下げ（『郵便報知新聞』明治一四年一〇月一〇日）したが、価格競争力の面からも優位に立ったと言えるだろう。人気の課業書には字引、字解、問答書など安直な注解書がつきものでいろいろ出たらしく、「亀谷省軒閲『修身児訓字引』／右ハ類本アリ亀谷校閲ヲ以テ真本トス」と奥付の下方に警告を載せている。

三　分版による書物生産と教科書の販売網

分版による書物生産

木版印刷時代に注文が殺到して製造が追いつかないような場合、本屋はどのように対処するのだろうか。活版と異なり木版印刷は板木師と摺師による家内的な手作業だから、どんなに努めても一日当たりの仕事量には限界がある。納期内に木版印刷の生産量を上げるためには板木のセットを複数作って並行作業するよりほかはない。こうした時の方法が分版である。今では死語になって辞書にもないが実はレッキとした版権に関する法令用語で、「版権ヲ分テ譲リ若クハ売リ同一図書ヲ各自ニ出版スルコト妨ケナシ之ヲ分版ト名ク」(明治八年出版条例第二三条)。版権所有者から許可を得た出版者が新たに板木を作り、それを使って印刷製本販売することである。無論タダではなく原版者は相応の分版料(売得金の幾分か)を申受ける。また許諾を得ずに勝手に板木を作れば偽版という犯罪になる。この時代は交通が未発達だから、殊に遠隔地の場合などは東京から商品を送るよりは、地元の書肆と分版契約を結び現地で生産した方がコスト的にも見合ったことだろう。さきに金港堂や亀谷行(光風社)の例を示したが、埼玉県蔵版『刪定家道訓』の場合は「試験前になって生徒が続々と購入するので従来の一社だけでは製本が間に合わない。別の書肆にも分版を認め製本発売を申しつけたい」(稲岡 一九八六）とした好例がある。

上税法と埼玉県蔵版教科書

『埼玉県地誌略』（明治一〇年）出版の場合、当初県当局は管内の書林に翻刻させようと考えていたが、彼らは金もうけしか眼中になく誤字脱字だらけの粗末な本作りを常習とするので新聞から嘲笑の種になっている。この書にも同じ恐れがあるので「県庁蔵版之上凡五千部管内各地之書林ニ払下」ることに決定した。出版費用は全部県が負担し、その総額を五千部で割り返すと原価になる。民間書肆ならそれに利益と流通マージンを上乗せして定価とするが、県は人民の便利を優先する立場なので廉価に抑えて、東京の大手出版印刷会社・博聞社に発注した。完成した地誌を見ると字体が整い狩野良信の挿絵も見事で、板木師宮田六左衛門の技倆の冴えを感じさせる出来栄えである。この時は県庁において地誌の納本や各地書肆へ売渡し等の事務を扱ったが、余計な費用がかさむし煩瑣な手数も馬鹿にならない。そこで明治一二年『古今紀要』の製本発兌からは「上税法を以て版木製本とも」書肆へ委託することになった。これは特段に目新しい方式ではなく「官省其他官板之仕来り」に倣ったものである。いわば江戸以来の伝統的な蔵版の支配と同じことで板木製作費は県が持つので蔵版主となり、書肆は板木の彫刻と出来上がった板木を使用して印刷製本する。本が出来ると板税（板木使用料、板賃）として取り決めた金銭を上納し、引き換えに県の蔵版印（のちには証紙）の交付を受け刊本に貼付しはじめて販売の運びになるのである。これが上税法（印税法とも）である。長野県では印板税と称し、

埼玉縣下販賣書肆

浦和 博聞分社
同 中村淺二郎
同 須原支店
川越 岸田交吉
同 菅間定二郎
同 蜷川國造
同 星野三郎
同 福田利右衛門
秩父 井深東平
同 宮前藤十郎
桶川 嶋村七兵衛
上尾 林廣介
熊谷 杉浦平左衛門
同 松枝悦三郎
同 森市三郎
深谷 小野修三
同 酒井省語
本庄 酢屋安平
同 諸井巴
行田 清野三內

秩父 新井佐介
同 大澤鶴四郎
同 林重三郎
同 山田源內
松山 三河屋善八
同 小倉半二郎
小川 久保庄兵衛
同 德澤堂喜一
同 信盛堂千三
飯能 金子彌吉
所澤 大黑屋佐兵衛
越生 新井政司
羽生 和泉屋貞二郎
同 栗原昌平
加須 原田平六
同 竹山新作
同 梓澤榮吉
同 櫻井爲造
同 茂木平二郎
栗橋 塚本吉兵衛
岩槻 多ヶ谷作右衛門
幸手 大里忠平
越ヶ谷 龜屋利介
草加 伊藤幸介

図5　『纂評古文真宝後集』（盛化堂）下巻巻末の「埼玉県下販売書肆」一覧。この前に「諸国広売書肆」一覧がある

「反刻元金消却」後定価の一割を県に上納すると取り決めていた（中央大学 FLP 鈴木ゼミ 二〇一二）。

教科書の流通網

こうして出来た書籍はどのようにして生徒のもとに届くのだろうか。教科書の流通販売網の問題であるが、これがなかなか難しい。一口に教科書ルートの発生とか近代流通システムの確立とかいうのは単なるお題目であって、肝心なのは販売網の内実を確実な資料を以て証明することである。その先鞭をつけたのは『本屋名寄　〜明治二〇年』（鈴木 一九九九）であろう。これは明治以降の書物に著しく増える巻末の売弘書肆一覧の記事をもとに、書籍商の名寄せを行い書籍流通に関与した業者を全国規模で網羅した書商の名簿。商

売規模の大小、繁盛か否か、本屋の盛衰などが一目で読み取れる優れたツール（工具書）である。ただこの「名寄」の網にかからない地域の小さな本屋がかなり存在することも事実で、彼らこそが実は管内において教科書の配本を担っていた。航空網に例えるなら国際線には縁のない国内便専用のローカル空港みたいなものである。

埼玉県蔵版の教科書にも巻末に書肆一覧が載るものがあるが、これを注意して見ると「諸国広売書肆」（全国の販売網）と「埼玉県下販売書肆」（管内の販売網、図5）に画然と分かれていることに気づく。教科書は教則に採用された特定の地域（次第に府県単位になって行くが）にのみ通用するものだから、普通は管内の本屋がそれぞれ担当する地域または学校への配送を受け持つ。山梨県の場合も同じで、内藤伝右衛門の「山梨県御書籍売捌書林」（『山梨県教育百年史』第一巻）には県内の四九の本屋が載っている。山田行元著『千葉師範学校書牘』全（合本版、出雲寺万次郎、明治九年一二月）の巻末には「千葉県下弘通書舗」六〇店が載る。恐らく他府県でも同様であろう。これらはやがて整備されて、いくつかの学校または地域を受持つ図書取次所と、それらを束ねる図書大売捌所のヒエラルキー的な販売網になっていく。大手の教科書肆は大売捌所にまとめて送品し、そこでの検品が済むと各図書取次所のもとへ送本、そこから学校または生徒の手に届くのである。地域の本屋にとって教科書は安定経営につながる商品であるが、大半は片店商売（兼業）だから、例えば次のように諸品のなかの一つにすぎないことは留意しておきたい。

「広告／一小学校教科書籍類／一筆墨紙類／一万［よろず］小間物類品々／右今般開店精々廉価ニ売／捌候

ニ付御愛顧是祈ル／静岡安西三丁目北側／金蘭舎吉見氏」（『本道楽』改巻第九号、大正一五年一二月）。静岡の吉見義次が士族の商法の手始めに本屋を開いた明治一一年の広告である。

四　明治前期教科書出版の位置

東京書籍商組合の結成と役員人事

明治二〇年は近代出版史上の転回点と言えるが、同年暮の出版条例改正と、東京書籍商組合の結成とはその象徴である。

維新以後激動の時代を生き抜いて東京書籍商組合の結成に参画したのは新旧一三一書肆である。江戸の名残が未だ色濃い明治七年「東京府管下書物問屋姓名記」には一四五書肆が載っていたが、十数年の間に淘汰されて生き残りは僅か二十数軒。まさしく出版興亡の常套表現がピタリとあてはまる。

頭取、副頭取、委員（のち評議員）など新組織の要職は教科書出版者が占めた。金港堂の原亮三郎は頭取に、文学社の小林義則は副頭取に推されて就任し、また実質的に組合運営を担う委員・協議員には集英堂の小林八郎、普及舎の辻敬之、中央堂の宮川保全、牧野書房の牧野善兵衛などが選ばれた。

教育家十二傑投票

当時の新聞雑誌は読者獲得の便法として各界名士の人気投票を呼び物にしていた。江戸時代に流行った評判記の近代版といった趣である。二大教育雑誌の一つ『教育報知』はその流行に乗って「教育家十二傑」の投票を募集し、総票数一六二六枚の開票結果は七二号（明治二〇年六月二五日）に発表された。十二傑のうち教育書出版者の部門では「高点一一四九原亮三郎、次点二七六辻敬之、三次点三八牧野善兵衛、四次点三一小林義則、五次点二二石川治兵衛」となった。高点を得た教育家一二人は順次写真石板の肖像と小伝が掲載され、原亮三郎のものは八五号（九月二四日）に載った。これは彼に関する最初の伝記で虚飾が少なく最も信頼がおける。

異数の成功を収めた金港堂主は高額所得者であり銀行諸会社の役員を兼ね、長男次男を海外に留学させた。また他社に先駆けて編輯所を設置し東京師範学校から招聘した三宅米吉を取締主務（所長）に据え、二〇年代の飛躍を怠りなく準備した。

東京割引銀行とその出資者たち

明治二一年二月二〇日、原亮三郎を総代とする設立発起人一三名は、東京割引銀行の創立願書を東京府へ提出した。今日から見ると書籍営業者への融資を目的とする銀行の出現自体大きな驚きである。産業革命がまだ起こらない時代では、出版業の地位が相対的に高かったことを物語る一例と言えそうだ。注目すべきは創立願書に添付された次の「東京割引銀行発起人所有株数」で、発起人三〇名の住所姓名と所有株数が示される。実業家一〇名を除くと書籍営業者は二〇名。そのうち◎印は教科書専業書肆、〇印は準専業書肆を示すが、これらが過半を占めた事実に注目したい。実際に株式を募集すると、株券申込高は資本金五〇万円を大きく上回り案分調整するほどの人気であった。総会で確定した「保証有限責任東京割引銀行定款」（阪急学園池田文庫「布屋文庫」蔵）には「株主人名録」を付載、一六八名の姓名・所有株数等が公告された。これを見ると、設立発起人一三名（＊印）は応分の出資をしているが、ナシと示した出版者たちは資金の用意が出来ないのか名簿に登載がない。彼らは官庁に提出する書類に名義は貸したが実質的には出資能力がなく、その財力は見かけにすぎなかった。逆に発起人からもれた大倉書店の出資金は八〇〇〇円（八〇株）、駆け出しの大橋佐平（博文館、一〇年六月創業）は一〇〇円（一株）などの事実も分かり、それこれを勘案しないことには正確な業界勢力図にはならないことを再認識した。

表1　「東京割引銀行発起人所有株数」および定款付載「株主人名録」の所有株数

発起人所有株数		株主人名録の所有株数		姓名（住所は省略）	注記：職業肩書又は出版社
四万円	四百株	二万五千円	二百五十株	＊川崎八右衛門	実業家（川崎銀行頭取など）
四万円	四百株	二万五千円	二百五十株	＊原亮三郎	◎金港堂
三万円	三百株	二万五千円	二百五十株	＊初鹿野市右衛門	実業家（甲信鉄道事業など）
三万円	三百株	二万五千円	二百五十株	＊白井練一	◎共益商社

三万円	三百株	二万五千円	二百五十株	*川崎東作	実業家(第九十五銀行取締)
三万円	三百株	二万五千円	二百五十株	*小野金六	実業家(第九十五銀行副頭取)
二万五千円	二百五十株	二万円	二百株	*小林義則	◎文学社
二万円	二百株	二万円	二百株	*辻敬之	◎普及舎
二万円	二百株	一万八千円	百八十株	*古川豊彭	金融業(富岡八幡宮司)
二万円	二百株	一万五千円	百五十株	*長尾景弼	博聞社
一万円	一百株	八千円	八十株	米林俵作	銀行家(第九十五銀行取締役)
一万円	一百株	八千円	八十株	*小林八郎	◎集英堂
一万円	一百株	五千円	五十株	*石川活三	◎石川書房
五千円	五十株	五千円	五十株	*小柳津要人	丸善
五千円	五十株	五千円	五十株	原田庄左衛門	○博文堂
五千円	五十株	五千円	五十株	小林近一	銀行家(第九十五銀行支配人)
五千円	五十株	三千円	三十株	横井孝助	株式商
五千円	五十株	二千円	二十株	平光茂兵衛	廻漕業
五千円	五十株	ナシ		覚張栄三郎	明三閣
五千円	五十株	ナシ		股野潜	博聞社副長
三千円	三十株	一万円	一百株	宮川保全	◎中央堂
三千円	三十株	三千円	三十株	安藤浩	銀行家(川崎銀行)
三千円	三十株	ナシ		塩島一介	島屋

三千円	三十株	ナシ		大平俊章	日進堂
三千円	三十株	ナシ		長谷部仲彦	◎十一堂
三千円	三十株	ナシ		和田篤太郎	春陽堂
二千円	二十株	一千円	十株	日下部三之介	◎東京教育社
二千円	二十株	ナシ		小立鉦四郎	南江堂
一千円	十株	ナシ		山中孝之助	井洌堂
一千円	十株	ナシ		石塚徳次郎	◎文海堂

以上述べたように、明治前期の出版において中核をなしたのは紛れもなく教科書出版であった。そこで思い起こすのは出版の離陸に関する箕輪理論（箕輪 一九七八）の結論のことである。各国の出版離陸を引き起こす最大の要因は教育の普及にあるかもしれないとの箕輪氏の推論は、はからずも右の事実にほぼ符合するように思われる。

参考文献

稲岡勝「明治前期教科書出版の実態とその位置」『出版研究』一六号、一九八六年三月
稲岡勝「明治前期文部省の教科書出版事業」、東京都立中央図書館『研究紀要』一八号、一九八七年三月

稲岡勝「蔵版、偽版、板権――著作権前史の研究」、東京都立中央図書館『研究紀要』二二号、一九九二年三月
稲岡勝「明治検定期の教科書出版と金港堂の経営」、東京都立中央図書館『研究紀要』二四号、一九九四年三月
稲岡勝「明治前期小学教科書の製作とその費用――『東京府地理教授本』を一例として」『日本出版史料』四、日本エディタースクール出版部、一九九九年三月
稲岡勝「アーネスト・サトウと内藤伝右衛門の交流」、国文学研究資料館編『明治の出版文化』、臨川書店、二〇〇二年
稲岡勝「明治検定教科書の供給網と金港堂――『小林家文書(布屋文庫)』の特約販売契約書」『日本出版史料』九、日本エディタースクール出版部、二〇〇四年五月
内田魯庵「明治十年前後の小学校」『太陽 創業四十周年記念増刊・明治大正の文化』、博文館、一九二七年六月
小木新造『東京時代――江戸と東京の間で』、NHKブックス、一九八〇年
海後宗臣編『日本教科書大系 近代編二 修身(二)』、講談社、一九六二年
海後宗臣・仲新『教科書でみる近代日本の教育』、東京書籍、一九七九年
木村嘉次『字彫り版木師 木村嘉平とその刻本』、青裳堂書店、一九八〇年
篠本二郎「腕白時代の夏目君」『漱石全集』昭和一〇年版月報二号、一九三五年一二月
新保磐次「三十年前の田舎の学校」『教育界』一九〇二年一月号
鈴木俊幸『本屋名寄〜明治二〇年』(『近世日本における書籍・摺物の流通と享受についての研究』科研費研究成

果報告書）、一九九九年
鈴木俊幸「筑摩県における教科書・掛図翻刻事業と高美甚左衛門」、中央大学文学部『紀要』一九三号、二〇〇二年二月
関茂「『修身説約』の編さんと使用」『群馬県教育史』第一巻、一九七二年
中央大学FLP鈴木ゼミ「旧長野県翻刻教科書関係史料（上）―（下）――長野県行政文書より旧長野県書籍文化・メディア関係資料（四）―（六）」『書籍文化史』一三―一五号、二〇一二―一四年
鳥居龍蔵『ある老学徒の手記』、朝日新聞社、一九五三年
内藤鳴雪『鳴雪自叙伝』、岡村書店、一九二二年／岩波文庫、二〇〇二年
長谷川如是閑『ある心の自叙伝』、朝日新聞社、一九五〇年
樋口雄彦『沼津兵学校の研究』、吉川弘文館、二〇〇七年
前田愛「子どもたちの時間――『たけくらべ』試論」『樋口一葉の世界』、平凡社選書、一九七八年／平凡社ライブラリー、一九九三年
牧野正久「小学教科書『物理階梯』翻刻版調査の報告――明治初期における出版の成長と変容の事例」『日本出版史料』七、日本エディタースクール出版部、二〇〇二年
丸山知良「木戸麟覚え書き」『群馬県史研究』八号、一九七八年九月
箕輪成男「出版と開発――出版開発における離陸現象の社会学的考察」『出版研究』九号、一九七八年三月／のち『歴史としての出版』、弓立社、一九八三年　第Ⅰ章に収録
山口静一・及川茂「河鍋暁斎挿絵の書目並びに解題（二）――学校教科書・啓蒙書篇」『暁斎』三一号、河鍋暁斎記念美術館、一九八六年六月

渡辺慎也「文部省蔵版教科書の地方における翻刻実態——宮城県を例として」『出版研究』二〇号、一九九〇年三月
『新宿区教育百年史』、一九七六年

8 近代の貸本屋

浅岡邦雄

江戸時代初期に登場した貸本屋は、その後広く受け入れられ、江戸期の読書にとって必要不可欠な読書装置として長く享受された（長友 一九八二）。その後、徳川幕府が倒れ、政治・社会体制が大きく変わると、貸本の世界も変容を余儀なくされる。明治時代以降貸本の世界において、貸出制度、貸本利用者、貸本書目などはどのように変容を遂げたのであろうか。明治時代の東京を中心に、一地方の貸本受容をも視野に入れながら、近代日本における貸本屋の諸状況を検証していくことにする。

一　幕末から明治初期

江戸末期の長門屋

江戸時代末期、名古屋の大惣（だいそう）と並び称された江戸の貸本屋長門屋に奉公していた村田幸吉は、大正二年（一九一三）九月の『集古会誌』に、当時の興味深い貸本屋事情の一端を次のように述べている。少し長くなるが引いてみよう。

> 貸本屋が買出して来た新版ものを封切本といつて、これを初めて読むには見料〔貸出料金〕が三分位、それから段々下落して行つて二分二朱位になる。随分暴利を貪つたもので、〔中略〕小僧だつた私でも一ヶ月二十四五両のかせぎをしたものです。普通貸本の日限は十五日間だつたのです。長門屋などでは年期を勤め上げて暖簾を分けるときには、主人から五拾両もらつたもので、夫れで一軒家をもつのです。〔中略〕毎日貸本を背負つて方々を廻る、御注文で家にないものは長門屋から借りて来て又貸しをする。そういう風にして行くと割の好い商売だから、三年焼けないで居ると、〔中略〕店も裏店から表へ出て、兎に角土蔵付の家で小僧の一人位つかへる店が張れる。〔中略〕御得意も又堅くつて、他方からは借りてみなかつた。
>
> （村田　一九一三）

労を惜しまずまじめに商売に精を出せば、江戸末期の貸本屋がいかに利のいい商売であったかをこの証言は示している。ただし、ここで示されているのは貸本屋として大店であった長門屋の事例であるから、すべての貸本屋に共通するものでは決してなく、わずかな書物を担いで得意先廻り（顧客の住居をまわって貸出す方式）をする零細な貸本屋も多かった。いずれにしても、当時の顧客のすべてが「顔のみえる利用者」であったことは確かである。

こうした貸本屋と顧客との関係は、明治維新による社会の大変動によって大打撃をうけて霧消し、多数の貸本屋が廃業・転業を余儀なくされたであろうことは想像に難くない。

新種の業態と利用者植木枝盛

明治時代にはいり六、七年以降になると、旧来とは趣を異にする新しい業態の貸本屋が僅かながら現れる。新聞紙上に、そうした貸本屋の広告掲載がみられるようになるので、そのいくつかを挙げてみよう。三十軒堀に開業した「越前屋」（徳根吉介）は「翻訳書類貸本」を謳い、猿楽町から一橋通町に移転した「有則軒」は、「古今諸書籍並びに翻訳書、新聞等縦覧所仕居［中略］尤御自宅に於いて御熟覧被成度［なされたき］御方は［中略］御住所中越被下［くだされ］候はば早速持参」と新聞・書籍縦覧所を兼業し、「今般、福沢、箕作［みつくり］其他有名大家之翻訳書並びに当今出版之珍籍類取揃」えて開業した本所の木村ひさは、「端書［はがき］を以て御知らせ被下」ば遠近にかかわらず持参すると広告している。軍記・読本や草双紙といった従来の書物にかわって、新刊の翻訳書や学術書を備え、新聞縦覧所をも併設し、注文のつど配達するといった開化の時代に即応した新種の貸本屋が出現した。こうした業態は、のちにふれるが、十数年後に神田・本郷を中心に広く貸本営業を展開していく「新式貸本屋」の先蹤ともいえる。

こうした新種の貸本屋を利用して、精力的に読書していたひとりの若者がいた。植木枝盛である。彼は明治八年（一八七五）、土佐から二度目の上京をすると、新聞縦覧所、図書館、貸本屋などの読書装置を利用して、貪欲に新聞、雑誌や書物を読んでいた。枝盛は、前出の貸本屋「越前屋」（二回）や「有則軒」（三回）からも本を借りて読んでおり、彼の日記などには次の書物を借りていたことが記されている。

「越前屋」　ギゾー著、永峰秀樹訳『欧羅巴文明史』、長沼熊太郎訳『英政沿革論』など。

「有則軒」　曲亭馬琴著『昔語質屋庫』など。

また、「文会堂」という貸本屋からしばしば借りており（一〇回）、ミル著『自由之理』、ウエーランド著『英氏経済論』、ロジャース著『泰西経済新論』等々翻訳書を多く読んでいる。経済的に恵まれない枝盛は、当時無料であった図書館「東京書籍館」や見料の安い貸本屋を利用することによって、欧米の翻訳書や『明六雑誌』、『民間雑誌』などの雑誌を熱心に読みあさっていた（浅岡 一九九八）。

池田屋清吉

もっともこうした新種の業態はごく一部で、多くは江戸期以来の形態を引き継ぐ得意先廻りの貸本屋が多かった。その典型が、牛込で江戸期から続く通称池清こと池田屋清吉である。彼は、明治一四、五年頃でもまだ髷を結ったままの姿で、風呂敷に包んだ本を背負って、神田連雀町、本郷、麹町、四谷といった区域を得意先廻りをして歩いた。池清から聞いた話をもとに綴った坪内逍遙の一文によれば、人気の高い実録物の写本作成のため写字生を五名ほど雇って七、八通りも謄写させて貸出し、ある年の夏には一ヵ月で二五〇円もの利益があったという（坪内 一九七七）。

では、明治一〇年代の東京にどのくらいの数の貸本屋があったのだろうか。実は、正確なところは詳らかでない。一〇年から一五年の『東京府統計書』（一六年以降貸本屋の項目がなくなる）に掲載の貸本屋は、年により変動はあるものの、平均すれば五〇軒程度である。これは専業のみの数値かとも考えられるが、他方、逍遙は池清の話として、明治ゼロ年代後半から次第に増加していき、一三年には「東京に無慮二百五十軒もの貸本屋が出来た」と述べている。また、『絵入自由新聞』明治一八年八月二七日の記事では、「府下の貸本屋ハ当今凡そ百余戸あり」とあって、正確な数字はつかみ難い。

明治一〇年代、池清に代表される貸本屋が貸出した書物は、前記の写本のほかに近世の稗史小説、人情本、軍記物、明治期の戯作などの版本が主流であったが、一〇年代も後半になると、「近頃何故か貸本屋の廃業するもの多き由、或人の説にては、全く自今流行の予約出版の影響なるべしとの事なるが、如何のものにや」（『読売新聞』明治一七年五月一七日）とか、前出『絵入自由新聞』の「去暮より看客の減じたることハ凡そ三割なりといふ」といった記事にみられるように、貸本屋の衰退が報じられる。その要因として、稗史小説や軍記物などの貸本書目に読者が倦怠を感じはじめたことや、兎屋や正札屋に代表されるように活版印刷の読み物が廉価で販売されたこと、また新聞の続き物小説という代替メディアの定着などが与って大きかったと考えられる。

二　「新式貸本屋」と利用者層

「新式貸本屋」の登場

明治期全般を通して貸本業の動向や様態を仔細にみていくと、明治二〇年（一八八七）前後にひとつの画期といってよい新たな現象が出現する。いわゆる「新式貸本屋」と呼ばれる新業態による貸本屋の登場である（浅岡　二〇〇二）。東京の神田・本郷を中心に店舗をかまえて、それまでになかった新しい営業形態や貸本書目を前面に打ち出した広告が紙面に見られるようになるのは、明治一八年後半からである。

明治一八年一〇月一二日、共益館（神田今川小路）と便益館（日本橋蛎殻町）連名の広告がもっとも早い。両店は同一経営者による営業で、店内に新聞・雑誌の縦覧室を設け、新刊小説、学術書を掲載する目録（活版・一枚刷のものが現存する）を作成・配布し、報知あり次第配達するとしている。翌年四月に便益館は、英語・数学などを教授する私塾を併設し、共益館は二一年五月神田五軒町に移転している。こうした新聞広告からも、両店の中心的利用読者として学生層を想定していたことは明らかである。翌一九年一〇月には、ほぼ時期を同じくして三田功運町で共益貸本社、京橋南伝馬町にいろは屋貸本店が開業して多くの利用読者を集めた。共益貸本社は、香川県出身でのちに代議士となる綾井武夫の経営になるもので（実質は支配人に委託）、他方、いろは屋貸本店は江戸期から続く老舗書肆に生まれた小林新造がみずから店頭で差配した。その他、明治二〇年六月以降、九段坂上に東京貸本社、本郷元町に博覧堂、神田神保町に便利貸本社、神田淡路町に一心堂、本郷湯島天神町に井上貸本舎、京橋中橋和泉町に便益貸本社などの「新式貸本屋」が陸続と営業を展開することとなる。二〇年六月九段坂上で開業した東京貸本社は、貸本の文字を白抜きで大きく打ち出した新聞広告を掲載し、「磨け磨け磨けよ諸君、勉めて諸書に博渉して脳髄の錆を磨け。借よ借よ借りて見よ。需要に応ずるの書籍は、僅少の見料を以て弁理すべし」（『時事新報』明治二〇年六月一六日）と大仰な宣伝コピーでアピールした。さらに、開店サービスとして籤を配布し、抽選結果を新聞紙上に発表し、翌年には店舗を学生たちの集住する神田淡路町二丁目に移すなど、営業展開が好調に推移していたことを窺わせる。

明治二〇年前後の新聞紙上に「新式貸本屋」の広告を探すのは難しくないが、貸本屋開業が記事として掲載されるという例もある。共益貸本社といろは屋貸本店の場合である。

○共益貸本社　今度芝区三田功運町に設けたる共益貸本社は、従来の貸本屋と違ひ哲学、法律、に本邦近世の著訳に係るものを貸出すよしなれば、世人の便益少かるべし。経済、商業銀行、歴史伝記、地理、教育、衛生、演説討論、稗史小説、雑書の十二類(ママ)にて、重[お]も

（『時事新報』明治一九年一〇月一四日）

いろは屋の貸本　買入れの費用に耐へさる人の便利を計り、神田錦町一丁目二番地いろは屋に於てハ貸本の方法を設け、政治法律経済より字書稗史小説類に至るまで、広く和漢英の諸著訳書を予定の日限相当の見料にて貸本を為す由なり。

（『郵便報知新聞』明治二〇年八月一八日）

いろは屋の貸本営業については、同店の利用顧客でもあった著述家の南柯亭夢筆（杉山藤次郎）が、明治三四年から三五年にかけて『風俗画報』に一〇回にわたり連載した「書生風俗・いろは屋貸本店」が、多少の誇張はあるが詳しく記している。南柯亭によれば、いろは屋の利用顧客の九割は学生であり、店頭には常時一〇人前後の客が絶えず、「折節は掏摸[すり]さへ混じ来たりて雑踏を極」める状態であったという。いろは屋の貸出方式は何度かの試行錯誤を経たのち、保証金を受け取る店頭貸し（客が店に行って借りる方式）の原則にほぼ定着する。貸出書数は一日平均約三〇〇点、一カ月で八〇〇〇から九〇〇〇点。また同店の特長として、同一書目でも再版・改訂版などが新たに刊行されれば、旧版を売却してただちに新版を購入して貸本としたこと、利用の多いものは五部、一〇部と複本を備え、月に八〇〇円から一〇〇〇円の資金を投下して蔵書の仕入れに当てていたと述べている。

さらに、これらの貸本店に較べ開業は遅いが、明治二五年神田の大火事のあとに神田猿楽町で営業した石垣貸本所がある。利用客のひとり湯浅竹山人は同店について、法律書、医学書に重きを置いていたといい、いろは屋とともに石垣を「当時の文筆業者が、どれほどこの貸本屋の文庫を利用したか知れぬ。この意味において、いろは、石垣の如きは過渡時代における読書界の文化的事業の実行者であったともいへる」（湯浅 一九二七）と述べ、学生以外の利用顧客として、著述家が多かったことを示唆している。なお、湯浅の一文からも石垣の営業方法が店頭貸しであったことが知られる。

こうした「新式貸本屋」は、従来の貸本屋とどのように異なっていたのか。その特徴をあげると、①貸出書として、学術書・翻訳書などの高度な内容の書物を備えたこと、②顧客からの注文に応じて配達する方式をとったこと、③多くの店が利用者に対して貸本目録を作成・配布したこと、④利用顧客の中核に学生層を想定し、実際学生の利用が多かったこと、などがある。

では、これら貸本屋が備えた学術書・翻訳書はどのようなものだったのか。現存する貸本目録のうち、収録数が最も多い共益貸本社の目録をみてみよう。同店の目録は三種類（仮にA版・B版・C版とする）残存するが、C版には四二五八点の書目が収録されている。目録の構成は、「和文書門」（維新期以前の漢字仮名交じり文の書物）、「漢文書門」（中国と日本で刊行された漢文で書かれた書物）、「近世著訳書門」（明治期に刊行された学術書、翻訳書や小説類）、「英書」（英語で書かれた書物および直訳書類も含む）の四類に分けられている。このうち「著訳書門」が全体の半数近い四六％、「英書」が二八％を占めている。このことからも、従来の貸本書目とは性格を異にしていることが分かろう。具体的な書名を、〈政治〉〈経済〉〈法律〉〈医学〉の分野からいくつか挙げてみよう。
〈政治〉小野梓著『国憲汎論』、加藤弘之訳『国法汎論』、中村正直訳『自由之理』
〈経済〉天野為之著『経済原論』、高田早苗著『貨幣新論』、小幡篤次郎訳『英氏経済学』
〈法律〉加太邦憲訳『民法釈要』、元田肇訳『法律原論』、何礼之訳『民法論綱』
〈医学〉今田束著『実用解剖学』、長谷川泰訳『診法要訣』、賀古鶴所訳『産婦備用』

利用読者の中核——学生層

「新式貸本屋」は前述のごとく、利用顧客の中核に学生層を想定し、事実学生の利用が多かった。こうしたことが成立し得たのには、それなりの社会的背景があった。

明治二〇年前後、西洋の新しい学問に憧れ、または鬱勃たる野心を抱いて地方から東京にやって来る「上京遊学生」が多かったからである。彼らの多くが上京後籍をおいたのは、上級の官立学校や国家試験の準備機関=予備校として「簡易速成」を目的とする私立専門学校であった。次の数字（『東京府統計書』に拠る）がそれを如実に物語っている。

	学校数	生徒数
明治一九年	五六四校	三万一八二〇名
明治二〇年	五三〇校	三万　六一四名

明治二一年　六七二校　四万一八一七名
明治二二年　五九八校　三万九〇五七名

これは明治一九年から二二年まで、東京にあった中等教育程度の官立・私立の学校数と生徒数である。さらに警視庁の調査に拠れば、東京府下（郡部も含む）における下宿人総数は七万七四五九名、そのうち最も多いのは神田区の一万九三七五名、次いで本郷区の一万四三五四名、芝区の一万一八三一名の順で、この三区だけで全体の六割近い数を占めている（『統計集誌』第一〇一号、東京統計協会、明治二三年一月）。そのすべてが「上京遊学生」であったわけではないにしても、その大半が学生とその予備軍であったことは想像に難くない。「新式貸本屋」が神田・本郷に多く店舗を構えたのも当然であった。当時、「上京遊学生」のガイドブックとなる「遊学案内」の類いが出版されはじめるが、そのひとつ本富安四郎著『地方生指針』（嵩山房、明治二〇年）は、必要とする費用を具体的に説いている。学校や下宿により多少異なるとしながらも、「一ヶ月七、八円ノ費用ヲ以テ普通適宜ノ額」としている。この限られた生活費の中から、当時高価であった学術書、翻訳書を購入することはきわめて難しかったはずである。学術書の価格例をいくつか挙げてみると、高山甚太郎訳『植物生育論』一円三七銭、天野為之著『経済原論』一円三〇銭、江木衷著『法律解釈学』一円、田口卯吉著『支那開化小史』九〇銭、中江兆民著『理学鉤玄』八〇銭などであったから、向学心に燃える学生であっても購入は容易でなかった。そこに「新式貸本屋」が営業を展開することのできる大きな余地があった。

「上京遊学生」らによる貸本屋利用の具体例をいくつかみてみよう。

群馬県から上京して、専修学校（現在の専修大学）に籍をおいていたとおぼしい萩野均平なる人物がつけていた小遣帳（明治二四―二五年）を紹介した一文（前田 一九七八）から、当時の「上京遊学生」の経済生活の一面を窺い知ることができる。限られた金額の中から、なんとかやり繰りして歌舞伎を見、女義太夫を聞き、身だしなみにも気をつかい、「グッド」と称して吉原にも繰り込み、手元が不如意になると質屋で羽織、時計や書籍を金に換えるなどしているが、それでも一〇回分の回数券（一二銭）を買って東京図書館にも行っている。同時にまた、貸本屋の常連顧客でもあったようで、しばしば貸本屋から本を借りて、一回に二銭から五銭の見料を払っている。彼は神田今川小路あたりに下宿をしていたようで、あるいは前述の「新式貸本屋」のどこかの利用客であったかもしれない。購入図書は雑誌を含めて月に平均五、六冊、蔵書はときに質屋に持ち込む質草ともなる。頼山陽の『日本政記』を犠牲にして六〇銭を手にしているが、「国元ヨリノ学費金」として八円を受け取っているから、萩野の経済生活は当時の平均的な「上京遊学生」のそれであったといえよう。

また、明治二一年に山口から上京して東京専門学校（現在の早稲田大学）に入学した国木田哲夫（独歩）は、前出の共益貸本社やいろは屋貸本店の利用読者であった。東京専門学校在学中に共益貸本社から借りた書籍に、宮崎三昧『桂姫』、南新二『鎌倉武士』、石川鴻斎『聖代実録』などがあり、中退して帰郷後、翌年再上京すると、いろは屋貸本店から『国文評釈』、バーネット『小公子』、森鷗外『美奈和集』、村上浪六『破太鼓』、幸田露伴『葉末集』などを借りて読んでいる。

当時数万といわれた東京に居住する学生たちの多くが、その読書行動においてかなりの比重で貸本屋を利用していたことは間違いない。

三　地方貸本屋の実態――栃木県烏山・越雲商店の貸本営業

越雲巳之次と烏山

東京から、目を明治後期の地方に転じてみよう。一地方の貸本実態を知る事例として、栃木県烏山でさまざまな商品販売をおこなっていた越雲商店の貸本営業をとりあげてみよう（浅岡 一九九九）。まず、主人越雲巳之次の活動と当時の烏山について概略を述べることにする。巳之次は、明治六年（一八七三）八月一〇日、父越雲三四郎、母セキの三男として栃木県那須郡下江川村大字熊田三三番地に生まれた（越雲家蔵戸籍簿）。家は農業を営んでいたと伝えられ、幼少期に関しては書物が好きであったらしいという伝聞以外いっさい詳らかでない。越雲家に残る卒業証書によれば、明治一六年那須郡第五七番小学区知時学校三年後期を卒業したことまでは確認できる。知時学校（現在の熊田小学校）は、明治六年五月に熊田村の西光寺を仮用校舎として創設され、巳之次が入学した頃の就学率は、学齢人口一七〇名のうち一〇〇名で五九％であった。その後時期は不明だが、茨城県真壁郡真壁中町にあった川島書店に勤める。同店にはおそらく一〇年以上勤めたのであろう、明治三一年（一八九八）

三月一〇日付けで永年勤続として五〇円の賞与を受けている（越雲家蔵文書）。彼はこのとき独立して、同年六月那須郡烏山町で書籍と売薬の小売店を開業する。その三ヵ月後には新聞・雑誌の取次販売も開始している。売薬のノウハウは、川島書店時代に身につけたものであろうが、『下野新聞』中に売薬の取扱店として彼の名前がでてくるのは、津村順天堂「胃活」、森下南陽堂「毒滅」、山崎太陽堂「淋丸」、中将湯本舗「中将湯」、太田信義「太田胃散」などで、当時一般家庭でひろく用いられたものが多い。

こうした営業とあわせて巳之次が貸本営業を始めるのは、明治三四年一二月のことである。貸本開業の経緯や意図は不明であるが、当時の烏山町における娯楽施設の乏しさが、その動機の一端にあったかもしれない。明治三二年末現在、同町には「遊覧所」「遊戯所」「人寄席」などの娯楽施設は一ヵ所もなく、近隣の馬頭町に「遊戯所」が四ヵ所あったのみである。また、この町での演劇公演日数は、この年僅か一六日、その他興業があったのは一三日にすぎない。こうした娯楽環境の貧しさとともに、書籍、新聞、雑誌の販売を通じて烏山町とその周辺における潜在的な読者の存在をかなり把握していたとも考えられる。この前後、明治三四年秋頃から翌年春の間に、彼は羽石タネと結婚した可能性が高い。三六年二月には長男善一郎が誕生している。この頃には、烏山の金井町と中町十文字の二ヵ所に店舗を構え、使用人も二名雇っていた。これ以後の約十年が、巳之次の生涯にとってもっとも充実した時期であったといえよう。三九年五月には日本赤十字社の正会員となり、地域社会における一定のステータスをも獲得し、翌四〇年一月には、月刊ではあるが地域新聞『下野日出新報』まで発刊している。貸本営業については、明治三九年に店員の大渕亀次郎があとを引き継ぎ、のちに大渕は独立して貸本を中心とした書店「一心堂」を金井町で開業することになる。明治四〇年前後、越雲商店の取扱品目のなかで学校用教材関係がかなりの比重を占めるようになっていく。今後、教育の普及とその設備の充実が不可欠であるとする思いが、巳之次を強くとらえていたためではなかったか。その一着手が、四一年四月、東京浅草の中村州次郎と契約した「教品館」の設立である。「教品館」は、学校用理科器械、各種標本類の製造販売を目的とするもので、資本金二二〇〇円のうち、巳之次は七割以上にあたる一五七〇円を出資している（越雲家蔵契約書）。四五年一月に彼は『烏山町勉強家案内』（新聞紙二面大）と題する連合広告を町内各戸に無料配布するが、これには九四の商店の広告が一部写真入りで掲載されている。自店の絵入り広告には、鉄アレイやテニス・ラケットなどのスポーツ用品のほか洋酒や缶詰等々が描かれ、また学校教材を網羅する「教品館」の広告や貸本や雑貨を扱う「一心堂」の広告も掲載されている。

図1　明治42年頃の越雲家。左から妻タネ、長女ハル、長男善一郎、巳之次（越雲家蔵）

こうした巳之次の活動は、大正期に入ると見えにくくなり、資料も乏しくなる。大正三年（一九一四）一一月長男宛の書簡（越雲家蔵）は、大学病院に入院中に書かれたものである。その後は病の床に就くことが多くなり、店の一切は妻のタネが仕切っていた。その後、大正一四年九月二三日午後四時、越雲巳之次は自宅で息をひきとった。五三年の生涯であった。墓は金井町の泉渓寺にある。

次に、巳之次が営業を始めた明治三〇年代前半、烏山地域の状況について概観しておこう。当時、烏山町の町勢がどのような状況にあったかを『栃木県那須郡統計書』に掲載の統計数値などをもとにみてみよう。明治三二年末現在烏山町の戸数は六九五戸、人口は三九一五人で、うち商業家数は一九九軒、これらの総売上金額は三万一五七六円である。地域の特産品としては、葉たばこ、和紙、鮮魚などがある。明治三〇年前後から、株式組織や合名・合資組織による会社、銀行、商会が設立されるようになり、烏山町における資本蓄積がこの頃から開始されたことが窺える。二九年一月烏山銀行（株式会社）が資本金六万二五〇〇円で創業、三二年には烏山産業銀行（株式会社）が資本金三万二五〇〇円で開業している。また、葉たばこ、和紙、鮮魚などの法人組織を創業順に挙げると、三一年一月大橋商会（和紙、葉たばこ）、三二年四月烏山魚商会（生魚売買）、同年一二月川野兄弟合名会社（葉たばこ）、三三年一月烏山物産合資会社（葉たばこ）、同年同月烏山煙草合名会社（葉たばこ）などが三〇年を境に相次いで設立されている。また、明治三二年当時酒造業者は四軒あり、とりわけ島崎酒造は栃木県下でも有数の酒造業者として知られた。このように、いわゆる「小商い」からさらに規模を拡大した会社組織による商取引が、烏山町周辺のみならず隣接の芳賀郡や茨城県の大子町方面にまで拡大していくのが明治三〇年代前半の烏山町の情勢であった。

公教育についてはどうであったか。前出統計書によれば、同時期の初等教育施設は公立の烏山尋常高等小学校一校のみで、中等教育施設は未設置の状態にあり、四〇年四月川俣英夫による私立・烏山学館の創立をまたなければならなかった。就学状況は、尋常科就学が三〇九名（男子一七〇名、女子一三九名）、高等科就学が三八四名（男子二九九名、女子八五名）、学齢者の不就学者は五八名（男子二二名、女子三六名）であり、就学率は九二・二八％（男子九五・三三％、女子八六・一五％）となる。男女とも全国平均を上回っており、一見高い就学率にみえる。しかし、就学状況の正確な反映には卒業をも視野に入れるべきであろう。同統計書により卒業者の数をみてみると、尋常科男子二五名、女子二五名合計五〇名であり、高等科男子は三四名、女子は八名合計四二名である。卒業率は、尋常科、高等科あわせて一二・五八％にすぎない。この数字の落差が示しているのは、四年間ないし六年間の教育完了をまたずに、自家の補助労働力あるいは主要労働力として家業につくか、他家への「奉公」という形での就業をおこなうかなりの層の存在であろう。

貸本利用の読者たち

越雲巳之次の貸本営業については、『貸本人名帳』（以下、『人名帳』）という貸出台帳が一冊現存する（小田原市立図書館・沓掛文庫）。この台帳は、明治三四年一二月から三五年一二月までの貸本について記帳されたものであるが、このあとに続くものがあったと推測されるが、現在まで確認されていない。和紙二つ折り半葉十行罫紙に墨書（一部鉛筆書き）、墨付九八丁からなり、罫紙に鉛筆で横線を引き六欄を作る。上から「持参年月」「返り月日」「書名」「見料」「住所」「姓名」の順で、すべて記載のある欄と空白の欄とがある。一三ヵ月という短期間の記録であるから、巳之次の貸本業全般の動向を判断することはできないが、業務開始時期の動きや利用読者、よく読まれた書目など、参考になることは多い。

まず、利用者の居住範囲をみてみよう。『人名帳』に記載の貸本利用者の実数は四二〇件、顧客は何度も利用しているから、延べ利用件数はこの数字の約四倍ほどになる。四二〇件のうち、烏山町居住者は三五二件、烏山以外の地域居住者は六八件、利用者の八割以上が烏山居住者である。烏山町以外の居住者は、その周辺地域三三ヵ所に及び、隣県茨城県の鷲子に居住する者もいる。『人名帳』一冊から利用読者を分析するのはむつかしいが、判明する職種から貸本利用者を考察してみる。貸本利用総数四二〇件のうち、職種が判明したのは二二三件、全体の五三・一%である。この二二三件を対象に、職種をおおまかに分類すると次のようになる。

- 公務に従事する者　一五件（七%）
- 病院に従事する者（医院も含む）　一三件（六%）
- 寺院関係者　三件（一%）
- 商工業自営者（親族も含む）　八九件（四〇%）
- 商工業被雇用者　三〇件（一四%）
- 遊廓関係者（親族も含む）　七一件（三二%）

・その他　　　　　　　　　　　　　　　　　　　　　二件（一％）

少し説明を加えると、公務に従事する者は、町会議員、公立小学校、専売支局、警察烏山分署の関係者であり、寺院関係者には、住職、寺院従事者のほかに、当時町内の檀家の子女が裁縫や行儀見習いなどのため住み込んでおり、こうした子女も含む。商工業自営者が貸本利用の最も多い層を成しているが、この層の利用者が最も不透明で、法人組織の企業も個人営業の店も含まれるからである。もう一つの層を成しているのが遊廓関係者である。当時烏山には五軒の遊廓（福石楼、福川楼、浪花楼、福伊勢楼、福吉楼）があり、貸本利用者はこの五軒の遊廓関係者であり、『人名帳』の記載とも一致する。

それでは、これら貸本読者はどのくらいの頻度で貸本を利用していたのであろうか。利用頻度の高い順に挙げると以下のとおりとなる。

四〇冊（馬具商　K・H）
三九冊（石材商　K石材商）
三七冊（煙草商　Hや）
三二冊（呉服商親族　W・O）
二九冊（寺院　J）
二七冊（石材商　氏名不明）
二四冊（金物商　S・T）
二〇冊（染め物商　Nや、材木店　Hや）

一八冊（呉服商親族Ｗ・Ｋ、遊廓経営者親族Ｏ・Ｒ、染め物商Ｋ）

一七冊（娼妓Ｔ）

彼らが、貸本の常連顧客といえる。末尾の娼妓Ｔが貸本に親しむ契機は、川俣病院に入院時なじみ客からの差し入れによるもので、その後Ｔは貸本の顧客となり、自費でしばしば利用するようになる。また、酒造店の従業員が同僚のために貸本を借りてやったとみなせるケースもあるなど、貸本そのものが利用者間のコミュニケーションの媒介となって流動していたことがみてとれる。

何が多く読まれたか

『人名帳』を精査すると、越雲商店の貸本営業がきわめて緩やかな原則をとっていたことが分かる。貸出期間は区々で、見料は融通無碍である。貸出期間は三日間から六日間に比較的集中しているが、最短〇（ゼロ）日から二六日まで最低でも一件の記載がある。いわば「読み終わったら返却する」としていたため、こうした貸出期間の不統一が見られたのであろう。見料は、九割近くが一冊三銭であるが、二冊、三冊揃いで借りた場合は割安となっており、さらに同じ雑誌・図書でも、利用者によって三銭であったり、四銭であったりする。

『人名帳』に記載され、貸本として稼働していたのは、雑誌が六種類、図書が二二八点である。雑誌は、『文藝倶楽部』（博文館）、『新小説』（春陽堂）、『女学世界』（博文館）、『中学世界』（博文館）、『太陽』（博文館）、『婦人界』（金港堂）の六種類。貸出回数は、『文藝倶楽部』二三回、『新小説』一〇回、

『女学世界』四回、『中学世界』『太陽』二回、『婦人界』一回。『文藝倶楽部』の利用が飛び抜けている。貸本の大多数は図書であり、二、三を除いてすべて小説である。図書二二八点のうち、著者・書名・出版社が特定できるのは一七一点（七五％）で、その内訳を示すと次のようになる（カッコ内は特定図書中の比率）。

①講談速記本　一一一点（六五％）
②探偵小説　二四点（一四％）
③探偵翻案小説　二四点（一四％）
④小説　九点（五％）
⑤その他　三点（二％）

これをみても、講談速記本（三遊亭円朝や快楽亭ブラックのものを含む）の利用が圧倒的で、特定できない五七点についても、その書名から講談速記本と思われるものが多く含まれていることからも、巳之次の店で稼働していた貸本の実質七割以上は講談速記本であったといってよい。講談速記本ではどのような書目が好まれたのか。その内容によって講談本を分けてみると、『山田真龍軒』『柳生又十郎』などの「剣豪もの」、『東海道五十三駅岡崎猫騒動』『講談実話佐竹騒動』などの「騒動もの」、『怪談牡丹灯籠』『怪談小幡小平次』などの「怪談もの」、『荒木又右衛門』『敵討葛の葉』などの「敵討もの」、『松前屋五郎兵衛』『侠客大場久八』などの「侠客もの」が、貸出頻度の高い講談速記本といえる。三遊亭円朝のものでは、『怪談牡丹灯籠』一九回、『塩原多助一代記』が一二回稼働している。次の探偵小説は、明治二〇年代中頃から新聞に連載された「探偵実話もの」の単行本である。これらは、著者無署名のものが多いが、講談速記本に劣らずよく読まれている。『探偵実話鼬小僧』『探偵実話蝮のお政』『夜叉夫人』『探偵実話海賊房次郎』『探偵実話生首正太郎』『探偵実話名人藤九郎』といったものに人気が集まり、貸出の上位にこれら「探偵実話もの」がみられる。探偵翻案小説は、黒岩涙香の「翻案もの」が圧倒的で、『絵姿』『決闘の果て』『妾の罪』『梅花郎』『露国人』『心と心』『執念』『如夜叉』『有罪無罪』『悪党紳士』『玉手箱』『人耶鬼耶』『人外境』『美少年』『銀行之賊』など、どれも稼働率は高い。④の小説には、花の家ふぶき『名誉の花』の一八回が飛び抜けて多いくらいで、村上浪六『当世五人男』（八回）、坪内逍遙『当世書生気質』（六回）、尾崎紅葉『青葡萄』（一回）、村井弦斎『関東武士』（一回）とあまり振るわず、講談速記本や探偵小説に較べると、貸出頻度にかなりの差がある。最後のその他の三点は、『人間万事五笑楽』、『拍手喝采滑稽独演説』の滑稽ものと、教育者として知られるペスタロッチの小説を久保天随が翻訳した『酔人の妻』である。

それでは、貸本読者の嗜好がどのような書物に集中していたのかをみるため、貸出頻度の高い書目を順に挙げてみよう（稼働回数一五回以上のもの。☆印は雑誌）。

二五回　『探偵実話鼬小僧』（金槇堂）、『鈴木主水』（大川屋）
二四回　『柳生又十郎』（大川屋）、『探偵実話蝮のお政』（大川屋）
二三回　☆『文藝倶楽部』（博文館）
二〇回　『絵姿』（扶桑堂）、『東海道五十三駅岡崎猫騒動』（三新堂）、『松前屋五郎兵衛』（大川屋）

一九回　『怪談牡丹灯籠』（大川屋）、『探偵実話大内お滝』（盛花堂）、『荒木又右衛門』（大川屋）、『夜叉夫人』（大川屋）

一八回　『妾の罪』（大川屋）、『五人凶漢日本小僧』（扶桑堂）、『決闘の果て』（大川屋）、『名誉の花』（好笑堂）

一七回　『探偵実話大悪僧』（大川屋）、『講談実話佐竹騒動』（日吉堂）

一六回　『探偵実話海賊房次郎』（金槇堂）、『尼子十勇士』（大川屋）、『探偵実話生首正太郎』（金槇堂）、『磯畑伴蔵武勇伝』（三新堂）

一五回　『天保水滸伝』（大川屋）、『森家三銃士』（大川屋）、『塚原卜伝』（大川屋）、『宮本左門武勇伝』（大川屋）、『能見ヶ原仇討佐野鹿十郎』（銀花堂）、『探偵実話侠芸者』（大川屋）

講談速記本に較べて書目が多くなかった探偵小説、探偵翻案小説が人気の上位にみられるのが興味深い。その魅力はどこにあったのだろうか。日夏耿之介は自らの体験を踏まえながら、涙香らの小説について次のように述べている。「われらの少年時代の放肆なる空想を、かくも天外の彼方にまで飛ばしめる力のあつたのは、明治一代を通じてうごめいた異邦趣味の香気と、抱月の所謂索究快楽とが不思議にもとけ合つて一つになつて、又、新たに微妙な魅力あるあるものとなつて、われらの幼き胸に迫り来つたからであらう」（日夏　一九七六）。

四　明治後期東京の貸本屋と読者

営業形態

明治四一年（一九〇八）一〇月一日現在で調査した資料『東京市勢調査職業別現在人口表・四一年施行』によると、東京市一五区における貸本営業者の総数は三一二を数える。ただし、この数値で留意しなければならないのは、兼業者の申告である。貸本屋と小間物屋を兼業している場合、主人が営業の比重を小間物屋においていて申告すれば、当然貸本屋にカウントされない。したがってこの数値は、明治四一年の東京市一五区における最小限の貸本営業者数とみるべきである。この三〇〇を越す貸本屋の営業形態がみな一様であったわけではなく、ほぼ次の三種の業態に集約することができる。

①店舗を構えて貸本を専業とするもので、主たる貸出方法は、店頭貸しと得意先廻りを併用する形態が多かった。②店舗を構えず、もっぱら顧客の住居を巡回して貸出しをおこなう零細規模の営業形態のもの。③小間物屋、古書店、文房具屋、煙草屋など他の業種を兼業するもの。

では、①の店舗を構えて専業で貸本屋を開く場合、どの程度の開業資金が必要であったのか。『諸種営業実地商業案内』（大学館、明治三八年）は以下の金額を挙げている。

一、家賃　　七円

一、敷金　二〇円
一、店の手入れ並戸棚類　一〇円
一、商品の仕入れ　一〇〇円
一、車　一〇円
合計一四七円

開業当初は、商品仕入れの費用をもっと節約することができるので、資金総額はさらに減額することは可能であるという。営業方法としては、店頭貸しと得意先廻りとの併用をすすめ、見料は一日一銭として一日一〇〇冊程度の貸出を最低基準としている。なお、前記末尾にある「車」とは、得意先廻りなどに使用する箱車のことである。②の店舗をもたない零細な形態で開業する場合はどうか。ある雑誌記事では、「自分で貸間を借りて顧客廻りをする者ならば、最初は三十円乃至四十円程も買入れて置けば着手が出来る」（「小資本にて始め得べき商店」『成功』第一一巻二号、明治四〇年三月）としている。

使用人をおく中規模以上の貸本営業の一端は、神田三崎町の貸本屋に勤める松本某の談話（『各種商店主人店員苦心談』、大学館、明治三八年）から知ることができる。彼の挙げる得意先は、一番が書生のいる下宿、一軒で二人くらいの借り手があり、二〇軒廻って四〇冊はでる。次に官吏や職人の家で、奥さんやおかみさんを相手に二、三十冊は貸す。このほかに店へも借りに来るから一日一〇〇冊の利用はある。また、保証金をとるのは店頭貸しのみで、得意先を廻る場合は「何方かといふと押し附けて歩くやうにして居る」ので保証金は取れないという。明治後期東京の専業貸本屋の、これが営業の実情であった。

いろは屋貸本店の郵送貸本

明治期の貸本業のなかで、最も名を知られていたのがいろは屋貸本店である。前述のごとく明治一九年秋に、学術書、翻訳書を備えて府下の学生層に大いに利用され、「新式貸本屋」の代表的存在となった。いろは屋の店舗は、南伝馬町、神田錦町、表神保町と移るが、主人新造がさらに新たな営業方策を案出して公表するのは、明治三三年五月のことである。「各府県諸氏ノ御便利ヲ図リ逓送貸本ノ便法」(『時事新報』明治三三年五月一五日)を広告し、そのための貸本目録『内国逓送貸本書目』を作成・配布した。従来の店舗での貸出のほかに、地方在住の利用者を対象に、整備されてきた郵便網を活用するこの郵便貸本の基本システムは次の通りである。利用者はまず保証金として五円を店に送り、目録から希望の書目を申し込み、各書籍の正価(本の定価とは異なる)の合計四円分まで借りることができる。貸出期間は五日から五〇日まで任意であるが、五日単位で見料が増す。目録には、貸出期間・書籍正価・貸出見料および郵送料とが一覧できる表が付載されており、見料と郵送料の合計が一円に達すると、顧客は店に送金する。貸出限度額を書籍正価の四円分までとしているのは、万一貸本が返却されなかった場合の担保としての営業措置である。『内国逓送貸本書目』には三六一〇点におよぶ書目が掲載され、政治、経済、法律など三二の分野に分類されている。貸出見料をみると、正価五〇銭の書籍は五日間借りると四銭、一〇日で五銭五厘、一五日で七銭、貸出日数が増すにつれて見料の増加率は逓減するように設定されている。正価を五〇銭とする書目は、ミル著・中村正直訳『改正自由之理』、横山源之助著『日本之下層社会』、森鷗外著『審美新説』、田口卯吉著『続経済策』などがそれにあたる。この目録に収録された二〇〇点を越える文学之部では、『若菜集』『天地有情』などの詩集はあるが、当時の小説書はいっさいなく、多くは古典文学の注釈書、研究書などであり、小説類を欠いた貸本構成は当時の貸本目録としては異例に属す。

この郵送貸本の利用顧客はどのような読者であったのか。いろは屋をよく知る石井研堂が「郵便貸本の地方へ多く出るのも、これ等、永年の客の、地方にある人から申し込まるゝので」（『独立自営営業開始案内』第二編、博文館、大正二年）と述べるように、すでにいろは屋での利用経験をもち、地方に赴任または帰郷した一定以上の収入を得られる中産有識層が中心であった。

図2　『内国逓送貸本書目』表紙

地域性と貸本読者の嗜好書目

貸出方式の簡便さ、低廉な貸出見料、自室での気ままな閲読、こうした貸本利用に備わる特質は、多数の幅広い読者に歓迎された。ただし、東京のなかでも地域によって貸本読者の嗜好が異なっていたことは注目される。『東京朝日新聞』の連載記事「貸本屋の昨今」（明治四〇年一〇月二一―一〇日）は、他の貸本屋関係の記事とは異なり、当時としては綿密な取材を窺わせる興味深い記事となっている。取り上げているのは神田区など六つの区に過ぎないが、貸本読者と稼働率の高い書目などとともに、各地域の特徴を挙げている。

神田区における貸本読者は、土地柄圧倒的に学生で占められ、他に商店の使用人などがいる。貸出書籍のうち五八―六〇%は法律・経済・哲学などの学術書で、小説・文学書が四〇―四二%の比率というのがこの区だけにみられる現象。学術書のほかに伝記が好まれ、勝海舟、西郷隆盛、星亭らの伝記・評論に読者が多い。哲学・人生問題では、加藤咄堂『人格の養成』、黒岩涙香『天人論』や安部磯雄『理想の人』などが頻繁にでる。小説で最も持て囃されるのは、夏目漱石『吾輩は猫である』(以下『猫』)、村上浪六『八軒長屋』、堀内新泉『帰郷記』の三書。日本橋区は、数十冊の講談本を置く駄菓子屋などの兼業ばかりで貸本屋はふるわず、他区から貸本屋が廻ってくる。読者は商店使用人、芸人、芸者、車夫などで、さかんに動くのは『東京パック』や『演芸画報』の新刊。また同じ雑誌でも、『新小説』より圧倒的に『文藝倶楽部』が多い。小説では柳川春葉、小栗風葉、岡鬼太郎などが歓迎される。京橋区は、女性読者には菊池幽芳『己が罪』『乳姉妹』、徳富蘆花『不如帰』、木下尚江『良人の自白』がよく読まれ、弓町では幽芳、春葉、広津柳浪、田口掬汀、風葉の順。講談、探偵ものは衰微の傾向にある。麴町区には一二軒の貸本屋があり、先月の貸出総数は一万四七〇〇冊、内訳は小説七九八七冊、講談もの六七一三冊。小説は置かずに講談ものだけの店もある。利用客は学生、官吏、職人、勤め人の夫人、令嬢などで、最も稼働するのは、浪六『八軒長屋』、漱石『猫』、小杉天外『コブシ』、国木田独歩『運命』など、区域により多様である。浅草区は盛り場でかつ吉原があるから、読者は遊廓関係者、芸人、車宿・口入れ屋雇い人などの利用が多く、講談本七割、小説三割の比率。講談本は圧倒的に侠客もので、『侠客千葉喜太郎』『女侠桜木お蝶』『斑鳩平次』などが喜ばれる。小説は幽芳『乳姉妹』、天外『魔風恋風』、掬汀『伯爵夫人』、蘆花『不如帰』など、一度は舞台で上演されたものばかり。吉原に出入りの貸本屋六軒は相談のうえ見料を一律とし、講談本三銭、小説四銭、新刊物は定価の一割と決めている。牛込区は一五軒の貸本屋のうち専業は一軒のみ。学生の多い早稲田方面は漱石の『猫』と『鶉籠』が随一で、天外の『コブシ』と新渡戸稲造『随想録』が多くの読者を有している。神楽坂方面では早稲田と対照的に講談本の義賊もの、侠客もので持ちきっている。

このように、地域によって稼働する書目は異なり、多様な書物がさまざまな階層の読者に享受されていた。読者が自己の興味に従って思い思いの読書を楽しむことが可能であったのも、ごく身近に貸本屋という読書装置の存在があったからに他ならない。

参考文献

浅岡邦雄「書生植木枝盛の読書行動」『日本古書通信』第六三巻四号、一九九八年四月
浅岡邦雄「明治期貸本貸出台帳のなかの読者たち――烏山町越雲巳之次『貸本人名帳』をめぐって」『日本

出版史料』第四号、一九九九年三月
浅岡邦雄「明治期「新式貸本屋」と読者たち――共益貸本社を中心に」『日本出版史料』第六号、二〇〇一年四月
坪内逍遙「維新後の東京の貸本屋」『逍遙選集』第一二巻、第一書房、一九七七年
長友千代治『近世貸本屋の研究』、東京堂出版、一九八二年
日夏耿之介「明治煽情文藝概論」『日夏耿之介全集』第四巻、河出書房新社、一九七六年
前田愛「書生の小遺帳」『幻影の明治』、朝日新聞社、一九七八年
村田幸吉「会員談叢」(四)『集古会誌』壬子巻三、一九一三年九月
湯浅竹山人「神田の貸本屋」『新旧時代』第三年二冊、一九二七年二月
『東京市勢調査職業別現在人口表・四一年施行』、復刻版、ゆまに書房、一九九八年

9 近世出版文化の統計学的研究

松田泰代

「語りえぬものについては、沈黙しなければならない（Wovon man nicht sprechen kann, darüber muss man schweigen.）」の一言につきる。ウィトゲンシュタイン（Ludwig Josef Johann Wittgenstein，一八八九―一九五一年）が『論理哲学論考』（一九二一年）の最後の命題として提示した有名な言葉である。

「今日までに伝来し、現存している江戸時代の和本や写本はどのくらいあるのか。その数量、内容、種類、時期、所在分布図などのデータ分析から、何がわかるのか」という内容で近世出版文化について統計学的な手法で論じてほしいという執筆依頼を受けた。

現存している江戸時代の和本や写本について、その数量、内容、種類、時期、所在分布図など統計的処理や推測をおこなっても、単に現状の保存状況があきらかになるだけで、近世における出版文化について、その諸相を復元できるわけではない。なぜならば、母集団から無作為抽出されたデータではなく、人や社会の意思や意図、あるいはなんらかの偶然的要因によって後世に残されたものだからである。比較的よく残っている分野とほとんど残っていない分野がある。光明皇后の強い意志で残された正倉院御物を考えるとよくわかるであろう。また、分野によっては、現状では資料が膨大すぎて手つかずの状態であり、研究や資料整理が進めば新出資料として世にでてくる埋もれた資料群もある。現存が確認されている資料の書誌情報分析からわかったことを述べても、近世出版文化の全体像について語ることにはならない。図書館などの機関に所蔵されていない分野をどのように復元するのか。個別の事例研究が進まなければならない。クリスタラー（Walter Christaller，一八九三―一九六九年）の中心地理論で述べられる商業出版物のような到達範囲の大きい「高次な財」もあるし、自費出版ともいえる近世木活字本のような到達範囲の小さい「低次な財」もある。中心地理論が適用されない流布の形をとる書写本（manuscript）、たとえば免許皆伝の門弟にのみ与えられる手書きの秘伝書といった流線型の財もある。

書誌情報の分析による近世出版文化の解明、とくに出版物の量的把握は現状ではまだ「何も語りえぬ」ことをあきらかにしたい。そして、近世出版文化についてその実情をあきらかにするためには、今後どのような研究を深め、どのようなデータの蓄積が必要なのか、データの質について考察をおこないたい。

一　何を数えるのか

海岸線の長さ

フラクタルの先駆的な研究として有名なのが、海岸線の長さの問題である。計測する地図の縮尺によって長さは変わり、細部に注目すればするほど、海岸線の長さは長く計測される。そして、海岸線の長さの場合は縮尺と海岸線の長さがそれぞれ対数を取ると直線上に相関することから、統計的な自己相似をもつと言われている。これは、イギリスのリチャードソン（Lewis Fry Richardson, 一八八一―一九五三年）の研究をマンデルブロ（Benoît B. Mandelbrot, 一九二四―二〇一〇年）が『サイエンス』に投稿した論文「イギリスの海岸線の長さはどのくらいか」に引用したもので、リチャードソンは、スペインとポルトガルの国境線の長さをスペインは九八七キロメートル、ポルトガルは一二一四キロメートル、オランダとベルギーの国境線の長さをオランダは三八〇キロメートル、ベルギーは四四九キロメートルと発表していることに着目し、測定される単位が測定結果に影響を与えることをあきらかにしたのである。測定が細かくなればなるほど長さは長くなる。

「江戸時代の和本や写本についての数量」といった場合、著作（Work）の単位で数えるのか、表現形（Expression）の単位で数えるのか、体現形（Manifestation）の単位で数えるのか、個別資料（Item）の単位で数えるのか、どの単位を数えるのかという問題がある。著作、表現形、体現形、個別資料という言葉は耳慣れないかもしれないが、『書誌レコードの機能要件（*Functional Requirements for Bibliographic Records*: FRBR）』（K.G. Saur Verlag, 一九九八）で使われる用語である。『ＦＲＢＲ』の概念については後述する。そして、近世という時間情報を条件にするならば、著作の成立年代に対する時間情報なのか、出版年に対する時間情報なのか、刷年（印刷年、impression）に対する時間情報なのかということも重要になる。出版年は近世でも、刷年は近代ということもある。また、『重訂解体新書』のように著作の成立年は寛政一〇年（一七九八）だが、出版年は文政九年（一八二六）と約三〇年の年月が流れている場合もある。個別資料の刷年がわかればよいが、わからないことの方が多い。紙の年代測定が必要になる。しかし、たとえ物理的に科学的な方法で紙の年代を測定したとしても、大まかな年代しか判明しないであろう。また、個別資料の書風、料紙、装訂、糊などもおおまかな時代推定には重要な情報となり得るが、不確かなことは記述しないという、レコード全体の体系を重んじる気質が図書館目録作成者にはあり、あきらかに判明する場合は別だが、担当者が独自に推定した年代を記録することは少ない。

著作、表現形、体現形、個別資料の違い、成立年、出版年、刷年の違いを認識せずに、混乱させたまま、マクロにせよミクロにせよ統計学的分析をおこなっても、導きだされる解は残念なものとなるであろう。先人である日本書誌学の大家たちは、版と刷という概念および書誌を同定識別する大切さを「刊・印・修」という言葉で後人に残した。

非相似形

氷山は氷の密度（九二〇kg／㎥）と海水の密度（一〇二五kg／㎥）のわずかな違いにより水面上に浮かんでいるが、九〇パーセントは水面下にあり、海面上に出ている部分から全体の形状を推測するのは困難であるといわれている。部分と全体が相似形であるフラクタルにはなっていないのである。非相似形である。「今日までに伝来し、現存している」というのは、まさに全体の一部分であり、相似形で現存しているならば、その全体像も復元できるかもしれないが、そうではない。図書館に集まる本をイメージしていただきたい。すべての資料を収集・保存しているわけではない。出版部数に比例して、図書館で保存されているわけではない。不必要になった複本は処分されることもある。江戸幕府の参考調査機能を司っていた図書館である紅葉山文庫の蔵書でも複本を処分する規則（図1参照）があった。保存に関

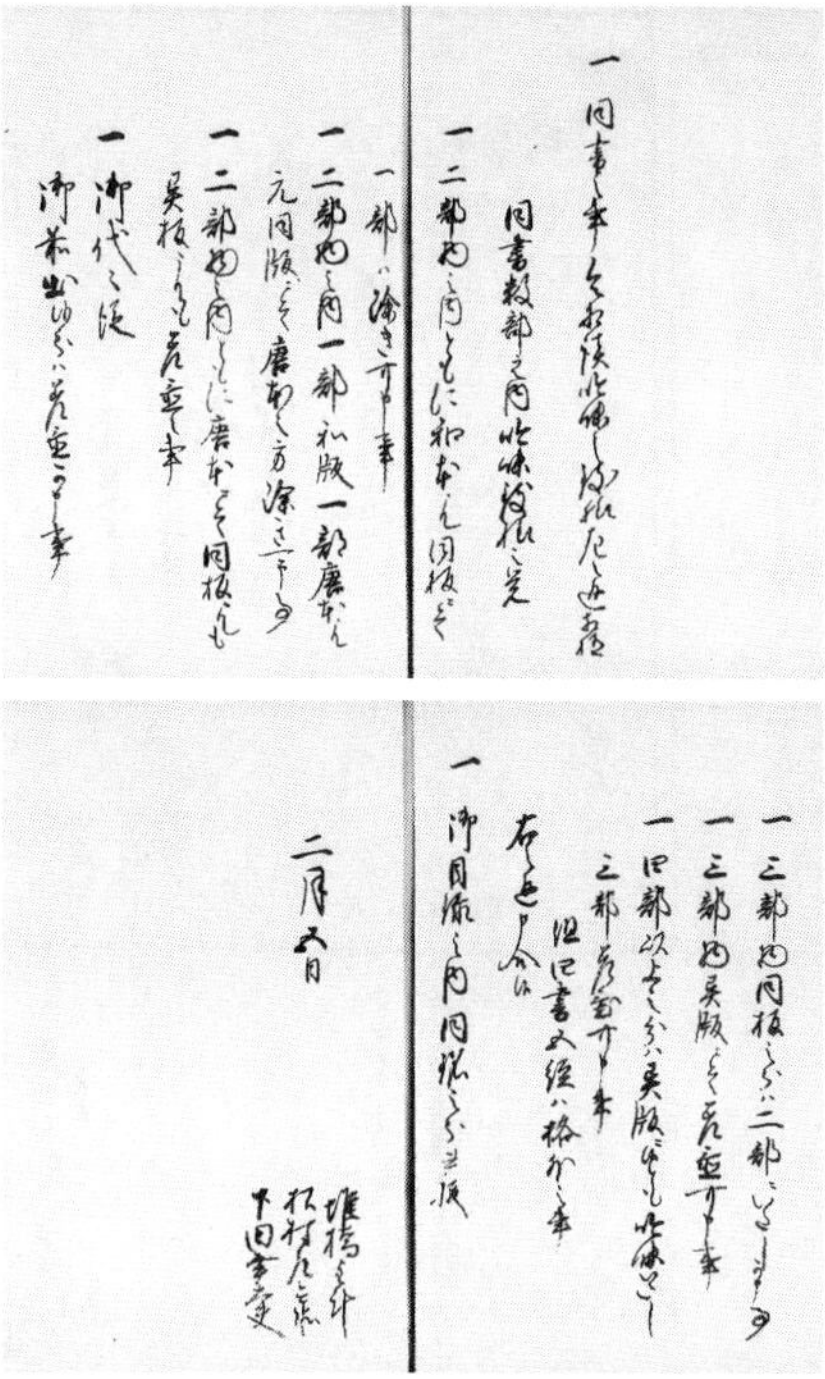

図1　国立公文書館所蔵『御書物方日記』　享保13年（1728）

図２　『北斎漫画』八編より

して図書館だけではなく個人の所有する出版物についても同じことがいえるであろう。たとえば、新聞と漫画雑誌や子供の絵本と学術図書という三つのタイプをイメージしていただきたい。百年後、なにが残され、なにが処分されているだろうか。個人の嗜好や時代の価値観というのもある。出版部数に対して同じ比率で保存されているだろうか。否であろう。読売りと草紙と物之本の関係も同じであろう。部分と全体が相似形ではないので、部分を見て全体像を推測することは難しいであろう。

全体像を考えるには、なにか他の要素や視点が必要となる。インドの寓話（ジャイナ教の伝承）に「群盲評像」（図2参照）という教訓がある。全体像を把握せずに、手の感覚と自分の触れた部分だけで象について六人がまちまちのことを語る。ひとつひとつの現状把握は正しくても、各々がそこから導きだす全体像は実際の象とはかけ離れたものになっている

という お話である。誤謬に対する教訓として語られる。では、どうしたらよいのか。全体像を視ることが一番だが、それができない場合は六人がそれぞれの情報を持ちよって議論することも大事であろう。しかし、結局「謎」、「わからないことがわかった」で終わるかもしれない。

以上のことから考えると、現状では個別資料の単位よりも著作の単位、あるいは体現形の単位で件数を数えるほうが、まだ有効であろうか。先人の業績の積み重ねのおかげで質の把握に関しては少し見通しがたつかもしれないが、依然、量の把握はむつかしい。

二　和本とは何をさすのか

和書(国書)

「和本」の定義について考えてみよう。川瀬一馬著『日本書誌学用語辞典』(一九八二)では、「唐本・洋本の対。和装本。和紙を用いて、わが国に古くから行われている装訂で作られている本」とある。そして、「和書」の項目では、「和書に対し「和本」は、唐本・洋本に対する語で、外見上装訂の面から見た区別である。和書(国書)・漢籍・洋書の称は、内容から分けて便宜的に別称したもの」と説明されている。

『日本古典籍書誌学辞典』(岩波書店、一九九九年)では、「和本」という項目は立項されていないが、

「和書」の項目で次のように説明されている。

日本の書物。国書とも。漢籍、洋書等に対する用語で、和書と漢籍を併称して和漢書といい、とくに近世以前の和書を和古書とも称する。また和本も和書と同義に用いられることもあるが、通例は、装訂の上から洋本（洋装本）もしくは唐本、朝鮮本（韓本）に対して和装本の意味で用いられる。

そして、「和書であるためには、著編者が日本人であることを条件とし、中国人の著作を漢籍、西欧人の著作を洋書として区別する」と述べ、「また和書は、日本で書写された写本もしくは日本で出版された版本であることを原則とするが、外国人の著作の場合、たとえ日本における写本、版本であっても和書とは認めない」とし、「外国人の著作でありながら和書とみなす例外は、渡来人が日本で著して流布したものや、日本人による翻訳（和訳）等に限られる」としている。ただし、現在の図書館等で採用している「和書」「洋書」の区別とは、少々乖離している。国立情報学研究所が提供している総合目録データベースの入力基準（『目録システムコーディングマニュアル』）では、「資料の和洋の区分は、原則として、規定の情報源に表示されたタイトルの言語による」と定めている。

堀川貴司著『書誌学入門』（二〇一〇）では、「本書では、日本の古典籍（和本）、すなわち江戸時代までに日本で作られた和綴じの書物をまずは中心的な対象とします」とし、和本を江戸時代までに日本で作られた和綴じの書物とし、和装本の意味で述べている。ちなみに、この本では「江戸時代までに日本で作られた書物」「江戸時代までに日本に存在していた書物」「それらの影響下で明治中期頃までに日本で作られた書物」を対象とすると定義している。

『日本古典籍書誌学辞典』では「和本も和書と同義に用いられることもある」という特例を示しているが、日本近世の出版文化を考察すると捉まえた場合、日本で書写された漢籍の写本や日本で出版された和刻本が欠落する定義では十分ではないと考える。これらのことをふまえ、ここでは、和本＝和書とするのではなく、和本＝和装本とし、日本で古くから行われている装訂で作られた書物と定義する。

仏書・漢籍・和書（国書）

仏教の書物かそれ以外の書物かをあらわす言葉として、「内典」「外典」という表現がある。視点は仏教からの視点であるが、日本出版文化史から見ると、仏書というのは非常に大きな割合を占める。『日本古典籍書誌学辞典』でも「和書」の項目で、「仏書については漢籍と区別するのが、我が国の慣習であり、和書との関係も漢籍よりは親しいものがある」と説明されている。和本を考える場合、仏書・漢籍・和書（国書）という概念を認識する必要がある。ちなみに、漢籍でよく使われる四部分類（経史子集）では、子部の中の「釈家」という類に分類される。

小川剛生は『中世の書物と学問』（二〇〇九）のなかで「実際現存する書物の数は、仏書が圧倒的に多く、漢籍がこれにつぎ、国書の占める割合は小さい。時代を遡れば遡るほど、この傾向は強まる」と述べている。重要な一つの視点である。

印刷物と非印刷物

和本を装訂の観点からみた分類で、日本で古くから行われている装訂で作られた書物とし、その範疇には、仏書・漢籍・和書（国書）が含まれることを確認した。次に、和本に含まれる印刷物と非印刷物について確認しておく。

印刷物は印刷された資料で、活字による印刷と版面（凸版や凹版）による印刷、合羽（かっぱ）刷りのような孔版（こうはん）印刷、平版（へいはん）印刷、コンピュータからの直接出力などさまざまな技法がある。

活字印刷には、材質の観点からみた分類である膠泥（こうでい）活字（陶器）、金属活字、木活字と、製造方法の観点からみた分類である彫刻活字、鋳造活字と、印刷の技法の観点からみた分類である圧力をかけるプレスと版面をこする摺りがある。和本を対象とした日本出版文化を俯瞰した場合、金属活字あるいは木活字とプレス方式の印刷機によるイエズス会布教活動の一環としてつくられた本であるキリシタン版、金属活字や木活字をもちいて一六世紀末から一七世紀前半五〇年間に摺られた古活字版、それ以降の木活字版（近世木活字本）とに区分される。

版面による印刷には、材質から銅版印刷、木版印刷などがある。和本を対象として限定するならば、銅版印刷は、銅版画と呼ばれるように絵に使われることがある。日本の木版印刷は、西洋の挿絵のように木口部分を彫る木口木版（wood engraving）ではなく、板目彫りの板目木版（woodcut）で日本では整版と呼ばれ印刷の主流である。

色を重ねる技法として合羽刷りが使われた場合もある。平版印刷としては時代的に石版印刷があげられるが、中国で書物が大量に刷られたほど和本には普及しなかった。

非印刷資料としては、書写本（manuscript）があげられる。現代であれば、マイクロ資料、映像資料、音声資料、電子資料、ネットワーク情報資源なども例示されるが、和本の範疇では書写本が主であろう。なかには、紙縒りで文字を表した資料も存在する。書写本には、自筆の自筆本、他人が写した写本があり、そのなかでも内容だけでなく文字までもそっくりに写した写本を模写本（薄様の紙などを用いて透き写しにした影写本、原本を横において字形を真似て写す臨写本）とよぶ。原稿本は稿本とよび、自筆稿本、定稿本などのさまざまな種類がある。

そして、印刷資料と非印刷資料といった技法の観点からはずれるが、絵巻物や奈良絵本、折りたたみの地図など文字資料だけではなく静止画資料も和本には含まれることを確認しておきたい。

三　書誌学と情報資源の組織化

書誌学

書誌学とは書物を研究する学問である。藤井隆著『日本古典書誌学総説』（一九九一）では、研究範囲を広義には「書籍に関するすべての分野に及ぶもの」とし、狭義としては「形態書誌学的な範囲」

と記している。この形態学的な書誌学においても、分析書誌学（analytical bibliography）と列挙的書誌学（enumerative bibliography）あるいは体系書誌学（systematic bibliography）ともよばれているが、この二つに分けられる。前者は、狭義の意味で書誌学と認識されているもので、書籍の物質的形態を記録し、内容を校合し、書籍の由緒などを研究する学問である。後者は、利用者への書誌情報の提供を前提に、一定の原理（あるいは規則）に従い書誌的事項を記述し、検索の仕組み（紙媒体による提供の時代においては排列）を考える、書誌情報を利用の面から捉えた学問で、図書館情報学の範疇である。

情報資源の組織化——目録規則・分類・件名・典拠コントロール

求める情報を探しだせるようにする仕組みや仕組むことを、図書館情報学の世界では「情報資源組織（化）（organization of information resources / organizing information resources）」とよぶ。情報資源組織論では、利用者の検索行動から、求める特定の資料を探す仕組み、ある特定の著者の著作あるいはある特定の主題について述べられた著作を探す仕組みについて考える。前者は既知資料検索といわれ、後者は未知資料検索といわれる。

既知資料検索の場合は、利用者の求める資料は特定されており、求めている特定の資料と同じか違うのかを判断できる情報、すなわち書誌情報が重要となる。書名（タイトル）は同じでも著者が違う、あるいは訳者が違うとか、出版地・出版者が違う、版が違うなど、同定識別するためにはさまざまな情報が必要となる。ちなみに、目録用語としての出版元は「出版社」ではなく、「出版者」を使用する。同定識別に必要とされる情報が書誌に記述されていても、その記述の方法がばらばらでは同定も識別も困難となる。例えば、本の書名をどこから採用するのか、ページ数はどのように数えるのか、本の大きさはどのように表現するのかといった基本的な考え方が統一されていないと、同じ本でも記録する人によって違った書誌が作成されてしまう。だから、記述の情報源や記述の方法や文法などが目録規則として決められている。グローバルな視野で標準化がおこなわれている領域でもある。

未知資料検索の場合には、利用者は特定の資料を探しているわけではなく、求める条件にあう資料を探しているので、それらの書誌情報の集合を提示する必要がある。何か情報が得られればそれで満足する場合もあるし、網羅的な情報資源を必要とする場合もある。学術図書館に要求される書誌情報の検索の場合、研究に関わることが多いため、検索の漏れがなくかつノイズの少ない精度の高い、的確な集合を提示することが必要となってくる。著者から、主題から、出版者から、出版年代から、検索語の前方一致、中間一致、後方一致、完全一致やａｎｄ、ｏｒ、ｎｏｔといったブール演算式を用いた検索などさまざまなアプローチにより集合が作られることが重要となる。検索システムの開発、データベース構造やデータの質が要求される。とくに、内容の分類や件名の付与、位置情報、時間情報、言語情報、媒体種別情報の付与とそれらのテーブル管理、インデックスの切り出し、そして著者名や書名を典拠コントロールするための典拠ファイルの維持・管理など、データベース構造が重要となってくる。そして、なによりも大切なのは個々のデータの質である。

0　内容形式と機器タイプエリア	テキスト△(視覚)△：機器不用
1　タイトルと責任表示エリア	蔦屋重三郎△／△鈴木俊幸著
2　版エリア	新版
3　資料または刊行方式の特性エリア	
4　出版・頒布等エリア	東京△：△平凡社，△2012.2
5　資料記述エリア	329p△：△挿図△；△16cm
6　シリーズと複数部分単行資料エリア	(平凡社ライブラリー△；△756)
7　注記エリア	若草書房(1998年11月刊)より刊行されたものに、その最終章「蔦屋重三郎代々年譜」を省き、付論を増補したもの
8　標準番号と入手条件エリア	ISBN△9784582767568△：△JPY△1500

＊各エリアの中は ISDB 区切り記号法でエレメントが分けられる。１バイトのスペースは「△」で表した。エリアごとに改行したが、改行せずに記録する場合は区切り記号「．△-△」をエリアとエリアの間に置く。
＊「資料または刊行方式の特性エリア」は、地図資料、楽譜の音楽形式表示、逐次刊行物に関するデータが記録される。
＊詳しい事例を参照する場合は「http://www.ifla.org/files/assets/cataloguing/isbd/isbd-examples_2011.pdf」を見よ。

図３　ISBD 統合版の９つのエリアと書誌記述の一例

目録規則と国際標準書誌記述

目録規則は国や地域の出版文化の違いに応じて、それぞれの目録規則が存在する。日本では、『日本目録規則』一九八七年版改訂三版が標準規則となっており、洋書の書誌記述では『英米目録規則（*Anglo-American Cataloguing Rules*: AACR）』第二版（AACR２）が使われる場合が多い。現在、『AACR２』の後継規則である『資源の記述とアクセス（*Resource Description and Access*: RDA）』に移行しつつある。これは図書館が従来の伝統的な、媒体に固定された資料だけでなく、ネットワーク上の情報資源も扱う組織に変化していることによる。国立国会図書館においても二〇一三年四月より外国刊行の洋図書等の目録規則として『RDA』の適用を開始している。

目録の記述に関しては、国際図書館連盟（International Federation of Library Associations: IFLA）が国際標準として「国際標準書誌記述（International Standard Bibliographic Description: ISBD）」を制定・維持している。各国・言語圏における目録規則には、基本、この考え方が導入されている。ＩＳＢＤでは九つのエリア（図3参照）が設定され、各エリアはエレメント（書誌的要素）で構成されており、エリアごとのエレメントの記述には、ＩＳＢＤ区切り記号法という記述文法が用意されている。そして、それぞれの目録規則には、「転記の原則」「記述の情報源」「各書誌的事項の情報源」「目録用の言語・文字」などが定められている。

書誌レコードの機能要件

ＩＦＬＡは一九九七年に『書誌レコードの機能要件（*Functional Requirements for Bibliographic Records*: FRBR）』を発表し、二〇〇九年に『国際目録原則覚書（*Statement of International Cataloguing Principles*）』を策定した。これはＦＲＢＲの概念モデルの上に構築されており、利用者の利便性を最上位の原則としている。

ＦＲＢＲは、書誌情報の概念モデル（図4参照）を示したもので、書誌レコードに必要な要件、すなわちどのようなデータが必要かをみなおしたものである。書誌情報の提供がコンピュータ環境を前提とした場合、紙媒体にはないどのような機能が必要か、そのためにはどのような要件が必要であるかをみなおし、再構築をおこなった。「発見」「識別」「選択」「入手」という利用者の行動モデルを考

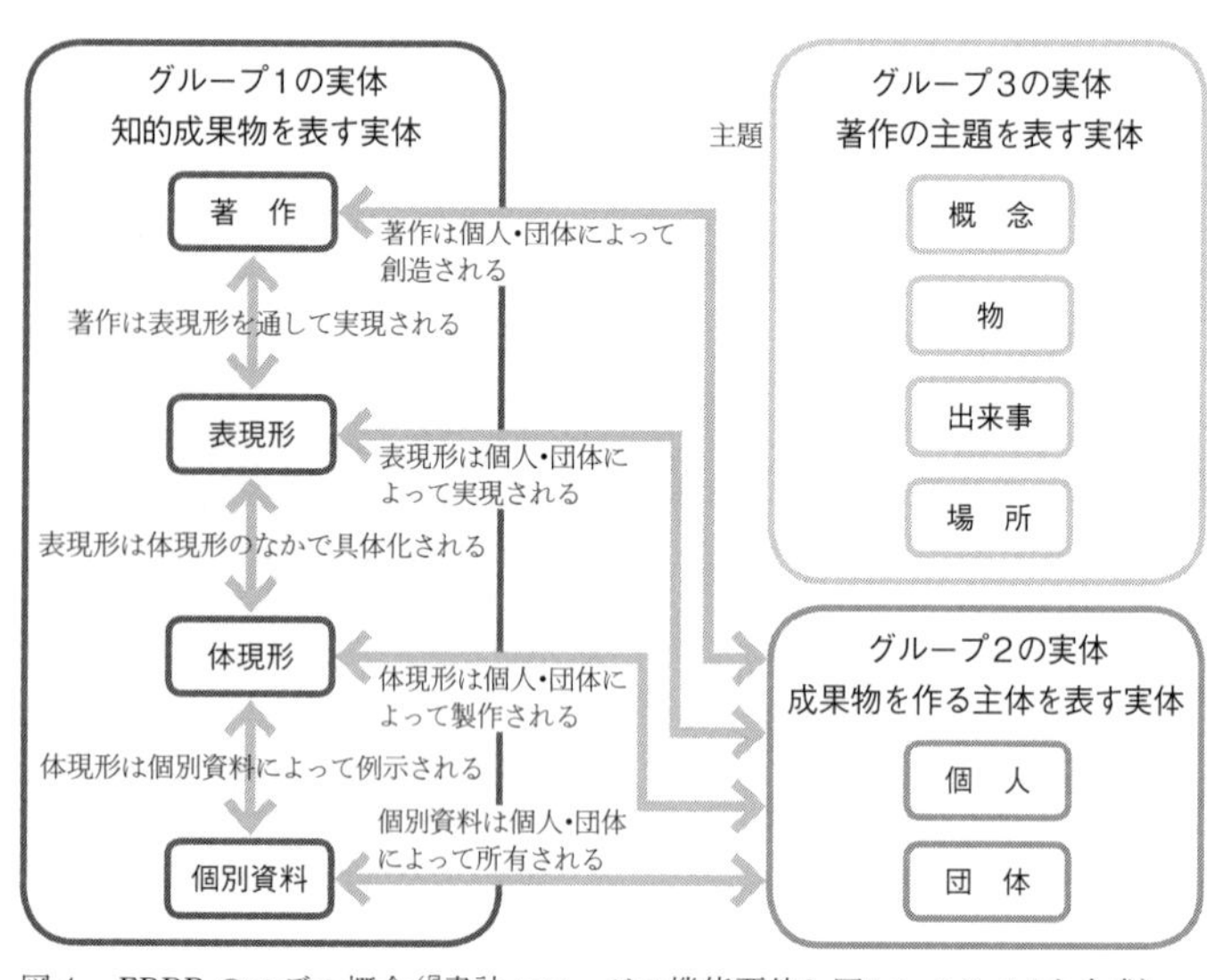

図4　FRBRのモデル概念(『書誌レコードの機能要件』図3.1、3.2, 3.3を合成)

察の基礎にしている。

　知的成果物を表す実体は、個別の知的・芸術的創造（a distinct intellectual or artistic creation）である「著作」、著作の知的・芸術的実現（the intellectual or artistic realization of a work）である「表現形」、著作の表現形の物理的な具体化（the physical embodiment of an expression of a work）である「体現形」、体現形の単一の例示（a single exemplar of a manifestation）と定義される「個別資料」の四つにわけられる。例（図5参照）を示すと、「源氏物語」という著作、「源氏物語青表紙系統定家本」「源氏物語青表紙系統大島本」「源氏物語河内本系統尾州家本」「源氏物語陽明家本」「源氏物語現代語訳与謝野晶子翻訳本」「源氏物語現代語訳谷崎潤一郎翻訳本」「源氏物語英語訳サイデンステッカー翻訳本」「源氏物語英語訳タイラー翻訳本」「源氏物語フランス語訳シフェール翻訳本」「源氏物語ドイツ語訳ベルン翻訳本」などが表現形、「源氏物語青表紙系統定家本の原本」「源氏物語青表紙系統定家本の影印本」「源氏物語現代語訳与謝野晶子翻訳本の単行本」「源氏物語現代語訳与謝野晶子翻訳本の文庫本」などが体現形、「天理図書館が所蔵している源氏物語青表紙系統定家本」「国際日本文化研究センターが所蔵している源氏物語英語訳サイデンステッカー

著作　個別の知的・芸術的創造の単位

源氏物語

表現形　著作の知的・芸術的実現の単位

「英数字による表記、記譜、振付け、音響、画像、物、運動等の形式あるいはこれらの形式の組み合わせ」

源氏物語 青表紙系統 定家本
源氏物語 青表紙系統 大島本
源氏物語 河内本系統 尾州家本
源氏物語 陽明家本
源氏物語 現代語訳 与謝野晶子翻訳本
源氏物語 現代語訳 谷崎潤一郎翻訳本
源氏物語 英語訳 サイデンステッカー翻訳本
源氏物語 英語訳 タイラー翻訳本
源氏物語 フランス語訳 シフェール翻訳本
源氏物語 ドイツ語訳 ベルン翻訳本

体現形　著作の表現形の物理的な具体化の単位

源氏物語 青表紙系統 定家本の原本
源氏物語 青表紙系統 定家本の影印本
源氏物語 現代語訳 与謝野晶子翻訳本の単行本
源氏物語 現代語訳 与謝野晶子翻訳本の文庫本

個別資料　体現形の単一の例示の単位

源氏物語 青表紙系統 定家本 天理図書館所蔵
源氏物語 英語訳 サイデンステッカー翻訳本 日文研所蔵

図5　FRBR モデルにおけるグループ1の4実体の実例

翻訳本」などが個別資料となる。従来の狭義での書誌学では個別資料ごとに書誌を記録する。図書館目録では「書誌」と「所蔵」という枠組みで目録を作成し、体現形の書誌を記述していた。国立情報学研究所が提供している総合目録データベースでは、個別資料特有の情報、例えば刷年などは所蔵データで記録している。ただ、古典籍資料に関しては出版環境の複雑さから同定識別することが困難であり、個別資料ごとに書誌データを作成する例外措置が講じられている。

『国書総目録』（岩波書店、一九六三—七六年、補訂版一九八九—九一、二〇〇一—〇三年）は、FRBRの概念をすでに表現していたすばらしい編集著作物である。紙媒体の資料が中心であったので、「表現形」と「体現形」が明確に区別はされていないが、著作、表現形（系統本や版）の識別、体現形（明治以降の全集や叢書に限定されるが翻刻・複製）の情報、個別資料の所蔵情報が紙媒体に効率よく編集されている。時には個々のデータについて批判もあったが、この枠組みを構築された先人の研究者ならびに岩波書店の偉業に敬意を表す。研究者＝利用者であったからでもあるが、研究サイドの知識の集積と利用者サイドの視点が融合されたすばらしい成果物である。

分類の基本原理

本の内容を分析し、内容別に区分し、似た内容を集める作業を分類するという。この作業をするにあたって、一定の原則や基準が必要になる。これを区分原理とよび、「区分原理の一貫性」が要求される。そのため時間の経過や分類作業をする人が違っても同じ分類ができるように「分類規程」とい

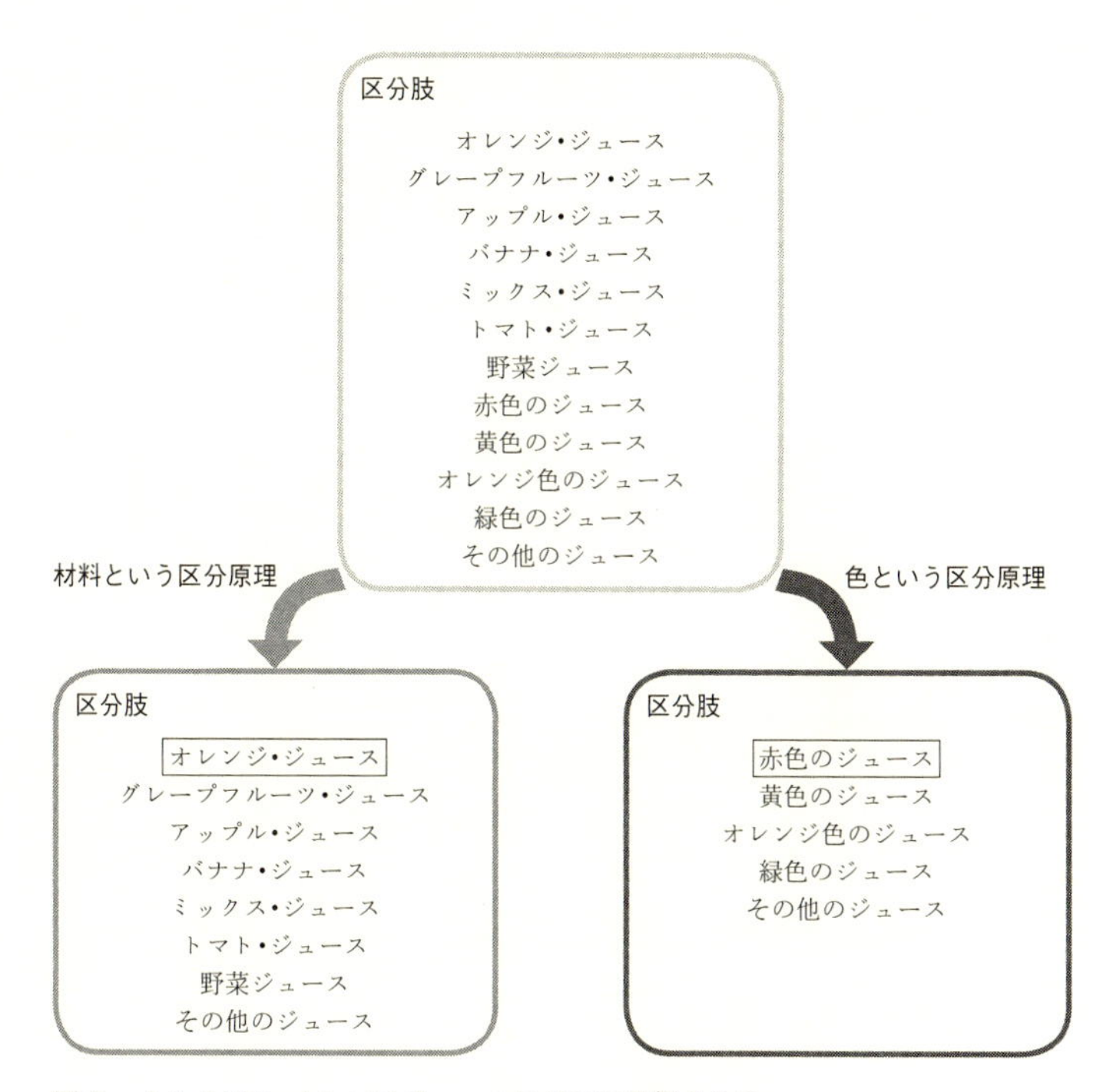

図6　イタリアン•オレンジジュースはどこに分類する？

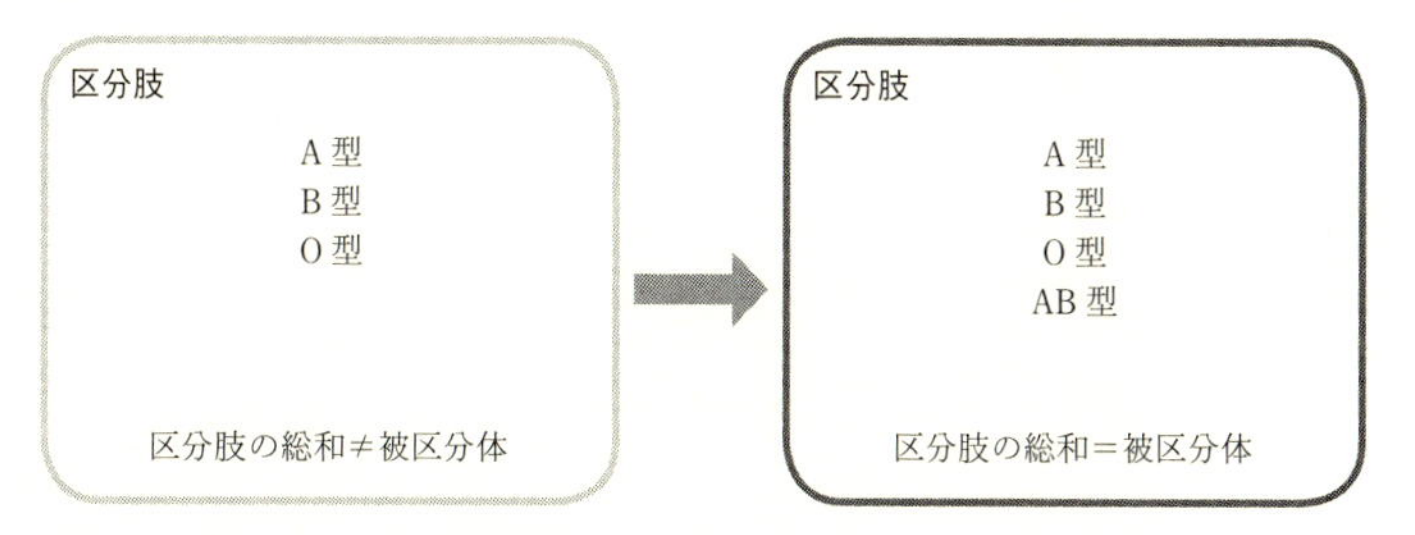

図7　血液AB型はどこに分類する？

うものが決められている。区分原理が一貫していないと、どの区分肢を選択したらよいか判断できない区分肢をもつ分類表（図6参照）ができる。これを「交差分類」という。区分肢は相互排他的でなければならない。区分肢の選択に困る分類表も問題であるが、内容を表現しようにも区分肢がないという分類不能に陥る分類表（図7参照）も問題である。このような状態にならないために、区分肢の総和は被区分体と等しくなくてはならない。これを「区分の網羅性」という。

図書館の分類には、書誌分類と書架分類がある。検索の利便性を考え、本の内容に応じて複数の分類を付与できるのが書誌分類である。それに対して、物理的に本を書架に置く場合、同時に一つの場所にしか排架できない。一つの分類のみを付与するのが書架分類である。書誌データベースの場合、書誌データには複数の分類を付与することが可能であり、所蔵データには分類記号と図書記号（受入順記号法、著者記号法、年代順記号法などさまざま）などが組み合わされたものが一つの所在記号（請求記号）として記録されている。検索の再現率と精度をよくするためには、書誌データに書誌分類が必要に応じて記録できるように繰り返しフィールドを持てることが必要である。国立情報学研究所が提供している総合目録データベースでは一レコードにつき二十四個の分類フィールドが持てるように、データベースの設計がなされている。

データベースの評価

データベースにデータを格納すれば、たちどころに検索が可能になり、必要なデータが正確に取り

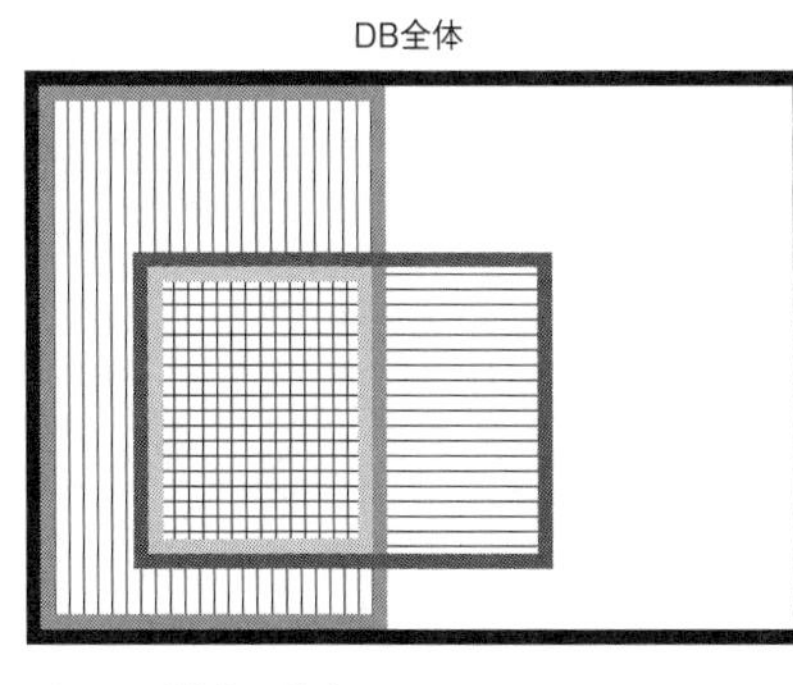

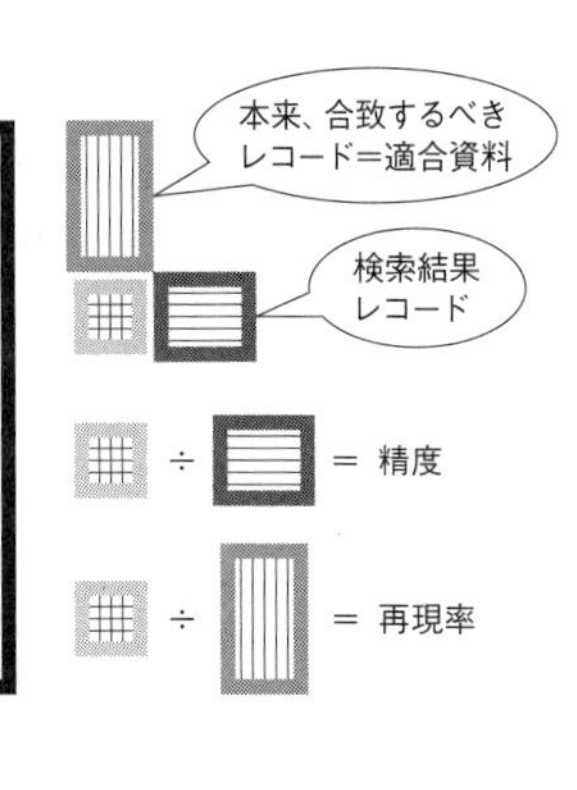

図８　再現率と精度

出せるように考えられているかもしれないが、実際は検索結果に検索漏れやノイズが生じる。データの質、データ構造、検索の仕組みなどが検索結果に影響を及ぼす。検索における再現性と適合性がよいことが重要である。再現率と精度（図8参照）を高くすることが、データベースの信頼性につながる。一方で、利用者はデータベースに何が収録されていて、何が収録されていないのか、収録範囲を認知しておくことが重要である。また、そのような情報をきちんと提供することは基本中の基本である。

四　日本古典籍総合目録データベースによる分析

日本古典籍総合目録データベース

国文学研究資料館（以下、国文研）が、『国書総目録』の継承・発展を目指して構築した「日本古典籍総合目録データベース」（以下、古典籍データベース）がある。現在、国文研のウェブサイトによる公表（二〇一三年一二月二〇日確認）では、二〇一三年六月一九日にデータ更新がなされ、データ件数は、著作四六万六四五七件、著者六万八九〇三件、書誌五〇万五件（古典籍二六万一八一四件、マイクロ／デジタル二二万一七九二件、和古書一万六三九九件）とのことである。

＊校正時二〇一四年七月一八日に「アップデート情報」を再確認したところ、二〇一三年一二月一九日、二〇一四年四月二二日、二〇一四年七月五日にデータが更新されていた。

・二〇一三年一二月一九日　著作四六万八五六〇件
・二〇一四年　四月二二日　著作四六万九三九七件
・二〇一四年　七月　五日　著作四七万〇〇二三件

この書では、二〇一三年一二月一九日のデータ件数四六万八五六〇件で進める。

まず、『国書総目録』であるが、岩波書店のウェブサイトでは「古代より幕末までに日本人が著作・編集したあらゆる分野の書物五十万部について、著者・分野をはじめ所蔵先・翻刻書名などを明示した最大規模の総合目録。岩波書店創業五十周年を記念して一九六三年〜七六年に刊行したものに、さらにいっそう検索しやすく改善を加えた補訂版。歴史・文学などの研究・調査に必備の基本図書」と広告がなされている。国書の目録であって、手を加えずに写された漢籍の写本や日本で出版された和刻本などは収録されていないことがわかる。他にも、近世の庶民による史料は未整理のものが多いため、そうしたものは収録していない場合が多い、巻・冊単位ではない、紙一枚程度の書画・絵図・地図・古文書は収録しない、絵巻物・書画帖は収録するが、拓本は収録しないといった条件がある。

すべての和本を収録対象としていないことを、再確認しておく。

次に、古典籍データベースは『国書総目録』に『古典籍総合目録』(一九九〇)のデータがくわえられ、国文研所蔵の和古書目録データ・マイクロ資料目録データを収録している。著作の単位を基本としているデータベース(以下、著作データベース)と個別資料の単位を基本としているデータベース(以下、個別資料データベース)が融合されていることを再確認しておく。そして、著者典拠ファイルのデータベース(以下、著者データベース)が公開されている。

自筆本は、著作の単位=表現形の単位=体現形の単位=個別資料で、時間情報もすべて同じであり、著作のデータベースであろうが、個別資料のデータベースであろうが影響はない。しかし、熊田淳美が『三大編纂物群書類従・古事類苑・国書総目録の出版文化史』(二〇〇九)の中で「『伊勢物語』には二百種以上の写本があり、六十種以上の版本があっても、それは、作者も成立年も不明の一書目にカウントされるにすぎない」と指摘しているとおり、著作単位一件、表現形単位件数不明、体現形二六〇件以上、個別資料単位件数不明で、著作の成立年代は不明、表現形の成立年代および体現形の成立年代である出版年は判明するものもあれば、わからないものもあり、個別資料の成立年である刷年も判明するものもあれば、わからないものもあるのだが、著作のデータベースでは、一件成立年不明ということになる。近世に『伊勢物語』(著作ID:157)が体現形の単位で何点も出版され、個別資料として何部も印刷されていようとも、検索結果件数にはカウントされないのである。レコードの国書所在フィールドの中にデータとして、体現形の時間情報が保有されているにもかかわらず、データベース構造や、検索の仕組みの問題で検索結果に表示されないのである。適合資料であるにかかわらず漏れるのである。単なる確認であるが『伊勢物語』というタイトルをもっていたとしても、内容が違えば別の著作である。たとえば、内容が浮世絵であれば、別の作品として著作単位の書誌（著作 ID: 4358298）が作成される。

国文研がウェブサイトで公開している「利用のしかた」（二〇〇六年一二月）で、著作データベースのデータ構造を確認してみると、時間情報である成立年には「著者自筆本の書写年／著者の自序・跋・奥書年／初版刊年／初演年等／『国書総目録』の「成立」項目等」と記述されている。著作単位の時間情報たとえば自筆本の書写年、表現形単位の時間情報たとえば初演年、体現形単位の時間情報たとえば出版年が同じフィールドに記載されていることがわかる。『重訂解体新書』のレコードを見ると、成立年フィールドで「寛政一〇」が記述され、国書所在フィールドで「文政九版」や「天保一四版」の版本が存在することがわかる。もう一度整理すると、著作データベースでは、検索画面で年代のフィールドに「文政九」と入力しても検索結果に出力されないのである。「寛政一〇」としてはじめて『重訂解体新書』は検索され表示されるのである。

この問題を理解した上で、熊田は「江戸時代初出の出版書目数」（傍点引用者）という表現を用いて著作データベースの分析結果を公開している（熊田、二〇〇九）。「江戸時代初出の出版書目数　三万四千三十点　寛文年間から享和元年までは約一万八千五百点　享和元年から慶応三年までで一万四千七百点　江戸時代の成立が判明している国書は、写本、版本を含め、約十万八千点」（抄出）、そして分析結果として、「全体の四分の三近くは書写年や刊年などの成立年が不明なため、これら国書の正確な時代別分布を知ることは難しい」と述べている。また、「うち、約三万四千が版本で、これに倍する約七万が書写本でないつまりオリジナル（初出）の写本である。江戸期においてさえ、残存する国書は写本が圧倒的に多い」こと、そして「印刷物として流布しない自筆本が多かった」と述べている。この見解には、反論を述べたい。この著者データベースの構造および検索の仕組みでは、成立年の情報には、著作の成立年がわかればそれが採用される。のちに版本になって流布したとしても、『重訂解体新書』の事例からわかるように、この検索画面では、体現形の時間情報は検索されないのである。よって、この結論はこの側面だけでは導きだせないのではないかと考える。著作の単位で述べるのか、体現形の単位で述べるのか、交差させてはならない。国書所在フィールドから検索キーが切り出される、あるいは、検索画面の全項目の枠から国書所在フィールドに対して全文検索が行えたらもう少し踏み込んだことが述べられるかもしれないが、ノイズが多すぎて分析はできないかもしれない。沈黙するしかない。他にも統計的な取り組みもあろうが、形式的誤謬や論理的誤謬を感じるものであり沈黙する。

古典籍データベースに直接アクセスし、データベース言語ＳＱＬ（シークェル、エスキューエル）によるデータ検索およびデータを出力し、国書所在フィールドを分解し解析すると体現形単位の書誌情報に関して述べられることもあると考え、国文研に対して書誌情報のＳＱＬによるデータ分析について照会を行ったが、学術情報課長名で「本データベースの作成には、様々な権利が含まれており、公

表1　完全一致件数の遷移データ

分野	2013.12.18以前	2013.12.19時点	増減
〔総記〕	3,551	3,557	6
〔学問〕・思想	13,276	13,286	10
神祇	19,208	19,221	13
仏教	72,009	72,063	54
宗教	732	734	2
言語	5,202	5,219	17
文学	84,413	85,810	1,397
音楽・演劇	16,670	16,907	237
歴史	59,759	59,862	103
地理	11,354	11,404	50
政治・法制〔附故実〕	34,213	34,261	48
経済	3,923	3,930	7
風俗・〔生活〕	1,335	1,336	1
教育	7,434	7,444	10
理学	13,982	13,983	1
医学	14,959	14,961	2
産業	6,954	7,022	68
芸術	7,928	7,932	4
諸芸	10,361	10,365	4
〔武学〕・武術	14,421	14,445	24
計	401,684	403,742	2,058

注記1：分類が確定できない場合等、分類を与えていない著作が存在

注記2：2013年6月19日　データを更新　著作：466457件

注記3：2013年12月19日　データを更新　著作：468560件

開されている検索サービス以外でのデータベースのご利用希望には残念ながら沿いかねます」という丁寧な回答をいただいた。そこで、公開されている検索サービス、つまり検索画面からできることを実験的におこなってみた。

日本人著作物の分野比率について

岩波書店の広告文を一部借用させていただくと「古代より幕末までに日本人が著作・編集したあらゆる」著作の分野分析をおこなう。

最初に、断っておきたいのは、古典籍データベースの著作データベースを活用した分析であって、時代的な限定条件は付けない。和本ではなく、和書、すなわち国書の分析である。公開されている検索画面の分類枠（分類フィールド）を使った検索を、二〇一三年一二月一九日におこなった検索結果で、データベースのレコード総数は四六万八五六〇件である。分類語一覧で公開されている分類項目を基

本採用し、新たに分類するのではなく、レコードに付与されている分類を採用する。分類体系については、論議の対象から除外する。分類が確定できない場合等、分類を与えていない著作が存在する（表1参照）とのことなので、区分肢として、「未分類」を設ける。また、文学分野の分類項目の例示部分「狂文 狂詩文 詩歌 詩歌文 詩歌集 詩集 詩歌 連俳集 和歌」において「詩歌」が二度表れるが、二度目の分類項目「詩歌」を「詩歌連俳集」と読み替え、念のため「連俳集」も分類項目として採用した。理由は「詩歌連俳集」が付与された書誌レコードが見つかったからである。

完全一致検索、中間一致検索、前方一致検索

分類項目は四一七項目（「未分類」をカウントすると四一八項目）あり、それぞれ完全一致検索、中間一致検索、前方一致検索をおこなった。なぜ三種類の検索が必要かというと、書誌分類で複数の分類が付与されているからである。レコード上、分類フィールドが分類の数だけ展開されているのではなく、一つのフィールドに1バイトのスペース（中には全角（2バイト）スペースが入っている場合もある）で区切っているだけで、特に区切り記号法を採用しているようではない。くわえて、検索用インデックスとして切り出されているわけではなさそうだったからである。表2「分類による検索結果の一事例」を例にして説明する。

レコードの分類フィールドに一つの分類だけが付与されている場合、完全一致件数と中間一致件数と前方一致件数が一致する。六〇番「俗語」の分類フィールドに「俗語」という分類が一つだけ付与

表2　分類による検索結果の一事例(レコード件数)　　検索日:2013.12.19

		言語	完全一致	5,219	中間一致	6,618	前方一致	5,618	補正値	5,616
53	言語	言語	25		27		25		25	
54		国語	28		518		30		28	
55		国語学	2		2		2		2	
56		語学	1,813		1,841		1,824		1,824	
57		文学	524		533		526		526	
58		音韻	986		1,030		1,014		1,014	
59		俚諺	40		43		41		41	
60		俗語	5		5		5		5	
61		方言	56		58		57		57	
62		文法	169		178		169		169	
63		辞書	800		1,228		1,138		1,138	
64		節用集	0		334		2		2	
65		字彙	47		51		47		47	
66		語彙	254		277		254		254	
67		辞彙	4		5		4		4	
68		外国語	466		488		480		480	

されたパターンである。完全一致件数と中間一致件数で中間一致件数が大きい値を取る場合、その差分が、分類が複数付与されているレコード件数である。たとえば、六四番「節用集」は完全一致〇件、中間一致三三四件、前方一致二件である。これは「節用集」という分類が付与されているレコードは三三四件あり、「節用集」という分類のみが付与されているレコードはなく、最初に「節用集」を付与し、次に別の分類を付与しているレコードが二件ということが読み解ける。実際調べてみると、分類フィールド「辞書　節用集」三二六件、「辞書　節用集」六件（スペースが2バイト（全角）であることに注意）、「節用集　辞書」二件で合計三三四件であった。この場合、「節用集」の分類が付与された本はどのようなものがあるかという観点から検索する時は、中間一致検索の集合が有効である。しかし、全体に対する分類が占める割合などの分析を行う時は、中間一致検索では一冊の本を「節用集」と「辞書」からダブルカウントすることにな

るので不適切である。この時は、一レコード一分類（排架分類）にすることが望ましい。最初に採用される分類が慣例的に主であるので、主と仮定し、前方一致検索で得られる値を採用する。

データの補正

五四番と五五番は、「国語」と「国語学」という区分肢があるため、「国語」の「前方一致」検索では「国語学」の件数も含まれる。検索結果の補正が必要になる。このような補正が必要なパターンはほかに「書簡」「書簡集」「書簡文範」、「漢文」「漢文集」、「漢詩」「漢詩集」「漢詩文」、「詩文」「詩文集」、「狂詩」「狂詩文」、「詩歌」「詩歌文」「詩歌集」「詩歌連俳集」、「歌文」「歌文集」、「連歌」「連歌集」「連歌論」、「狂言」「狂言本」、「絵本番附」「絵本番附／操芝居」「絵本番附／からくり」「絵本番附／見せ物」「絵本」、「暦法」「暦」がある。

　これらの補正を行い、全レコードを集計すると四二万〇三一〇件、全レコード数が四六万八五六〇件なの

表3　著作物の分野別件数と割合

分野	件数	パーセンテージ
〔総記〕	3,586	0.8%
〔学問〕・思想	13,407	2.9%
神祇	20,273	4.3%
仏教	72,884	15.6%
宗教	748	0.2%
言語	5,616	1.2%
文学	89,391	19.1%
音楽・演劇	24,038	5.1%
歴史	60,608	12.9%
地理	11,576	2.5%
政治・法制〔附故実〕	34,991	7.5%
経済	4,056	0.9%
風俗・〔生活〕	1,384	0.3%
教育	7,533	1.6%
理学	14,498	3.1%
医学	15,123	3.2%
産業	7,329	1.6%
芸術	8,153	1.7%
諸芸	10,546	2.3%
〔武学〕・武術	14,570	3.1%
［未分類］	48,250	10.3%
合計	468,560	100.0%

で、この差分四万八二五〇件が分類の付与されていないレコードとなる（表3参照）。

日本人による著作物の分野比率

著作の分野比率（図9）で突出しているのは文学で全体の一九・一％をしめる。次に、仏教一五・六％、三番目に歴史一二・九％とつづく。日本の著作物は文学作品が多いと見ることもできるが、収録対象から除外した資料群も考慮すべきである。予想していた値より仏書の比率が低かった。収録範囲が和書（国書）であるということに起因しているのであろう。

和本となれば、注釈のない和刻本や写本が数えられるので仏書、漢籍の比率があがると思われる。国書に含まれない漢籍は全国漢籍データベース協議会の全国漢籍データベースを使うのが有効であろう。仏書に関しては、その資料が膨大なので未整理の資料が大量に存在すると考えられる。貴重な写本の研究は進んでいるが、近世の木活字および整版の研究は少々延滞気味で、今後、研究費が配分され、研究と資

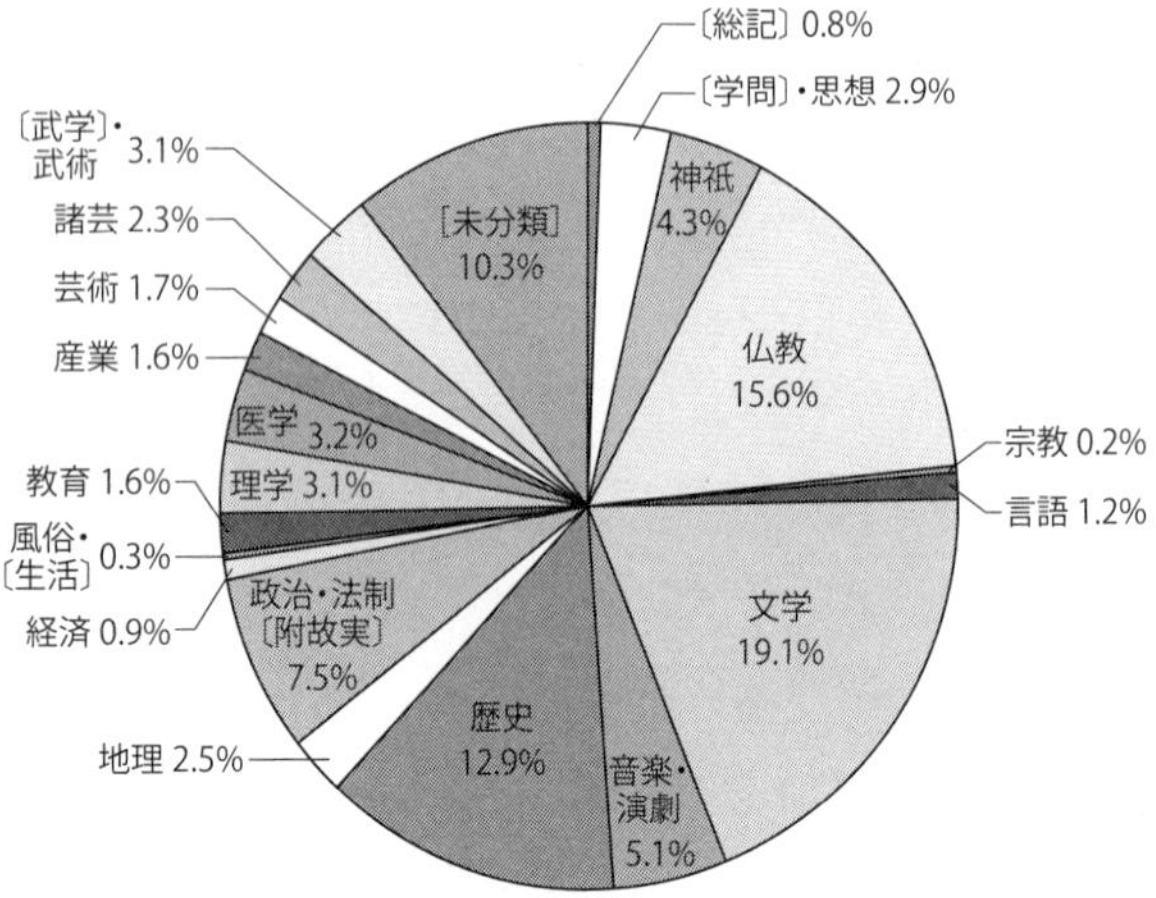

〔総記〕0.8%
〔学問〕・思想 2.9%
神祇 4.3%
仏教 15.6%
宗教 0.2%
言語 1.2%
文学 19.1%
音楽・演劇 5.1%
歴史 12.9%
地理 2.5%
政治・法制〔附故実〕7.5%
経済 0.9%
風俗・〔生活〕0.3%
教育 1.6%
理学 3.1%
医学 3.2%
産業 1.6%
芸術 1.7%
諸芸 2.3%
〔武学〕・武術 3.1%
〔未分類〕10.3%

図9　著作の分野比率

料整理がますます進むことがのぞまれる。

次に、分類項目ごとの比率（表4）をみると、四一八区分肢中、未分類のものが約一割をしめるが、それ以外では歴史分野の記録が一番多く、全体の五・八三%をしめる。そして俳諧、真言とつづく。日本文化の象徴的な断片が垣間見えた気がする。日本における古記録の層の厚さが窺える。これに「近世の庶民による史料（記録）」が加わったならば、その比率は大きく伸びるであろうと考える。謎は謎として魅力的である。

表4　著作物の分類項目比率　上位50項目

順位	ID番号	分類項目	%	順位	ID番号	分類項目	%
1	418	未分類	10.30%	26	225	雑記	0.96%
2	220	記録	5.83%	27	214	系譜	0.81%
3	135	俳諧	4.00%	28	112	漢詩文	0.77%
4	34	真言	3.91%	29	294	往来物	0.77%
5	124	和歌	3.39%	30	100	随筆	0.76%
6	27	仏教	3.10%	31	45	日蓮	0.72%
7	32	天台	2.33%	32	268	経済	0.71%
8	315	医学	2.33%	33	36	浄土	0.71%
9	297	和算	1.92%	34	102	紀行	0.69%
10	258	有職故実	1.90%	35	168	謡曲	0.66%
11	15	漢学	1.86%	36	372	書道	0.65%
12	39	真宗	1.80%	37	219	文書	0.63%
13	25	神社	1.79%	38	206	雑史	0.59%
14	232	地誌	1.61%	39	255	名鑑	0.59%
15	244	法制	1.49%	40	125	歌学	0.58%
16	210	伝記	1.48%	41	143	歌謡	0.57%
17	110	漢詩	1.28%	42	376	茶道	0.57%
18	172	浄瑠璃	1.21%	43	105	書簡	0.56%
19	22	神道	1.14%	44	127	歌集	0.54%
20	46	寺院	1.10%	45	243	政治	0.54%
21	192	脚本	1.08%	46	91	合巻	0.53%
22	132	連歌	1.04%	47	141	狂歌	0.51%
23	259	武家故実	1.04%	48	208	戦記	0.50%
24	23	祭祀	0.98%	49	290	教訓	0.49%
25	403	兵法	0.98%	50	353	絵画	0.49%

日本古典籍総合目録データベースのインターネット上での公開は、だれもがどこからでも『国書総目録』を見ることができ、またその後に調査

された書誌所蔵情報を調べるツールとして非常に重宝なものである。なくてはならない国民の財産ともいえる貴重なデータベースである。

一方で、残念な面もある。投資できる財に起因する問題であることは十分承知している。提供できるツールが紙媒体しかない時代に、三次元の構造を二次元に落とし込んで創られた、素晴らしい概念をもった『国書総目録』を、三次元の構造に解凍することなく、そのまま紙媒体の仕様つまり二次元レベルでデータベースの世界に持ち込んだことである。国書所在フィールドを改善することが望まれる。最初の第一歩は、このフィールドが検索できるように改善することである。次の一歩は、著作データベースの著作レコードのもとに、体現形のレコードをリンクし、その下に個別資料レコードをリンクすることである。利用者の検索結果では、見た目は同じだがリンクが張られている点が違うだけである。次の一歩は、個別資料レコードは各機関の書誌情報と所蔵情報が各機関からアップロードあるいは連携できる枠組みを用意することである。国立情報学研究所の総合目録データベースとの連携というのもひとつの方法かもしれない。

他の多くのデータベース共通の問題であるが、個々のデータを集めてみせるための仕組みや枠組みが必要である。ここでは一事例として書誌情報の時間情報について取り上げたい。書誌記述をする場合、決められた目録規則によって記録する。時間情報はＩＳＢＤの八つのエリアの中の出版・頒布等エリアに記述される。『日本目録規則』一九八七年版改訂三版では図書の場合、出版年・頒布年等の情報をエレメントとして記録するのであるが「記述対象とする図書の属する版が最初に刊行された年を記録する」というのが最初の規則である。そのほか細かい規則がある。その結果、記録される事例を表5で示す。このフィールドをこのまま検索対象にすると、さまざまな表現値が存在するので検索漏れの一要因となる。国立情報学研究所の総合目録データベースでは、検索のためのフィールド「YEAR」を持っている。ここには四桁の西暦年を刊行開始年と刊行終了年をスペースで区切ることで入力が可能である。出版・頒布等エリアは「PUB」フィールドで記録されるが、ここに記録されている出版・頒布年等の情報は検索キーワードの切り出し対象とならない。

これを応用して、検索のための時間情報のフィールドと「転記の原則」による資料に記載されたとおり記録する従来の出版・頒布等エリアに出版・頒布等のフィールドをおく。集めて見せる仕組みとしては、西暦年と対応した元号および時代区分の変換テーブルをもつことである。入力インターフェースからは、検索のための時間情報のフィールドを少なくとも二つ繰り返せるようにし、必要に応じて、西暦年、あるいは統制語による時間情報が入力できるようにする。すると、出版・頒布等のフィ

表5　出版年、頒布年等の記録例(抄)

2003
c2001
2001, c2000
1995, p1967
1999印刷
[1998序]
[1998あとがき]
寛政4[1792]刊
寛政4[1792][刊](文化5[1808][印])
寛政4[1792][印]
寛政4[1792]
2005-2006
[1975]
[1975?]
[1880頃]
[196-]
[18--]
[1---]
天保4[1833]序
[江戸後期]
[文化・文政頃]
[安政年間]

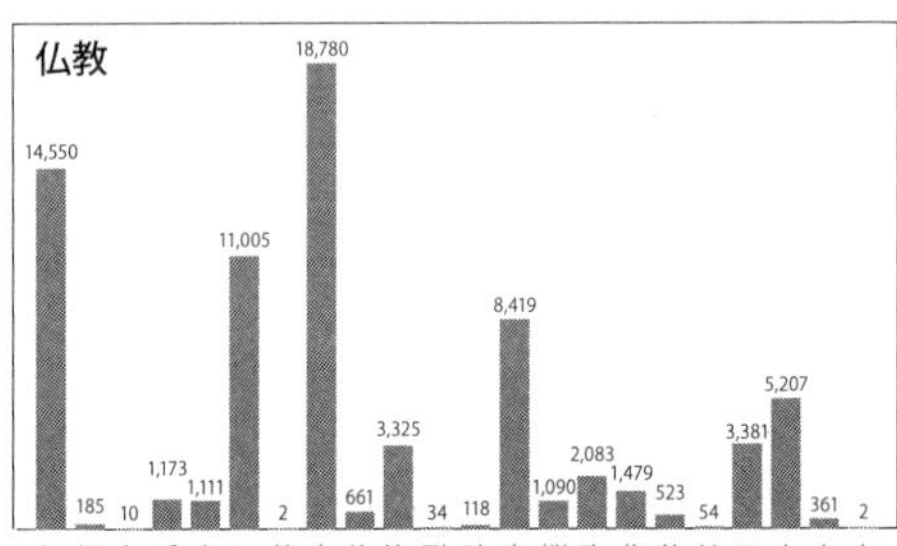

仏教
14,550
185
10
1,173
1,111
11,005
2
18,780
661
3,325
34
118
8,419
1,090
2,083
1,479
523
54
3,381
5,207
361
2
仏教
縁起
和讃
悉曇
声明
天台
華厳
真言
修験道
浄土
融通念仏
時宗
真宗
禅宗
臨済
曹洞
黄檗
普化
日蓮
寺院
寺社
寺誌

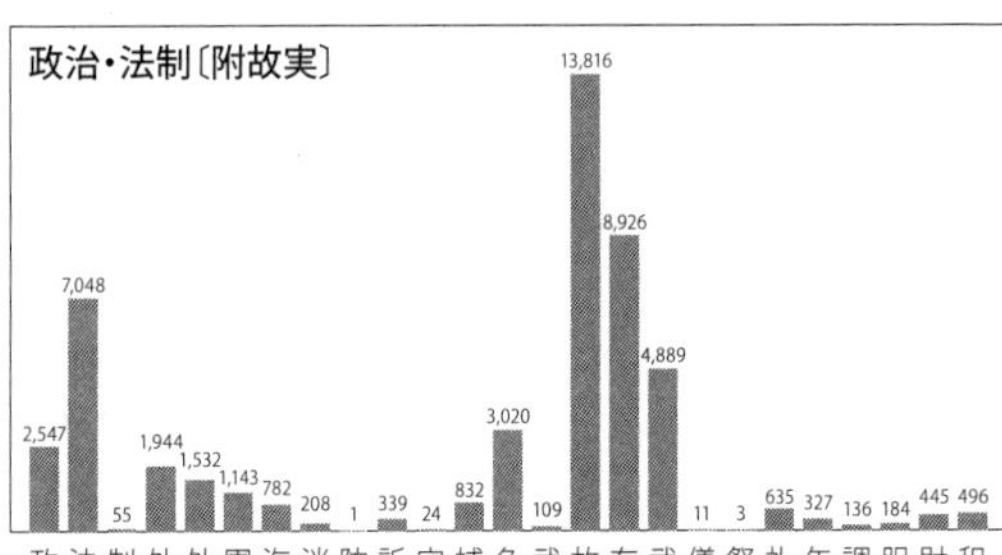

政治・法制〔附故実〕
2,547
7,048
55
1,944
1,532
1,143
782
208
1
339
24
832
3,020
109
13,816
8,926
4,889
11
3
635
327
136
184
445
496
政治
法制
制度
外交
外事
軍事
海防
消防
防火
訴訟
官職
補任
名鑑
武鑑
故実
有職故実
武家故実
儀式
祭礼
礼法
年中行事
調度
服飾
財政
租税

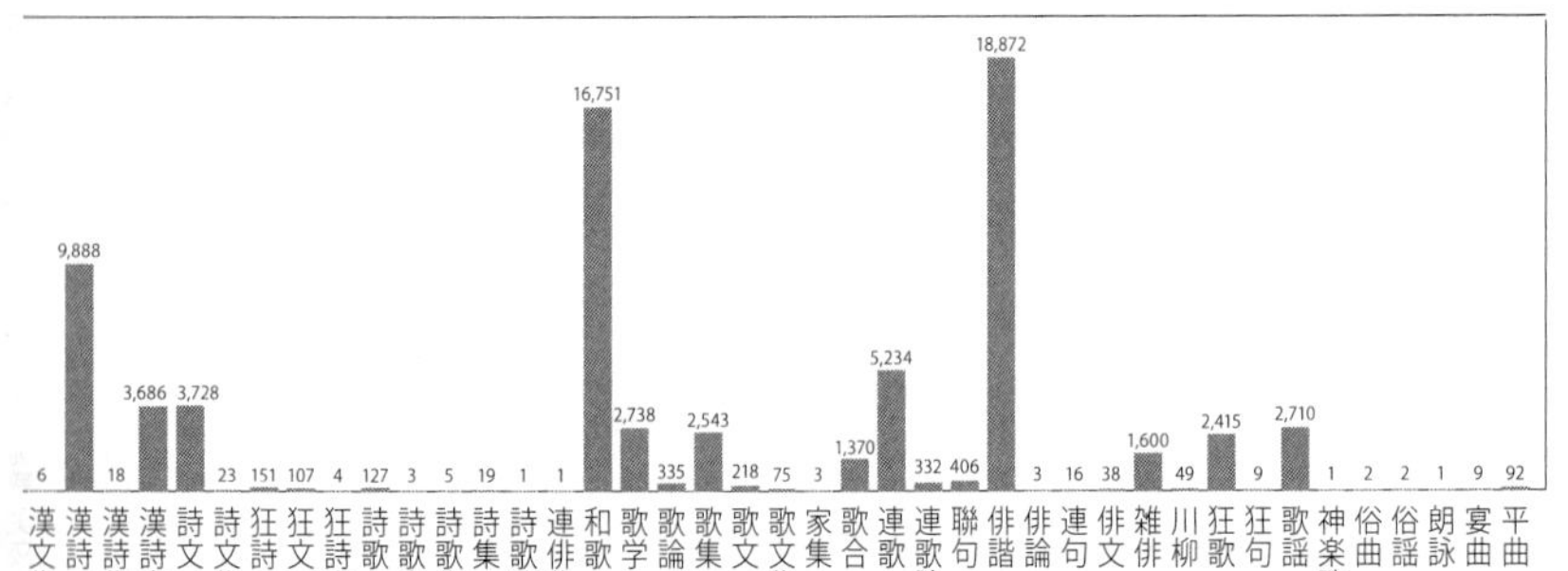

6
9,888
18
3,686
3,728
23
151
107
4
127
3
5
19
1
1
16,751
2,738
335
2,543
218
75
3
1,370
5,234
332
406
18,872
3
16
38
1,600
49
2,415
9
2,710
1
2
2
1
9
92
漢文集
漢詩
漢詩集
漢詩文
詩文
詩文集
狂詩
狂文
狂詩文
詩歌
詩歌文
詩歌集
詩集
詩歌連俳集
連俳集
和歌
歌学
歌論
歌集
歌文
歌文集
家集
歌合
連歌
連歌論
聯句
俳諧
俳論
連句
俳文
雑俳
川柳
狂歌
狂句
歌謡
神楽歌
俗曲
俗謡
朗詠
宴曲
平曲

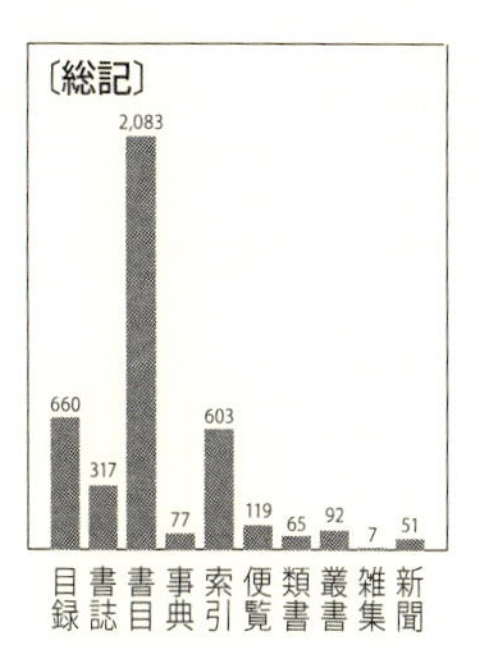

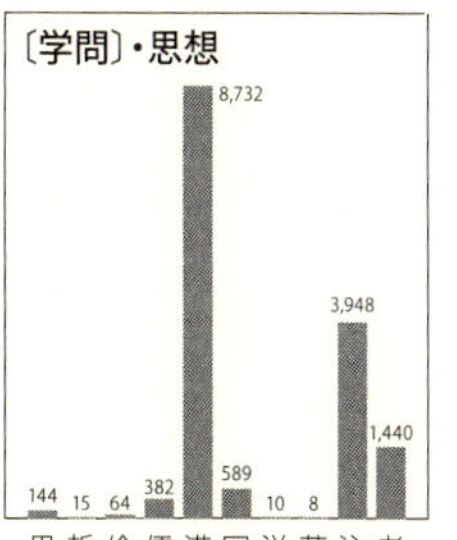

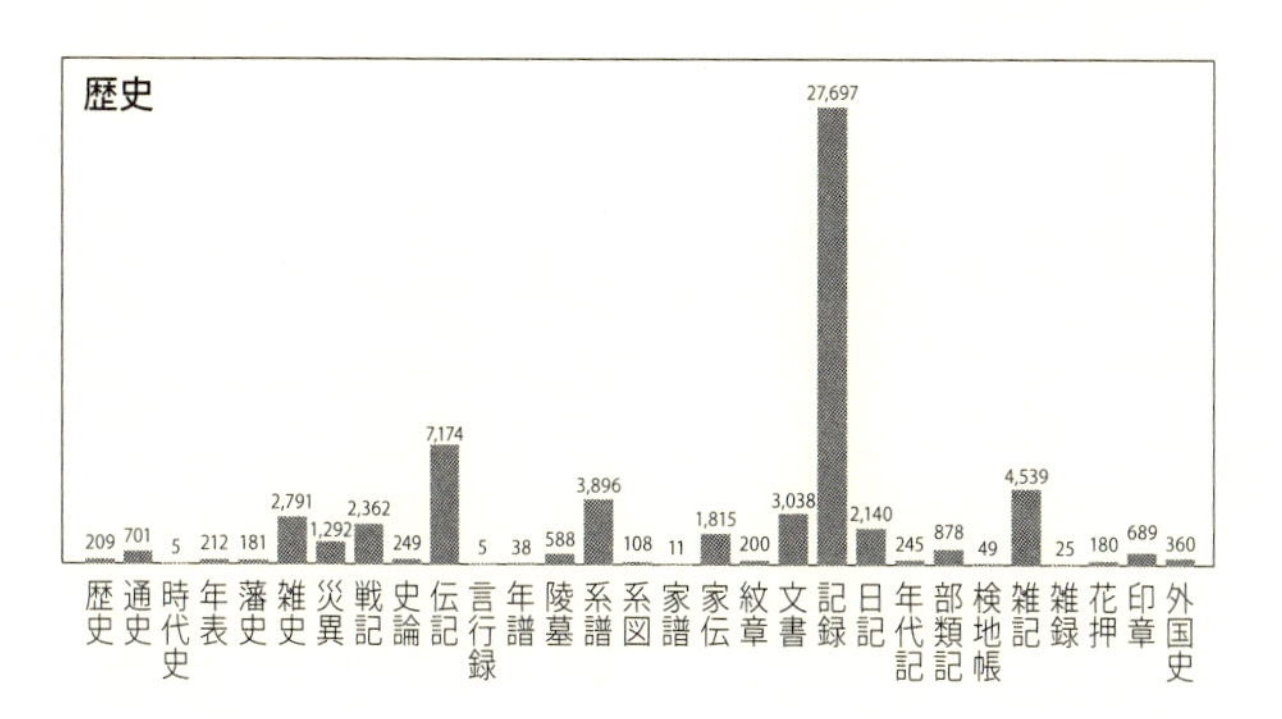

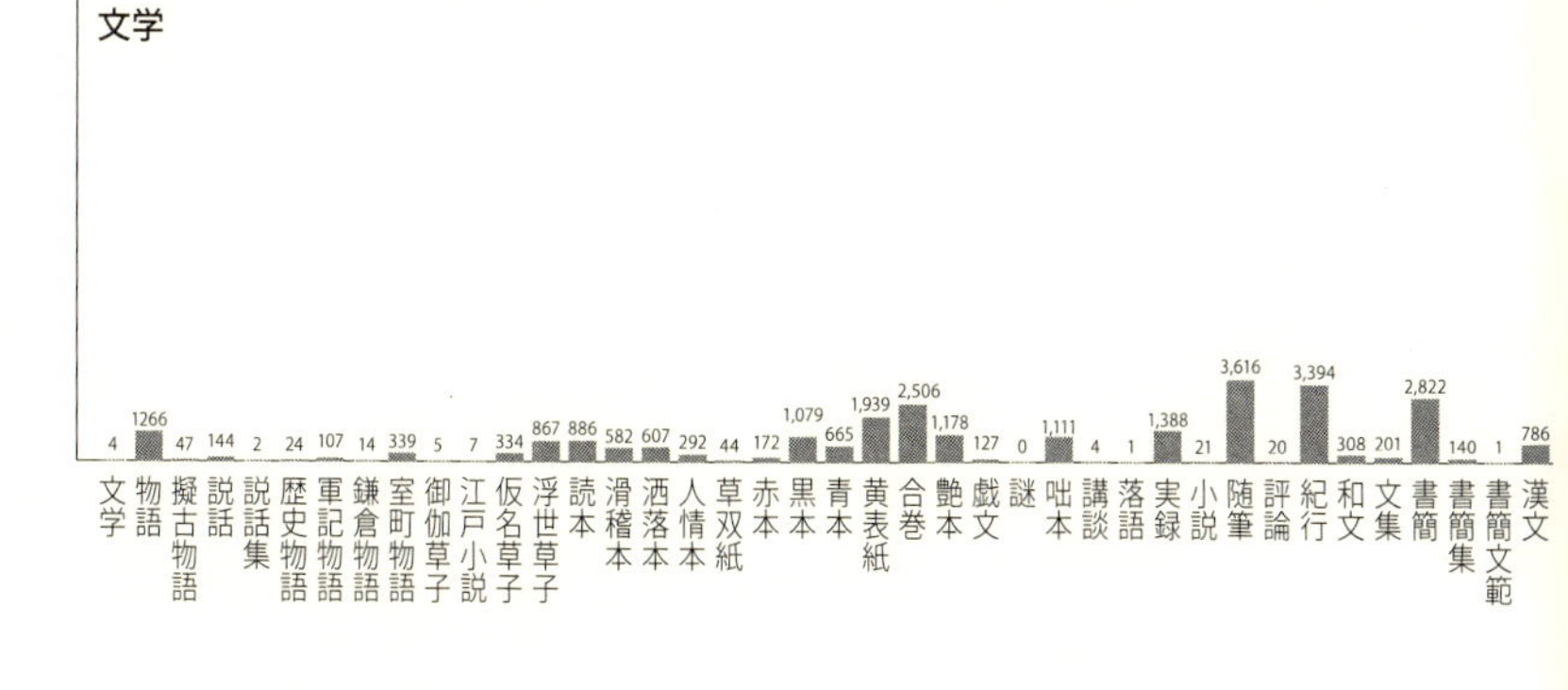

図10　主要分野の分類項目別件数

ールドに推測の域のデータを入力することをためらう図書館目録作成者も、利用者の検索の便のためであれば、検索のための時間情報のフィールドに積極的に江戸中期と思われるものには、「江戸中期」という情報を付与するようになるのではないかと考える。おこがましいことはしたくないけど、利用者のためになることはしたいと考えるのが、図書館員気質である。

時間情報の絶対値化と時間情報の統制語の制定、そして変換テーブルをシステム内にもつことは、今後の「集めてみせる、分けてみせる」という「見せる化」には必要な要件だと考える。

参考文献

岩瀬敏生『日本図書館史概説』、日外アソシエーツ、二〇〇七年
小川剛生『中世の書物と学問』、日本史リブレット、山川出版社、二〇〇九年
川瀬一馬『日本書誌学用語辞典』、雄松堂出版、一九八二年
熊田淳美『三大編纂物群書類従・古事類苑・国書総目録の出版文化史』、勉誠出版、二〇〇九年
国際図書館連盟『国際目録原則覚書』、二〇〇九年、http://www.ifla.org/files/assets/cataloguing/icp/icp_2009-ja.pdf（二〇一三年一二月二〇日確認）
田窪直規編『情報資源組織論』、樹村房、二〇一一年
日本図書館協会目録委員会編『日本目録規則』一九八七年版改訂三版、日本図書館協会、二〇〇六年
橋口侯之介『続和本入門』、平凡社、二〇〇七年／（改題）『江戸の本屋と本づくり』、平凡社ライブラリー、

二〇一一年
藤井隆『日本古典書誌学総説』、和泉書院、一九九一年
米国図書館協会［ほか制定］；Michael Gorman, Paul W. Winkler 共編；丸山昭二郎［ほか］訳『英米目録規則』第二版日本語版、日本図書館協会、一九九五年
堀川貴司『書誌学入門』、勉誠出版、二〇一〇年
和中幹雄、古川肇、永田治樹訳『書誌レコードの機能要件』、日本図書館協会、二〇〇四年 http://www.ifla.org/files/assets/cataloguing/frbr/frbr-ja.pdf（二〇一三年一二月二〇日確認）
『国書総目録』、岩波書店、一九六三―一九七六年、補訂版一九八九―一九九一、二〇〇一―二〇〇三年
『古典籍総合目録』、国文学研究資料館編、岩波書店、一九九〇年
『日本古典籍書誌学辞典』、井上宗雄ほか編、岩波書店、一九九九年
『目録システムコーディングマニュアル』、国立情報学研究所、http://catdoc.nii.ac.jp/MAN2/CM/mokuji.html（二〇一三年一二月二〇日確認）
American Library Association, Canadian Library Association, and CILIP: Chartered Institute of Library and Information Professionals, *Resource Description and Access: RDA*, http://www.rdatoolkit.org（二〇一三年一二月二〇日確認）
Benoît B. Mandelbrot, 'How Long Is the Coast of Britain? Statistical Self-Similarity and Fractional Dimension' *Science*, 5 May 1967 : Vol. 156 no. 3775 pp. 636–638 DOI: 10.1126/science.156.3775.636
The direction of the Joint Steering Committee for Revision of AACR, a committee of the American Library Association ... [et al.], *Anglo-American Cataloguing Rules* 2nd ed., 2002 revision. American Library

Association, c2005
IFLA Cataloguing Section and IFLA Meetings of Experts on an International Cataloguing Code, *Statement of International Cataloguing Principles*, http://www.ifla.org/files/assets/cataloguing/icp/icp_2009-en.pdf（二〇一三年一二月二〇日確認）
IFLA Study Group on the Functional Requirements for Bibliographic Records, *Functional Requirements for Bibliographic Records*, K.G. Saur Verlag,1998
The ISBD Review Group ; approved by the Standing Committee of the IFLA Cataloguing Section., *International Standard Bibliographic Description (ISBD)* Preliminary consolidated ed., K.G. Saur, 2007

付記　二〇一六年夏、再読してみると今は昔の古ぼけた論考となってしまった。ＦＲＢＲは、ＦＲＡＤとＦＲＳＡＤと統合されＦＲＢＲ－ＬＲＭになり、国文研の日本古典籍総合目録データベースはインターフェースが一新された。そして若手研究者が近世期の仏書研究に邁進して成果を上げている。

二〇一四年の初校時に、岩猿敏生先生にご覧頂き有益な指摘をいただいていた。拙稿へのアドバイスの他に、さすが平凡社だけあり編集者が有能であると褒められていたことが強く印象に残っている。二〇一六年四月九日に享年九十六歳でお亡くなりになられた。個人的にはお元気なうちに上梓された本をお届けできなかったことが心残りである。これまでのご指導に心よりお礼申し上げる。

この論考は二〇一三年当時考えていたことで、今は昔、昔は今として、反面教師的にほんの僅かでも何かの刺激を誰かに受け取ってもらえたなら幸いである。

【執筆者】

藤實久美子（ふじざね くみこ）
1964年、東京都生まれ。学習院大学大学院人文科学研究科博士後期課程単位取得退学。博士（史学）。現在、ノートルダム清心女子大学文学部教授。専攻、日本近世史。主な著作に、『近世書籍文化論——史料論的アプローチ』『江戸の武家名鑑——武鑑と出版競争』（吉川弘文館）、『中野市文化財調査報告書10 山田庄左衛門家書籍資料目録』（監修、長野県中野市教育委員会）などがある。

須山高明（すやま たかはる）
1952年、和歌山市生まれ。龍谷大学文学部史学科卒業。和歌山県立図書館資料課長、同県立文書館主幹を経て、現在同館副主査。専攻、書店史。主な著作に、「近世紀州の「書商」」（『和歌山地方史研究』38号）、『和歌山県教育史 第１巻 通史編１』（共著、和歌山県教育委員会）などがある。

梅田千尋（うめだ ちひろ）
1970年生まれ。京都大学大学院文学研究科博士課程単位取得退学。博士（文学）。現在、京都女子大学文学部史学科准教授。専攻、日本近世史。主な著作に、『近世陰陽道組織の研究』（吉川弘文館）、「近世の神道・陰陽道」（『岩波講座 日本歴史12』）などがある。

万波寿子（まんなみ ひさこ）
1977年生まれ。龍谷大学大学院文学研究科日本語日本文学専攻博士後期課程単位取得退学。博士（文学）。現在、日本学術振興会特別研究員（PD）。専攻、近世文学。主な著作に、「宣長版本における版権の流れ」（『鈴屋学会報』21号）、「近世京都における経師屋の出版活動」（『及古』56輯）、「『妙好人伝』と『続妙好人伝』の出版と流通」（大取一馬編『典籍と史料』）などがある。

吉田麻子（よしだ あさこ）
1972年、東京都生まれ。早稲田大学大学院文学研究科博士後期課程単位取得退学。博士（文学）。現在、学習院女子大学・東海大学非常勤講師。専攻、日本近世文学・日本近世思想史。主な著作に、『知の共鳴——平田篤胤をめぐる書物の社会史』（ぺりかん社）、『平田篤胤——交響する死者・生者・神々』（平凡社新書）、「気吹舎日記」（『別冊太陽 知のネットワークの先覚者 平田篤胤』、平凡社）などがある。

杉本史子（すぎもと ふみこ）
1958年、山口県生まれ。神戸大学大学院文化学研究科博士課程、博士（文学）。現在、東京大学史料編纂所教授。専攻、近世史、幕末維新史、地図史料論。主な著作に、『領域支配の展開と近世』（山川出版社）、『絵図学入門』（共編、東京大学出版会）、*Cartographic Japan: A History in Maps*（coed., The University of Chicago Press）などがある。

稲岡勝（いなおか まさる）
1943年、上海生まれ。早稲田大学政治学科卒業。現在、図書館・文書館・古書展に通い埋もれた出版者を手掘り中。専攻、明治の出版文化史。主な著作に、『日本出版関係書目1868-1996』（共編、日本エディタースクール出版部）、『明治十年代の新刊情報誌——「出版新報」と「出版月報」と』（編・解題、金沢文圃閣）、『出版文化人物事典』（監修、日外アソシエーツ）などがある。

浅岡邦雄（あさおか くにお）
1947年、東京都生まれ。立教大学文学部卒業。現在、中京大学文学部言語表現学科教授。専攻、日本近代出版史。主な著作に、『〈著者〉の出版史——権利と報酬をめぐる近代』（森話社）、『日本出版関係書目1868-1996』（共編、日本エディタースクール出版部）、『明治期〈新式貸本屋〉目録の研究』（共編著、作品社）などがある。

松田泰代（まつだ やすよ）
1964年生まれ。京都大学大学院人間・環境学研究科博士後期課程研究指導認定修了。現在、山口大学人文学部准教授。専攻、図書館情報学。主な著作に、「武田科学振興財団杏雨書屋所蔵『解体新書』」（『杏雨』13号）、「姉崎正治の図書館員啓蒙活動」（『図書館情報学教育論叢　岩猿敏生先生卒寿記念論文集』、京都図書館学研究会）、「奈良女子大学附属中等教育学校所蔵『御大禮文庫目録』について」（『書物・出版と社会変容』18号）などがある。

【編者】

横田冬彦（よこた ふゆひこ）
1953年、京都府生まれ。京都大学大学院博士課程修了。現在、京都大学大学院教授。専攻、日本近世史。主な著作に、『日本の歴史16 天下泰平』（講談社学術文庫）、『シリーズ近世の身分的周縁2 芸能・文化の世界』『身分的周縁と近世社会5 知識と学問をになう人びと』（編著、吉川弘文館）、『異文化交流史の再検討』（共編著、平凡社）、『シリーズ〈本の文化史〉1 読書と読者』（編著、平凡社）などがある。

平凡社創業100周年記念出版

シリーズ〈本の文化史〉4
出版と流通

発行日　2016年10月14日　初版第1刷

編　者　横田冬彦
発行者　西田裕一
発行所　株式会社平凡社
〒101-0051 東京都千代田区神田神保町3-29
電話 03-3230-6580（編集） 03-3230-6573（営業）
振替 00180-0-29639
ホームページ http://www.heibonsha.co.jp/
装　丁　中山銀士
基本デザイン　東幸央
ＤＴＰ　平凡社制作
印　刷　藤原印刷株式会社
製　本　大口製本印刷株式会社

ISBN978-4-582-40294-0　NDC分類番号020.21
四六判（19.4cm）　総ページ352